板付遺跡（福岡市博多区）

東方から環濠全体を望む

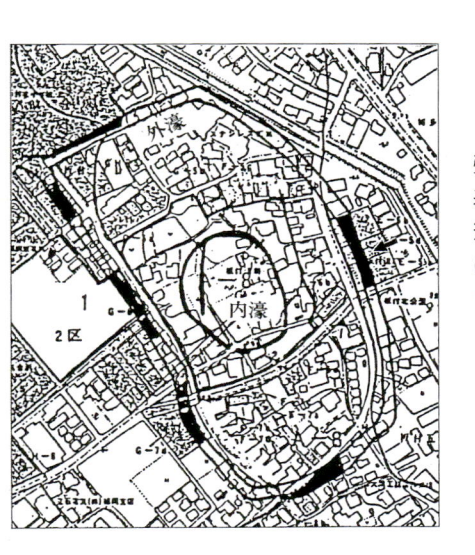

弥生時代前期初頭の環濠集落で，二重の環濠になることが最近わかった。外濠は基本的には水田のための用排水路である。南北 370 m，東西 170 m の不整長楕円形プランで，中位段丘を囲むように掘られ，南・北は段丘を切断している。内濠は南北 116 m，東西 81 m の卵形をなす。北西部に弦状濠で区画をつくり，貯蔵穴を区画している。住居跡は検出されていないが，内濠内にあったと考えられる。

構　成／山崎純男
写真提供／福岡市教育委員会

吉野ヶ里遺跡（佐賀県神埼郡三田川町・神埼町）

大規模な環濠集落が発見された吉野ヶ里遺跡では，外濠と内濠の間や内濠の内部に弥生時代中期〜後期終末に至る竪穴住居跡が 100 基以上みつかっている。写真上は内濠内の集落跡で，右手には外濠の一部もみえる。写真下は内濠の物見櫓付近で，内濠が外へ張り出し，内側に大きな柱穴がみえる。

写真提供／佐賀県教育委員会

唐古・鍵遺跡（奈良県磯城郡田原本町）

奈良盆地の中央，標高46〜50ｍの沖積地に立地し，整備された条里地割が唐古・鍵弥生ムラを覆っている。約30万ｍ²が遺跡最大時の面積であり，弥生時代中期には径400〜500ｍの居住区とそれを囲む環濠帯（幅100〜200ｍ）で構成されている。

構　成／藤田三郎
写真提供／田原本町
教育委員会

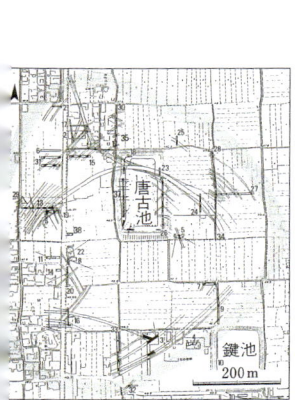

扇谷遺跡（京都府中郡峰山町）

丹後半島の基部，竹野川の中流域にある。比高30〜40ｍの丘陵上に，全長580ｍの環濠を2重にめぐらした前期末〜中期初めの集落。2km距った途中ケ丘遺跡は母村か。玉素材やガラス原料・鉄鉾などを検出した。

写真提供／峰山町教育委員会

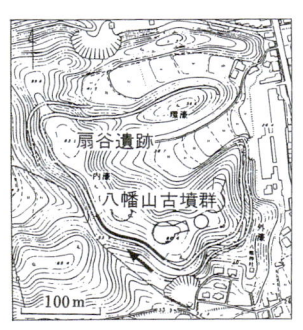

朝日遺跡（愛知県清洲町・春日町・新川町・名古屋市）

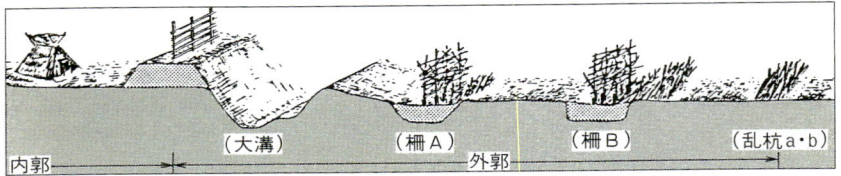

内郭　（大溝）　（柵A）　外郭　（柵B）　（乱杭a・b）

環濠内には枝を張ったカシの木を外向けに立てならべた逆茂木(左)と，環濠外に杭を密に打ち込んだ忍び返し(右)が存在した。

構成／石黒立人　　写真提供／愛知県埋蔵文化財センター（阿弥陀寺も同）

阿弥陀寺遺跡（愛知県海部郡甚目寺町）

弥生時代中期末（畿内第Ⅳ様式並行期）の環濠は，２条の基本濠と１条の不規則な断続濠から構成されている。写真は居住域北縁の外側の基本濠と，さらにその外側にあって基本濠に向かって緩くカーブして収束する断続濠である。基本濠と断続濠の間には掘り残しがあり「開口部」を形成する。断続濠の北側には性格不明の突出部がいくつかあり，これらが一連の遺構であるなら，この部分に日常的な通用口とは異なり，防御性の問われる正規の「出入口」を想定することができるかも知れない。

季刊 考古学 第31号

特集　環濠集落とクニのおこり

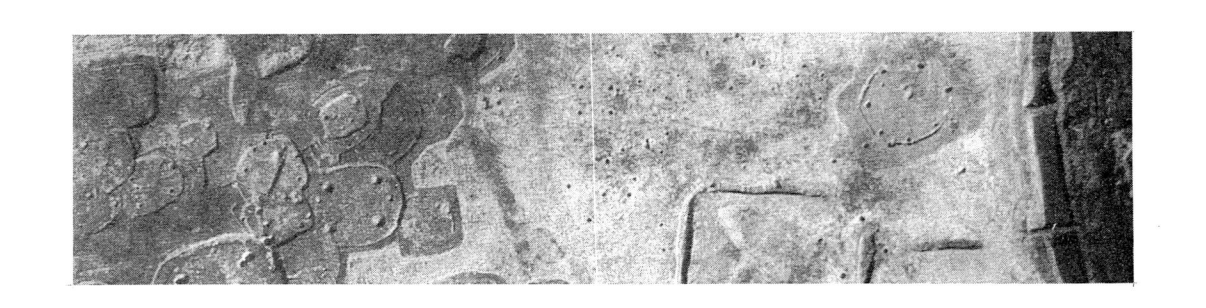

環濠集落の地域性

最近の発掘から

連載講座 縄紋時代史

講座 考古学と周辺科学 13

表紙デザイン・カット／サンクリエイト

光岡長尾遺跡（福岡県宗像市）

弥生時代前期の袋状竪穴50余基のみを囲む貯蔵穴専用の環濠である。断面Ｖ字形の環濠は深い所で約３ｍあり，規模は42×46ｍと正円に近い。南北２カ所に陸橋があり，陶塤も出土している。

構　成／中間研志　写真提供／宗像市教育委員会

千塔山遺跡（佐賀県三養基郡基山町）

標高約50ｍの丘陵縁辺に，隅丸方形に１条の環濠をめぐらし，北中央に陸橋をつくる。西北隅から外方へ枝溝がのびる。のち，北へ拡張された。内側の住居は３群に分れる。濠外西南に墓がある。後期。

写真提供／基山町教育委員会

亀山遺跡（広島県深安郡神辺町）

広島県の東端，神辺平野の北辺にある標高37ｍの独立丘陵を利用し，南丘をめぐる２重の環濠のさらに外側に１重の環濠を設け，それは北丘におよぶ。前期に属するが，遺跡の性格は明らかでない。

撮影・写真提供／井手三千男

中ノ池遺跡（香川県丸亀市）

5m

丸亀平野の中央，金倉川東岸にある。３条の平行した環濠の内側にはピット群・土壙・小溝などを検出。内濠底には畦状の低い高まりや杭列がある。前期後半。

写真提供／香川県教育委員会

池上遺跡（大阪府和泉市池上町）

池上遺跡は，弥生時代を通じて泉州地域でも最大級の拠点集落を形成する。環濠と推定される大溝は平行して数条検出されているが，その内外には住居跡や墓など多くの遺構が分布する。環濠内からは膨大な量の土器が出土している。　　　構　成／赤木克視　写真提供／大阪府教育委員会

針江川北・針江北遺跡（滋賀県高島郡新旭町）

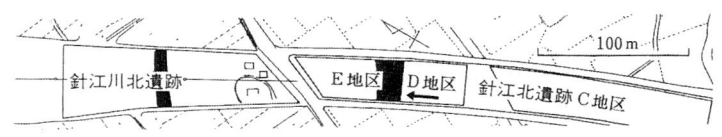

琵琶湖へそそぐ安曇川の左岸にある。両遺跡の大溝は合して径約140mの環濠になると推定される。内側には竪穴住居や掘立柱建物群があり，一角に柵を卵形にめぐらし掘立柱建物がたつ。濠外北西に墓地がある。中期後葉〜後期。

写真提供／滋賀県教育委員会

大崎台遺跡（千葉県佐倉市）

北総の中央に位置する大崎台遺跡は，弥生時代中期後半に定着しつつある稲作農耕文化の最前線基地でもある。約16,000㎡に及ぶ環濠集落と，周囲に方形周溝墓群を持つ。村落景観は拠点集落の特徴を示している。

構　成／柿沼修平　　写真提供／佐倉市教育委員会

神明ヶ谷戸遺跡（埼玉県児玉郡美里町）

埼玉県の上武山地北端の小丘陵頂部に立地する。東西55ｍ，南北80ｍの小判形に丘頂を全周すると推定される１条の環濠と，内側に中期（９）・後期（３）の竪穴住居がある。その中の１棟は大型住居。

写真提供／埼玉県史編さん室

季刊　考古学

特集

環濠集落とクニのおこり

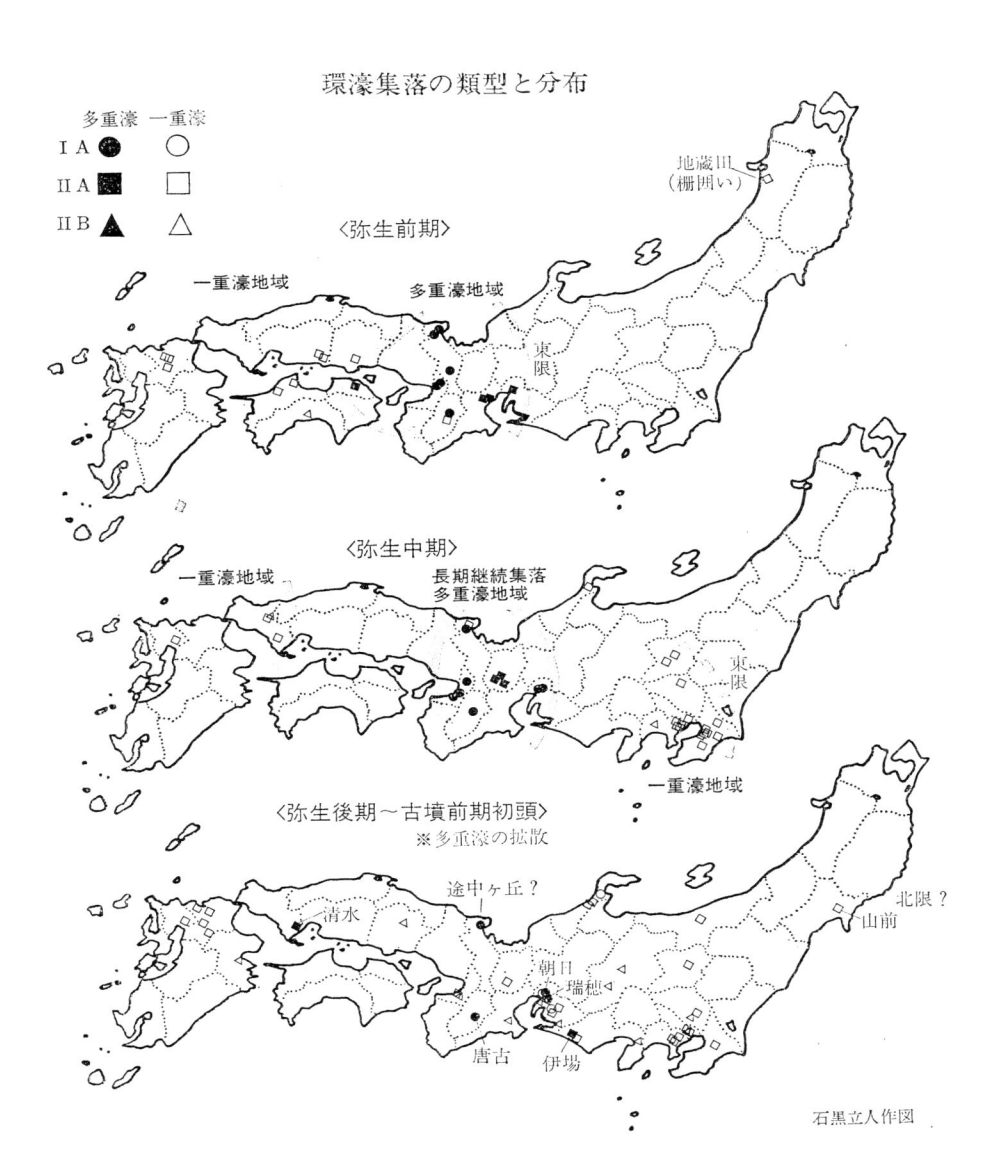

環濠集落の類型と分布

多重濠　一重濠
ⅠA ●　○
ⅡA ■　□
ⅡB ▲　△

〈弥生前期〉

一重濠地域　　　多重濠地域

地蔵田（柵囲い）

東限

〈弥生中期〉

一重濠地域　　　長期継続集落　多重濠地域

東限

一重濠地域

〈弥生後期〜古墳前期初頭〉
※多重濠の拡散

途中ヶ丘？

清水

北限？
山前

朝日
瑞穂

唐古　　伊場

石黒立人作図

弥生時代と環濠集落

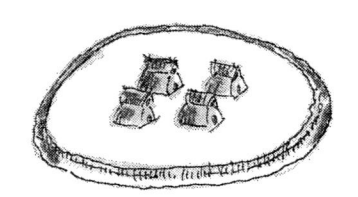

甲子園短期大学教授　原口正三
（はらくち・しょうぞう）

九州から関東まで広範囲に分布する環濠集落は弥生時代を特徴づける遺跡で，環濠構築の第一の目的は防御にあったとみられる

1　研究略史

　佐賀県・吉野ヶ里遺跡の調査成果が報ぜられはじめると，弥生時代の「環濠集落」という用語は，誰でも知るようになった。しかし，環濠集落の構造・変遷・分布，さらに歴史的背景といったことになると，解答は容易でない。近年，大規模な調査が各地でおこなわれるようになったとはいえ，集落の全容を知りうるほどの大発掘はわずかである。そのわずかな事例と局部的な探索の結果をつなげながら，現段階ではどんなことが言えるのか。現地の第一線で闘っている方々に登場してもらうことにした。

　弥生時代の住居群を濠で囲む例のあることは，福岡市比恵遺跡をはじめ，はやくから知られていた。その後，1950年代になると弥生集落に関する重要な成果があがりはじめた。なかでも福岡市板付遺跡の調査は画期的であった。弥生時代最古期の遺跡で環濠や貯蔵穴を検出し，環濠の内側に住居群をも推測させる成果をあげたからである。これによって，環濠の出現は弥生時代の最古期に遡ると考えられるようになった。

　1960年代になると，開発工事に伴う大規模な発掘調査が各地でおこなわれるようになり，九州地方から関東地方におよぶ広汎な地域にわたって，環濠集落の資料が蓄積されていった。たまたま，1988年2月，埋蔵文化財研究会・東海埋蔵文化財研究会が「弥生時代の環濠集落をめぐる諸問題」をテーマにとりあげ，茫大な資料集を刊行した[1]。ようやく全国的な視野で環濠集落を考察できる段階にいたった。そこへ吉野ヶ里遺跡が登場してきて，新たな段階をむかえようとしている。

2　環濠集落の系譜

　環濠といっても，集落を完全にめぐるものと，めぐらないものとがある。しかし実際には，全面発掘しない限り判明しないから，ここでは両者を区別せずに「環濠集落」と呼んでおく。研究者によっては「囲郭集落」と呼ぶことがあるが，それも同様の使い方である。

　縄文集落では環濠を問題にするほど顕著ではない。しかし，中国大陸やヨーロッパに目を転ずると，初期農耕時代の集落に環濠・土塁をめぐらす例がある。最古期の板付遺跡に環濠が認められる以上，これが初期の水稲栽培者たちによってもたらされた集落造成法であったと推測できる。とは言え，目下のところ朝鮮半島ではみつかっていない。中国の新石器時代仰韶文化に属する陝西省西安市の半坡遺跡（B. C. 4500ごろ）やその東約15kmにある臨潼県姜寨遺跡の例は，弥生環濠集落の遙かな祖型なのだろう。とくに後者はほぼ全集落が発掘されたので，環濠の内部を考えるうえで参考になる[2]。径150〜160mの楕円形に濠がめぐり，幅・深さともに1〜2mの環濠は東と東南部で切れているから出入口であろう。その外辺には共同墓地がある。環濠の内部には約4,000m²の広場があり，その周囲には5群の住居群が入口を広場にむけてつくられている。環濠の北部には凸出部があり，その内側に1棟の建物がある。見張所であろうか。

図1　中国・姜寨遺跡の遺構配置図（註2より）

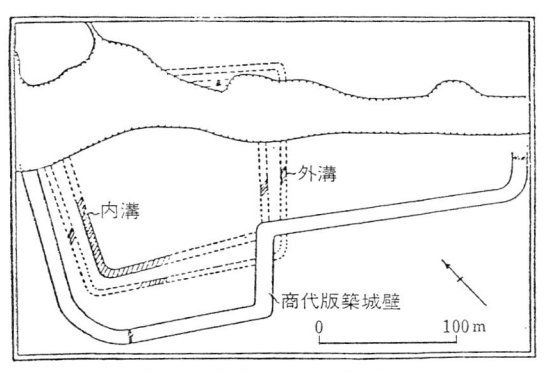

図2　中国・東下馮城址の遺構配置図（註3より）

半坡遺跡や姜寨遺跡[3]はいずれも平面楕円形に環濠がめぐっているが，山西省夏県東下馮遺跡（二里頭文化期）では内外二重の環濠が平面台形にめぐる。内濠の一辺約130m，外濠は約150mである。内濠の幅5〜6m，外濠は2.8m〜4m，深さは3m前後だという。この二重環濠の上に，殷代前期の版築城壁がつくられている。弥生環濠集落に設けられる多重環濠や平面方形にめぐる環濠もあるいは遠く黒陶文化の段階にたどりつくのかもしれない。

かつて弥生時代の「濠と土塁」について記述した折，九州地方の環濠はいずれも1条であるとした[4]。しかし，板付遺跡や吉野ケ里遺跡のような例が新たに加わると，単純に1条と言えなくなった。むしろ板付遺跡にみられるように，外濠と内濠の間に広い空間があり，そこに墓地などがつくられている状況を強調すべきなのだろう。吉野ケ里遺跡も同様の流れの中で考えることができる。近畿を中心とする地域でみられる多重環濠は，互いに近接し，平行してつくられる傾向がある。環濠の空間は広くない。そこには土塁や柵を設けたと推定される。防御目的からみれば，多重環濠の方がより効果的である。同じ二重環濠といっても，九州と近畿では異なっている。近畿一帯の多重環濠の出現については，二様の考え方ができる。一つは地域間抗争の激化に伴って独自に創出されたと解するか，他はその形成時期が前期の新しい段階であるところから，新たなパターンが流入したとみるかである。関東地方の諸例が基本的には一重環濠であることを考慮するなら，前者の解釈が当をえているように思われる。

環濠の機能を端的に物語っているのは，愛知県朝日遺跡で「逆茂木」や「忍び返し」を検出したことである。逆茂木は，枝を張ったカシの木を濠中に外向きに立てならべ，忍び返しは，濠の外に杭を外へ向けて密に打ち込んであった。また，香川県中ノ池遺跡では環濠中に柵列を想わせるピッ

15

ト列が点々とならんでいた。このような事例は，環濠の精査がすすめば増加するであろう。

このように，環濠構築の第一義的な目的が防御にあることは明白である。さらに結界や用水路などの機能も付加される場合のあることを否定する訳ではない。朝日遺跡の調査者によると[5]，当該地域に畿内凹線文系土器が波及することに対応して＜囲郭集落＞が形成され，整備されたという。つまり，「外来集団の進出を契機として＜囲郭集落＞の整備が行なわれるが，席捲後には＜囲郭集落＞の結界施設の廃絶が進行し＜非囲郭集落＞化する」という。＜非囲郭集落＞化の段階には，畿内凹線文土器群の波及に対応して以下のような現象がみられる。すなわち，「a）在来の土器様式が根本的に変化する。b）在地の土器も本来の分布圏を超えて広範に移動・拡散する。c）三重県北部，尾張地方平野部・名古屋台地においてⅣ期単純あるいはⅣ期以降継続する遺跡が急増する。」この朝日遺跡で得られた成果は，環濠集落の成立と衰退を考える場合，当該集落を含むより広範な地域の中で，どのような変動がおこっているかを洞察すべきことを教えてくれる。

環濠が人の居住区を囲繞する場合と貯蔵穴や倉庫群を囲む場合とでは，やや異なった意味合いがある。両者とも九州では早くから登場する。日常的物品の保管が住居個々の近傍でおこなわれ，一方で居住区外の他所で保管作業がおこなわれていたとすると，後者の管理はどのようにおこなわれていたのか興味のあるところである。墓地についても，普通環濠外辺に築かれるが，新しい段階になって巨大な封土や周溝を有する墓が目につくようになる。近年，縄文集落の中央広場に整然と墓を築き，その外縁に居住屋が排列される例が判ってきたが，弥生集落の場合は初めから居住区と墓地は分離されていたらしい。墓地の観点からみれば，両文化の間には繋がりが認められない。本来，環濠集落の外周には，水田がひろがっていたし，共同墓地も付随しており，環濠の出入口にいたる小径も目についたであろう。眺められるムラの景観は，はたして樹々の茂るムラだったのか，ただ住居の屋根のみが目立つムラだったのか，環濠集落の復原は難しい。

平地に開かれた環濠集落だったが，やがて中期以降になると近傍の丘陵上にもムラが分村しはじめる。そこでも環濠を掘りめぐらすが，急峻な崖状の地形があれば濠を省略することもあった。環濠は地形に制約され，不規則な形態をとりはじめる。かつてのように，居住家屋群全体を包括する環濠ではない。個々に分散した小グループごとに，あるいは単一の家屋のみを囲むにすぎない環濠になった。防御よりも結界の意味が重く感ぜられるようになる。似たような現象は中国大陸でもあるらしい[6]。竜山文化期中頃城堡が出現する一方，各家屋毎に墻壁を土や砕石で築くようになるという。そこには従来の共同体結合の秩序が解体され，小型家屋からなる小集合体に移行してゆく姿をみることができる。

3　東北北部へ進出したムラ

現在，弥生水田址は東北の津軽地方まで検出され，遠賀川式土器の波及が実証されるにいたった。だが環濠集落についての情報はない。秋田市地蔵田B遺跡[7]は環濠こそないが，柵木をもって数棟の住居を囲む点では共通している。秋田市郊外，標高約40mの台地上に築かれたこのムラは，北西—南東方向に長軸をおく楕円形の平行する2つの柵木で囲まれている。内側柵木は長軸61m，短軸47m，他の柵木は長軸64m，短軸50mの規模である。柵木の途切れる箇所が数ヵ所あり，内側の住居と対応しているので出入口であろう。各住居はそれぞれ数回建て替えられているが，1時期3〜4棟の構成だったろうと推定されている。柵外南東，ほぼ長軸線に添うように，土器棺墓・土壙墓群からなる墓地がある（径約40mの範囲）。その配列は恰も墓道の両側に配置されているように見える（北九州の甕棺配列墓と似ている）。遠賀川系土器を出す東北北部の最古の弥生集落である。各住居の出入口が中央広場に向って開口している状況は，同族集団の強い結びつきがあることを示している。しかも堅固な柵で囲まれているのは，この集団が他からの移住者であり，5〜6回にも及ぶ建て替えは長期定着したことを物語っている。水田は明らかでないが，台地の下方に予測されるという。

4　2つの環濠集落の有機的関係

京都府扇谷遺跡[8]は丘陵斜面に深く掘り込まれた2重の環濠と前期の高地性集落という点で一躍注目をあびた。遺跡は丹後半島の基部，北流する竹野川の流域にある。比高30〜40m，丘陵の東端

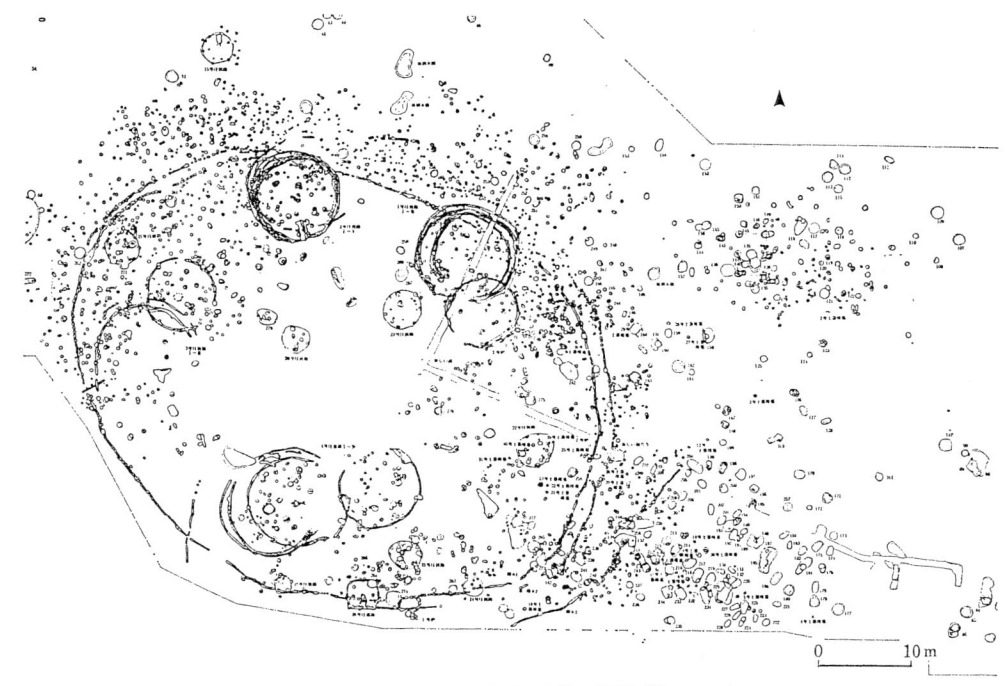

図3　秋田・地蔵田B遺跡の遺構配置図（註7より）

にあって流域平野を一望できる。延長 850m に及ぶ環濠は，東からはいりこむ小谷を囲むようにコ字形に屈折している。現在，小谷は埋められているが，環濠が谷口部で切れるとすれば，谷口部に排水施設や防御用の柵，出入口などを構えてある可能性がある。住居は小谷に面する斜面につくられていると想定される。さて，この遺跡で検出される土器は，前期末から中期初めのもので，長期

にわたって継続的に住んだ形跡は認められない。実はこの遺跡から南々西 2.3km のところに位置する途中ケ丘遺跡をみると，多重環濠をめぐらし，前期から後期にわたって経営された集落である。遺跡の全貌は明らかでないが，途中ケ丘遺跡で検出された土器には，前期末から中期初めの土器を欠くらしい。もしそれが事実だとすれば，二つの遺跡は相補う関係にあることになる。そうでなく

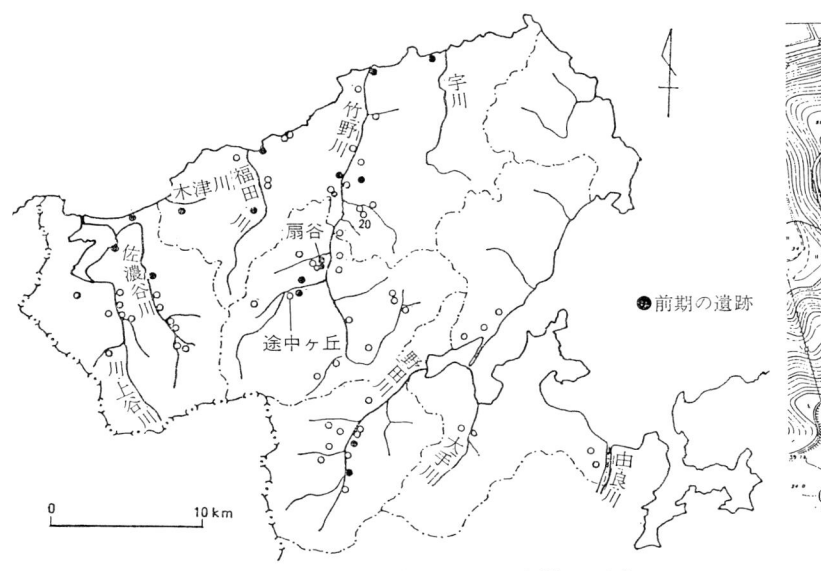

図4　丹後地方の弥生時代主要遺跡分布図（註8より）

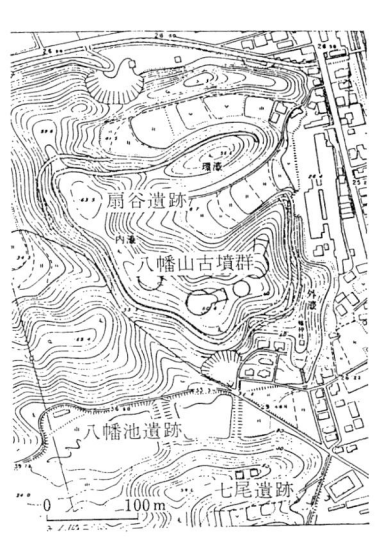

図5　扇谷遺跡周辺の地形図
（註8より）

17

ても，地理的に近接した両者が共に密接な関係にあったであろうことは推察できる。それは両遺跡の土器を対比すれば一層明確になる。両者一体の集団と仮定したとき，なぜ扇谷の丘陵上に集落が成立したかという疑問が生ずる。

　日本海沿岸を東進するコースにとって，丹後半島を迂回する危険を避けるには，竹野川河口から溯上して加悦谷や宮津湾へ出る方が安全である。このコースは遺跡の分布から推して古墳時代にも継承されたと考えられるが，弥生時代にも重要なコースであったろう。そのコースを扼する意味で扇谷の集落が成立したとすれば，高地にあって見張り且つ眼下の通行者から利を得たと考えると，恰好の地の利を占めていることになる。まさに，拠点集落である途中ヶ丘集落のつくった「関所」だったともいえる。竹野川流域に中期以降の集落が点々と成立しはじめる頃には，この高地性集落の役割は終ったらしい。再び古墳が築かれるまで注意を惹くことはなかった。

5　古墳時代の環濠

　大阪市の南郊に位置する長原遺跡（ながはら）の西部で，1985年古墳時代の墓地（Ａ区）と集落（Ｂ区）が検出された。この地域は瓜破台地の縁辺部にあたり，南から北へ低くなる地形である。付近には瓜破（わり）・喜連東（きれひがし）・城山・亀井・八尾南など著名な遺跡が隣接している。両区とも後世の洪水堆積層下に見出されたが，とくに注目すべきは，Ｂ区の集落遺構である。この集落の年代は，出土土器から6世紀前半と推定される。方形区画ピット列（方形竪穴？）1，竪穴式方形建物2，総柱（高床構造）の掘立柱建物10余棟，その他に井戸・溝・土壙などが検出されている。建物は柱列の方向によって類別すると，およそ3群に分つことができる。多数の須恵器や土師器が出土し，中に甕・甑（こしき）・竈（かまど）などの日常雑器が多く含まれている。また井戸からは楣（まぐさ）・扉（とびら）などの建築部材を検出した。これらの建物群の北と南には溝があり，これらの溝は調査区外で連結し，建物群を長楕円形に囲むと推定される。とくに南では2〜3重に掘られており，その一角で断絶して出入口様の構造物を推測させるピット群がある。

　調査担当者は，日常雑器の多量なことから，高床建物からなる居住区を想定するが，倉庫群とみる見解もある。いずれにしろ，6世紀前半期に多

重環濠をめぐらしてある点で注目される。まして東にある1基の井戸を共用する住居群を想定するなら，独自に濠をめぐらす首長の居館が出現したあとでも，河内にこのような環濠集落が形成されていたことは重要な事実である。しかもこの遺構群の北に近接して，同期を中心とする小形方墳群があり，両者は明確に溝で区分されているという。弥生時代の末期には環濠集落は終焉したとされる。それは弥生社会自体が有した矛盾が結果としてもたらしたものであろうが，構築物としての環濠それ自体は，以後の時代にあっても，社会的非常の際に時々築かれたのであった。

　今回，「環濠集落」というテーマでとりくんでみた。その結果は決して満足すべきものではなかった。その理由は唯一つ，「集落を全掘した例があまりに少ない」ということに盡きる。しかし，以下の諸論文を読んでいただけば，その困難の中から，いかに肉薄しているかは察していただけると思う。集落の研究はあらゆる角度から総合的に迫る必要がある。これまで先達が切開いてきた苦難の道は，やがては克服されるであろうと期待する。

註
1)　『弥生時代の環濠集落をめぐる諸問題』Ⅰ〜Ⅲ，第23回埋蔵文化財研究会・第4回東海埋蔵文化財研究会，1988
2)　町田　章「中国新石器時代の集落―姜寨遺跡の場合―」季刊考古学，7，1984
3)　東下馮考古隊「山西夏県東下馮遺址東区，中区発掘簡報」考古，2，1980
　　杉本憲司「中国古代を掘る―城郭都市の発展」中公新書，中央公論社，1986
4)　原口正三「濠と土塁」『弥生文化の研究』7，雄山閣，1986
5)　石黒立人「弥生時代尾張地方の＜囲郭集落＞について」『年報』愛知県埋蔵文化財センター，1986
6)　池田雄一「石器時代の聚落」『中国聚落史の研究』唐代史研究会報告Ⅳ，刀水書房，1990
7)　菅原俊行「地蔵田Ｂ遺跡」考古学ジャーナル，273，1987
8)　峰山町教育委員会『途中ヶ丘遺跡発掘調査報告書』1977
　　峰山町教育委員会『扇谷遺跡調査報告書』1984,88
　　田中光浩「弥生前期〜中期の高地性集落―京都府扇谷遺跡―」季刊考古学，12，1985
9)　大阪市教育委員会・大阪市文化財協会「長原遺跡発掘調査（NG　84―25）現地説明会資料」1985，『大阪府下埋蔵文化財担当者研究会（第12回）資料』所収

環濠集落の規模と構造

環濠集落はどういう歴史的意義をもっているだろうか。また環濠の規模や集落の構造，性格はどのように考えればいいのだろうか

濠のある集落とない集落／環濠集落と環濠の規模／環濠集落の構造／環濠集落と墓の位置／濠をめぐらす高地性集落

濠のある集落とない集落

（財）愛知県埋蔵文化財センター
■ 石黒立人
（いしぐろ・たつひと）

濠のある集落とない集落の並存は広域的にはありえても狭域的には認められない。その比較は時間的な流れの中に置くべきものである

1　囲むこと

「囲む」とは，一定の空間を，境界を設けて閉じることである。それは，物理的に行なわれる場合と，観念的に行なわれる場合の二つが想定できる。

考古学的方法において観念的側面の把握は原理的に脆弱な類推に基づく以外不可能なので，物理的側面つまり形式の把握を重視することに異論はないであろう。

さて，列島の弥生時代において明示的に囲むことはきわめて頻繁に行なわれる。たとえば，水田の畦は区分だけではなく囲むことでもある。方形周溝墓制は各造営主体による墓域の分割と囲い込みを基本とする。そして，集落あるいは貯蔵穴群を囲む濠はその代表であり，小稿のテーマである。

2　集落の囲い

弥生時代の集落は，その多くに何らかのかたちで囲いのある時期がある。囲いには，小規模な溝から大規模な濠まであるが，それ以外に柵などもある。土塁は濠掘削時の排出土処理とも関わって濠と組み合わせて考えやすいが，実際そのものの検出例は見当たらない。普通に考えれば，濠に平行して濠掘削時の排出土を盛り上げた可能性は高

いけれども，だからといってすぐさまそれが土塁とは言えまい。排出土を処理した結果としての「高まり」と特定の機能を有した遺構としての「土塁」は区別されなければならないのであり，現状で「土塁」としての確実な例の確認は進んでいない。

集落の囲いとしての濠は，時期差を問わなければ九州北半部から東北地方という広い範囲に分布する。全体に西日本が古く，東日本は時期が下がる傾向にある。分布的にある程度普遍性は見せるけれども，けっしてそれらが集落の一般的なかたちというわけではない。広域的にも狭域的にも，通時的にも共時的にも空白があるからである。つまり，常時必要であるといった性格のものではなく，何らかの特定の条件下において必要とされたのである。その条件は一体何であるのか。

3　濠の消長と性格

集落を囲む濠にはプランから言えば，環状にめぐり「環濠」と呼ばれるもの，直線的に延びて「条濠」と呼ばれるもの，その他さまざまなバリアントがある。また，立地をみると，沖積平野の低平地にあるもの，台地上の縁辺にあるもの，また丘陵上にあって「高地性集落」と分類上重複するものなどさまざまある。また，集落の一部ではあ

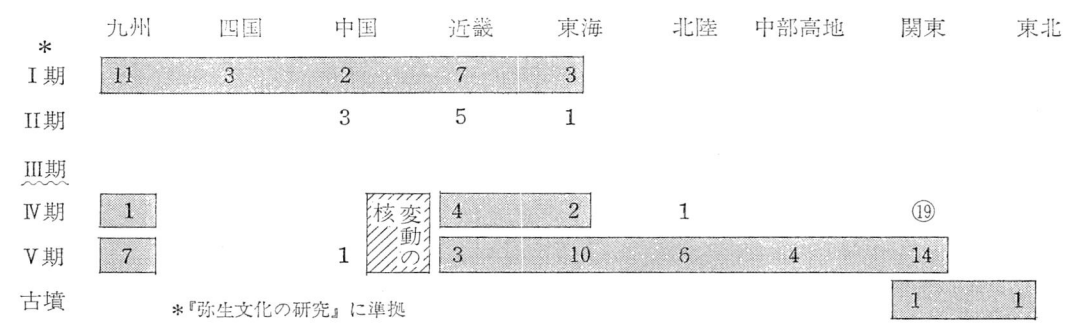

	九州	四国	中国	近畿	東海	北陸	中部高地	関東	東北
I期	11	3	2	7	3				
II期			3	5	1				
III期									
IV期	1		核変動の	4	2		1	⑲	
V期	7	1		3	10	6	4	14	
古墳								1	1

*『弥生文化の研究』に準拠

るが住居群ではなく貯蔵穴群をめぐる濠もある。

囲む対象の差異を一切無視して濠の存在のみを問題にするなら，その時期的消長は表のようになる。数字は濠のある遺跡の延べ概数で，確実な数値ではない。

まず，I期は九州から東海までの範囲で分布がみられる。これはちょうど遠賀川（おんががわ）系土器の分布に対応しており，濠やそれをともなう集落の形態が遠賀川系土器文化固有のものとして東方へ波及した可能性が高い。水田農耕の開始とは単純に連動することなく，縄紋時代的社会制度から脱却した本格的な農耕社会の周圏的な成立とそのフロンティアの拡大に深く関わるものであろう[1]。しかし，貯蔵穴群を囲む例はほぼ北部九州・中国西部に限られるので，一見すでに東西の地域差が現われているように見える。ただ，貯蔵穴群と濠との関係は，濠の分布が貯蔵穴の分布に重複した結果であり，同一の起源を有するとは限らない。いずれにしても，集落を濠で囲い込むことは，同時多発の一般的現象ではなく，固有の特殊事情の類型化[2]とその伝播として理解できる。

II期は中国地方以東での分布である。現状では横の連繋に対する説明はできない。

IV期は九州と近畿以東に分布する。関東では非常に検出例が多い。東限の分布状況はフロンティアとしての特性に関わるものであろう[1]。それに対し，東海以西は広域的紛争に対応したものという理解ができる。

V期も基本的にはIV期と同様の傾向で理解できるが，それはあくまで前半期に関してである。後半期は，例えば伊勢湾地方でいえば内部的な紛争によるものと考えられる。もちろん外部的な要因と連動した可能性を否定するものではない。

古墳時代初期には関東と東北に分布がある。東北の例などは関東からの波及という様相があるので，これもフロンティアの拡大に対応したもので

あろう[1]。関東に類例の多い居宅や居館は，濠をもつ集落の衰退にともない顕在化するので，それとは異なる条件下で成立すると思われるが，分布そのものは九州から関東までと広範囲である。新しい社会体制の広域化に対応するのであろう[3]。

一応濠をもつ集落のI期から古墳時代までの流れと特徴を大雑把にみたが，まとめると，(1)まず遠賀川系土器文化の成立とその（東方への）拡大，つまりフロンティアの移動に連動して出現するといえる。そして東方への拡大は以後も続く。(2)いったん濠をもつ集落の分布域となった地域では，以後の消長は社会の紛争状態の推移に関連することが多いようである。

4　濠のある集落，あるいは囲郭集落の成立について

（1）　歴史的・社会的環境からみて

囲郭集落の成立そのものは，なにも列島の弥生文化に限られたことではない。西アジアの初期農耕集落であるジェリコの町はすでに紀元前七千年紀に巨大な囲壁を構築していたし，同じく初期農耕集落である中国西安半坡（はんぱ）遺跡も濠をめぐらした集落として成立している。つまり農耕の開始が囲郭集落成立のひとつの要因であることがわかる。しかし，農耕一般の開始が決して囲郭集落の広範な成立を促すわけではないようである。焼畑雑穀栽培などの移動農業や根茎栽培などに依存する社会では囲郭集落の形成はみられない。囲郭集落の形成される契機は，定着を基本とする穀物栽培（集中的備蓄・管理の可能な食糧の生産）の開始となんらかの要因による集団の凝集性の高揚である。

すなわち，一方では農耕基盤整備のための協働を可能とするだけの集団規模の確立，そして他方では一定の地域における水利あるいは土地利用に関係する利害を調整しうるだけの集団間の組織化がなされて，初めて全体の「ちから」を結集する

20

ことができるようになる。こうして内的な条件が整った上になんらかの要因がインプットされれば、そこに囲郭集落は成立する。そしていったん囲郭集落が知識として自立すれば、あとは情報として伝播することになる。

おそらく日本列島での囲郭集落出現はそうした知識をたずさえた人々によるところが大きかったものと考える。このように囲郭集落が知識として自立すれば、あとは条件しだいによっていつでも形成される。つまり、社会的条件と、囲郭集落形成の契機である。

社会的条件は、後述するように中心の欠如と流動性による各集落（あるいは一定の規模をもつ集団）の相対的自立である。もし自己の生存を保障するものが他であるならば、そこには従属関係が成立しているわけであるから結集された「ちから」も他のものとなる。したがって、その場合囲郭集落化の対象・中心は他の集落・集団となり、囲郭集落も偏在することになるが、実際そうした現象は一部の地域を除いては認められない。各自それぞれが自ら行なっているのである。

それに対し契機は、心理的なもの、たとえば畏怖、猜疑など幻想領域のものと、現実的な利害対立から生じる集団間の軋轢などを原因とする紛争の諸レベルという二者に大別できる。後者の最たるものが武力紛争である。しかし、そうした二者は全く明解に区分できるかというと決してそうではない。たとえば、低レベルの紛争状態の恒常化などによる社会の不安定化というようなことも想定できるのであり、現実的側面と心理的側面は相互に浸潤しあって多様な局面を発生させる。そうした局面のある場合に囲郭集落が形成されるのである。

ところで、Ⅳ期の列島における囲郭集落分布の東限（関東）において見られるような特異ともいえる濃密な展開について、その形成の契機をみかけ上の類似性によって、つまり西方での広域的武力紛争の発生状況とのアナロジーに基づく物理的圧力の存在の仮定によって説明するとしても、その圧力の根源が不明なため不十分である。また、「相攻伐する」といったような、社会が無規範状態となって相互に対立するといったホッブス的社会を関東に想定することも、現状では資料的にむつかしい。穏当に考えるならば、囲郭集落分布の高密度さは、おそらく基体となる集落が地域内部において固有の発展経路をたどってきたものではないという背景において社会の中心の不在とそのために生じる流動性がより強く増幅されたことによって個別単位に高度の自立性が要求されたことによるのであり、それゆえに囲郭集落もモザイク的に分布するのであろう。なにも拠点集落が密集しているわけではあるまい。囲郭集落であるかどうかは拠点性・中心性の決定因とはならない。西日本の弥生時代前期のような囲郭集落が集落の通常形態となっている時期と考えられる。それは、かえって社会の離散的傾向およびその裏返しとしての各単位の凝集性を、社会的統合の未成熟さを典型的に示すものではあるまいか。

（2） 自然的環境からみて

はたして動物相であるとか気候変動による河川の状態変化などに関係した囲郭集落の成立はあるのであろうか。例えば、「輪中」といわれる大河川下流域の堤防で囲まれた区域など、形式は囲郭集落と同じである。ただし、その場合には生産域も同時に内部に含まれるので、集落を囲むことに重点のある囲郭集落とは異なる。もし弥生時代に存在するなら、より広い範囲（一定の領域）を囲むということで囲郭領域と呼んだほうがよかろう。しかしこれまでのところ、弥生時代の囲郭集落には河川の影響を受けない立地のものもあるし、なぜ特定の時期に形成されるのかは広域的な気候変動による河川の状態変化を証明しなければ説明はできない。現状において、そうした自然環境の変化への対応に囲郭集落形成の基本要因があったとは考えられない。動物相との相関の有無に関しても、それが固定しているならば、囲郭集落の形成も固定するはずである。しかし、囲郭集落は恒常的な集落形態ではなく、わりあい短期的に繰り返すものである点を考慮すると、関連性は薄いのではないか。したがって、上述したような自然的要因が基本要因であったとは考えない。仮にあったとしても二次的なものであろう。

5　囲郭集落と非囲郭集落

弥生時代の集落には濠のあるものとないものとがある。両者の並存は広域的にはありえても、狭域的には認められない。つまり、社会的要因において形成されるものである以上、一定の社会内部における集落個々の単独性は排除されるからである。そもそも濠で集落を囲まざるをえないという

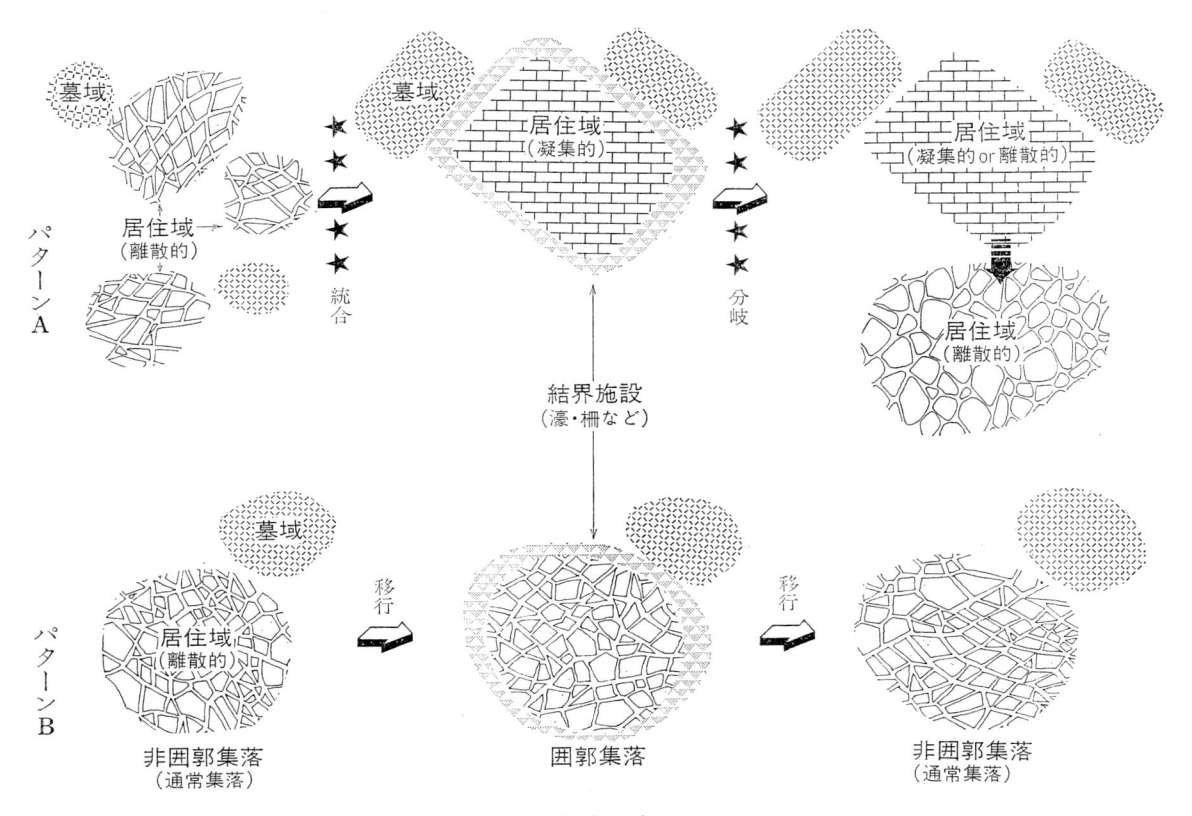

囲 郭 集 落 変 遷 概 念 図

事態がその集落固有の理由によって発生すること
など，高度に政治的か宗教的な場でもないかぎり
考えようがない。他と隔離された内的な要因での
形成はこれまでのところ認められないのである。
したがって，濠のある集落とない集落という比較
は，共時的な場ではなく通時的な場，つまり時間的
な流れの中に置かなければならないことになる。

　通常の集落形態が非囲郭集落であるとした場
合，通時的には通常集落→囲郭集落→通常集落と
いう変遷が一般的な在り方として考えられる。そ
して，平行的には基本的に二つの在り方をみせる
（図参照）。

　Aパターンは大規模集落の変遷に該当する在り
方である。複数の離散的な居住域が囲郭集落化に
際し，新しい全体設計のもとに統合され，凝集的
な居住域を形成する。居住域内部には，おそらく
中心となる核が形成され，求心的な力関係が成立
する。通常集落へ戻るに際しては，統合と逆の方
向つまり分岐が行なわれる可能性がある。そして
その場合，中心的な居住域が凝集的で，分岐した
居住域が離散的であるか，あるいはどちらも離散
的になるかである。前者は集落の求心的力関係が

そのまま温存されていることになり社会的にも中
心化する可能性を残すが，後者は一時的な凝集性
の高揚にとどまるということであり，安定した中
心形成はなく，社会的な中心化は望めないであろ
う。

　Bパターンは中・小規模集落の変遷に該当する
在り方である。単一の居住域が囲郭集落に移行
し，また通常集落に戻るという外観上の変化にす
ぎない。Aパターンのような質的な変化が大きく
生じることはないであろう。

　さて，弥生時代というよりは弥生文化のごく初
期の集落は，まず濠ありきで始まった。縄紋文化
の伝統にはない新しい集落形式であり，それは内
部と外部という自他の区別を明確にしたのであ
る。そして北部九州や中国西部で顕著な貯蔵穴群
のまわりに濠をめぐらすことに代表されるよう
に，おそらく動産貯蓄の始まりでもあった。こう
したことが当初は集落の普通の姿として成立した
のである。だから，この場合は同時に武力紛争が
あったとは即断できない。それは文化的背景によ
る成立である可能性があるからだ。とくにそれが
自立化した知識の伝播であるならば。

22

濠が大規模となり，さらにめぐらし方が複雑となり始めたのは，各地で集落の分布が密になって以降である。巨視的には，限りのある耕地や水利をめぐる地域内部の紛争の拡大と尖鋭化が，地域内部から地域外部へと紛争圏域の拡大による周辺地域への紛争状態の浸潤が，さらに深刻な社会変動の引き金となるようないくつかの地域を含む大地域を横断して進行する大規模な武力紛争が，それぞれ囲郭集落の規模と内容そして集落成員の意識や構成に変化を与えた。微視的には，濠掘削の協働作業は外に対する内なる共同意識を高揚し，集落成員の一体化を一層促した。この点で濠は集落成員の結束の象徴ともいえる。そして，囲郭集落の形式的な整備と組織的な整備の両者を指導した特定層は，その成功によって権威が上昇し，さらに固定した層へと進むことになる。あるいは，その地位をより強固なものとする。このようにして，集落成員におけるアイデンティティーの意識化あるいは表面化，そして特定層への「ちから」の集中は本格的な濠の出現とともに始まった。

しかし，われわれの検出する濠はいつも同じような役割を担っていたのではない。本来は内部に何もないはずの濠も時には別の用途に供されていた。われわれにとって研究対象となる豊富な遺物は濠から出土することが多いが，それは濠が大規模な塵芥処理場となっていたからである。このことからもわかるように，濠はいったん必要なくなれば放棄されて，自然の埋没にまかされるか埋め立てられたのである。たえず濠を維持することはなかった。大規模な濠を抑止力として誇示することはなかったのである。だから，濠は紛争が深刻化し，武力による解決以外に方法が無くなった時，集落の存続が左右されるという切羽詰まった時，そういう時に掘削され，それ以外のそれほど重大ではない小競り合い程度の紛争の時には濠を必要としなかったかもしれないのだ。それは，囲郭集落形成の広域的同時性によっても保証される。また，紛争に対する社会的な対応が個々の集落における濠の掘削を強制させることがあったかもしれないが，それはあくまで各単位の連合的な関係を基本とするのであり，中心の形成による支配関係を背景とするものではなかったと考えられる。中心が形成され領域が確定されるような段階の場合では，そもそも囲郭集落の分散的な形成などなくなるのではないだろうか。中心が別の形

（集落個々の武装によって防備を図るよりは純粋な軍事施設の配備など）において対処すると考える。

濠のない集落が恒常化するのは古墳時代に入ってからである。古墳時代には，一般集落の代わりに特定層の住居群が濠や土塁，塀などによって囲まれるようになる。まだまだ調査例に限りはあるが，かなり普遍的であることがうかがえる。このことは，古墳時代の社会が専ら消費を主とする階層と生産を主とする階層に分化したことを物語っている。そして紛争の解決はおそらく前者が対応したのであろう。武力紛争は，社会全体で行なわれるというよりは，社会上層による武力の占有が進行した結果，それに対応したかたちで行なわれることになったと考える。

集落内部の成層化からさらに社会の成層化へと一歩進展したことによって，専ら社会下層を占める一般集落成員の軍事面からの排除が促進されたことが，囲郭集落消滅の要因の一つではないか[4]。

註

1) 「植民活動の最前線」という程度の意味であるが，先住民との関係はよくわからない。
2) 集落形態の形式化。
3) Ⅴ期以降に出現する，集落と並存する方形区画は，居館の離脱しつつある状況を示すのだろうか。
4) 古墳時代には，大集落だけでなく小規模な囲郭集落の存在もほとんど聞かない。居住形態の変化か調査例の不十分さのどちらかだが，ここでは前者を想定する。

参考文献

原口正三「濠と土塁」『弥生文化の研究 7 弥生集落』雄山閣，1986

R．J．ブレイドウッド（泉　靖一・増田義郎・大貫良夫・松谷敏雄訳）『先史時代の人類』新潮社，1976

埋蔵文化財研究会・東海埋蔵文化財研究会『弥生時代の環濠集落をめぐる諸問題Ⅰ～Ⅲ』1988

奈良県立橿原考古学研究所附属博物館『弥生・動乱の時代　吉野ヶ里遺跡の同時代史』図録，1989

水藤　真「村や町を囲うこと」『国立歴史民俗博物館研究報告』第19集，1989

石黒立人「弥生時代尾張地方の囲郭集落について」『年報　昭和61年度』愛知県埋蔵文化財センター，1986

都出比呂志『日本農耕社会の成立過程』岩波書店，1989

Ph・E・L スミス（戸沢充則監訳・河合信和訳）『農耕の起源と人類の歴史』有斐閣選書，1986

野崎直治『ヨーロッパ中世の城』中公新書，1989

環濠集落と環濠の規模

大阪府教育委員会
■ 禰宜田佳男
（ねぎた・よしお）

環濠集落は弥生後期に大きな変化が起き，吉野ヶ里や唐古・鍵などの
ように面積が23万〜25万 m² にも達する大型のものも出現してくる

環濠集落の規模については，北部九州地方には近畿地方ほどの大規模なものはないと考えられていた。ところが，昨年の佐賀県吉野ヶ里遺跡の調査で，北部九州にも近畿地方に匹敵する大規模な環濠集落の存在が明らかとなり，従来の認識を修正することとなった。

小稿では，北部九州・近畿・関東地方の環濠集落（濠が全周しないもの，内側に住居跡の検出されていないものも含む）と環濠の規模について概観し，その地域的ならびに時間的な特徴について整理を行ないたい。

1 環濠集落の規模

（1） 北部九州 前期前半の環濠としては，まず福岡県板付遺跡[1]があげられる。この環濠は南北110m，東西81m の長円形を呈し，面積は6,700 m² である。環濠内側からは貯蔵穴70基が確認されているが，竪穴住居跡は検出されていない。環濠内側の住居については，削平により検出されていないが本来は存在したとする考え[2]とともに，別の地点に居住区が存在した可能性も説かれている[3]。環濠は前期前半に掘削され，前期中頃から終末には機能を失っているという。

また，福岡県有田遺跡[4]は近年の調査で南北300 m，東西200m の環濠を持つとされ，広さは40,000 m² 以上と推定される。内側からは貯蔵穴が検出されているものの，調査面積が少なく，全体の様相は不明である。

次に前期中葉以降の例を見ると，福岡県葛川遺跡[5]は前期中葉とされる環濠で，面積は約1,600 m² を測る。環濠内外には35基の貯蔵穴を持つ。福岡県横隈北田遺跡[6]では，全周はしていないが前期中葉に環濠が掘削され，やはり内外から貯蔵穴61基が検出されている。福岡県光岡長尾遺跡[7]は前期後半に属し，約1,200 m² の中に約60基の貯蔵穴が発見されている。

現在のところ，前期の環濠は大きく2つに大別される。一つは前期前半に成立する板付遺跡や有田遺跡のような数千〜数万 m² の環濠であり，もう一つは前期中葉以降に出現する1,000〜2,000m² の環濠である。後者は，内側から貯蔵穴しか検出されず，「環濠貯蔵区画」[8]と呼ぶにふさわしい。ただし，貯蔵穴の数は，周辺に存在すると考えられる集落の規模に左右されるであろうから，貯蔵穴を囲む環濠の規模も多少は上下するであろう。

では，前者の場合はどうであろうか。板付遺跡では，弦状溝と環濠に囲まれた部分から集中的に貯蔵穴が存在しており，葛川遺跡などで分散的に存在している状況とは異なっている。貯蔵穴のないところには，本来竪穴住居があったのであろう。つまり，有田遺跡も含めて前者は，竪穴住居と貯蔵穴からなっていると考えている。なお，両者を立地の点から比べても，前者が平野部で標高15m 程度，後者が丘陵部で標高25〜30m のところに所在するという違いもある。このとき，問題となるのが，福岡県横隈山遺跡[9]である。この遺跡は，前期後半の4,000m² を越える環濠をもち，内側からは，多数の貯蔵穴とともに竪穴住居跡が確認されている。詳細は未報告のため，貯蔵穴と竪穴住居跡の関係は明らかではなく，今後の課題としたい。

中期の環濠は少ない。福岡県比恵遺跡[10]では一辺30mの方形の環濠が検出されている。また，吉野ヶ里遺跡では大規模な環濠が掘削されているようである。

後期では，まず吉野ヶ里遺跡[11]をとりあげよう。後期の環濠は中期の環濠を継承しており，その長さは全長1kmに達する。面積は250,000m² となり，今まで最大と言われていた奈良県唐古・鍵遺跡を上回る。また，この環濠の内側には南北150m，東西100m の範囲を区画するもう1条の濠が巡っており，全体は二重の環濠で構成される。しかも，外濠は集落と墓地を取り囲み，倉庫群が外濠の外というあり方を示している。生活域だけの面積となるとかなり狭い範囲となりそうである。また，後期になると，後述するように二重

構造の環濠集落が出現してくるが，吉野ヶ里遺跡の場合，内濠の規模は非常に大きい点が特徴としてあげられる。

他の遺跡をみると，10,000 m² 以下のものばかりである。福岡県三国の鼻遺跡[12]では，後期中葉から終末までの環濠が検出されている。環濠は全周するわけではないが，2時期に分かれ，最初3,500m² であったのが，後に拡張されて7,000m² となっている。内側からは34棟の竪穴住居跡が検出されている。

佐賀県千塔山遺跡[13]でも2時期にわたる環濠が確認されている。後期後半（Ⅴ期）には約5,000m² の中に竪穴住居跡7棟と掘立柱建物跡が，後期終末（Ⅵ期）には6,300m² の中に竪穴住居跡11棟と掘立柱建物跡がそれぞれ検出されている。ともに，環濠外には竪穴住居だけで構成される住居群3つを伴っている。

このように後期になると，吉野ヶ里遺跡のような大規模で，二重の環濠をもつ集落が存在する。そして，これ以外は10,000 m² 以下の規模であるが，千塔山遺跡のように環濠内外で集落構成に質的な差の認められる遺跡が出現してきている。

（2）　**近畿**　前期では兵庫県大開遺跡[14]で環濠集落がほぼ完掘されている。詳細はまだ未公表であるが，成立当初は東西70m，南北40m の1,300m² であったのが，その後拡張し2,100 m²になっている。環濠の内側からは竪穴住居跡4棟と貯蔵穴11基が確認されている。時期は前期中段階にほぼ収まり，現在のところ，近畿地方の最古例である。

いっぽう，新段階になると例は増えてくる。大阪府安満遺跡[15]では，東西150m，南北140m，面積6,000m² の二重の環濠が検出されているが，内側の施設は調査が進んでおらず不明である。なお，この環濠の北側にも溝が存在することが知られており，もう一つ環濠が存在する可能性が指摘されている[16]。

唐古・鍵遺跡は，集落の成立当初3つのムラからなっていたが環濠はなく，前期の終わり頃になってその内の一つのムラに 30,000〜40,000m² の環濠が巡るようになる。また，この唐古・鍵遺跡から4km ほど離れた多遺跡[17]でも前期新段階の環濠が検出されている。規模は南北350m，東西300m になると復原されており，前期では最大級の規模といえよう。

このように，近畿地方の前期の環濠も二つに大別される。一つは，前期中頃に成立する大開遺跡のような1,000〜2,000 m²の環濠であり，もう一つは，安満遺跡や唐古・鍵遺跡のような前期新段階に成立する5,000 m²以上の環濠である。いずれも，環濠の内側には住居と貯蔵施設を伴っており，規模の差は構成している共同体の大きさによるものと考えられる。

中期になると，安満遺跡や唐古・鍵遺跡など，多くの遺跡で前期に成立した環濠が洪水により埋没してしまう。そして，再び掘削された環濠は非常に大規模なものとなっている。唐古・鍵遺跡の場合，三つのムラを囲むようになり，面積は230,000 m² を測る。

大阪府池上曽根遺跡[18]は前期の新段階に集落としては成立するが，環濠が掘削されるのは中期に入ってからである。面積は100,000m² であるが，近年の調査でやや狭くなることが判明している[19]。環濠は中期をもって埋没してしまう。

中期の環濠は，前期よりさらに大型化することが特徴である。

後期になると，大阪府観音寺山遺跡[20]で竪穴住居跡103棟が検出されている。竪穴住居は規模に大小の差があるようであるが，掘立柱建物跡は未検出である。この回りを部分的に二重の濠が巡る。

唐古・鍵遺跡は，中期末に再び洪水により埋没するが，後期に再度掘削される。規模は中期より小さく，浅くなるようである[21]。それに対して，池上曽根遺跡では，大規模な環濠は埋没し，「円形台地状遺構」「円形周溝状遺構」と言われている，推定面積がそれぞれ 700m²，250m² の小区画が認められるようになる。内側には多くの柱穴が見られ，掘立柱建物が存在したと考えられる。

また，滋賀県針江川北遺跡[22]では，柵で囲まれた掘立柱建物跡が検出されている。柵の外には竪穴住居跡が広がり，さらにその外には溝が走るという二重構造である。柵内の面積は推定で500m² 程度，溝間の距離は143mとされる。外の溝が径143mの円形であれば15,000m²前後，一辺 143m の方形であれば 20,000m² 前後の数字が得られる。なお，柵のすぐ脇には棟持柱を持つ掘立柱建物も存在し，神殿であった可能性が指摘されている。

すなわち，後期には唐古・鍵遺跡のように，引き続き大規模な環濠を有する遺跡と，池上曽根遺跡のように大規模な環濠が消滅する遺跡，観音寺

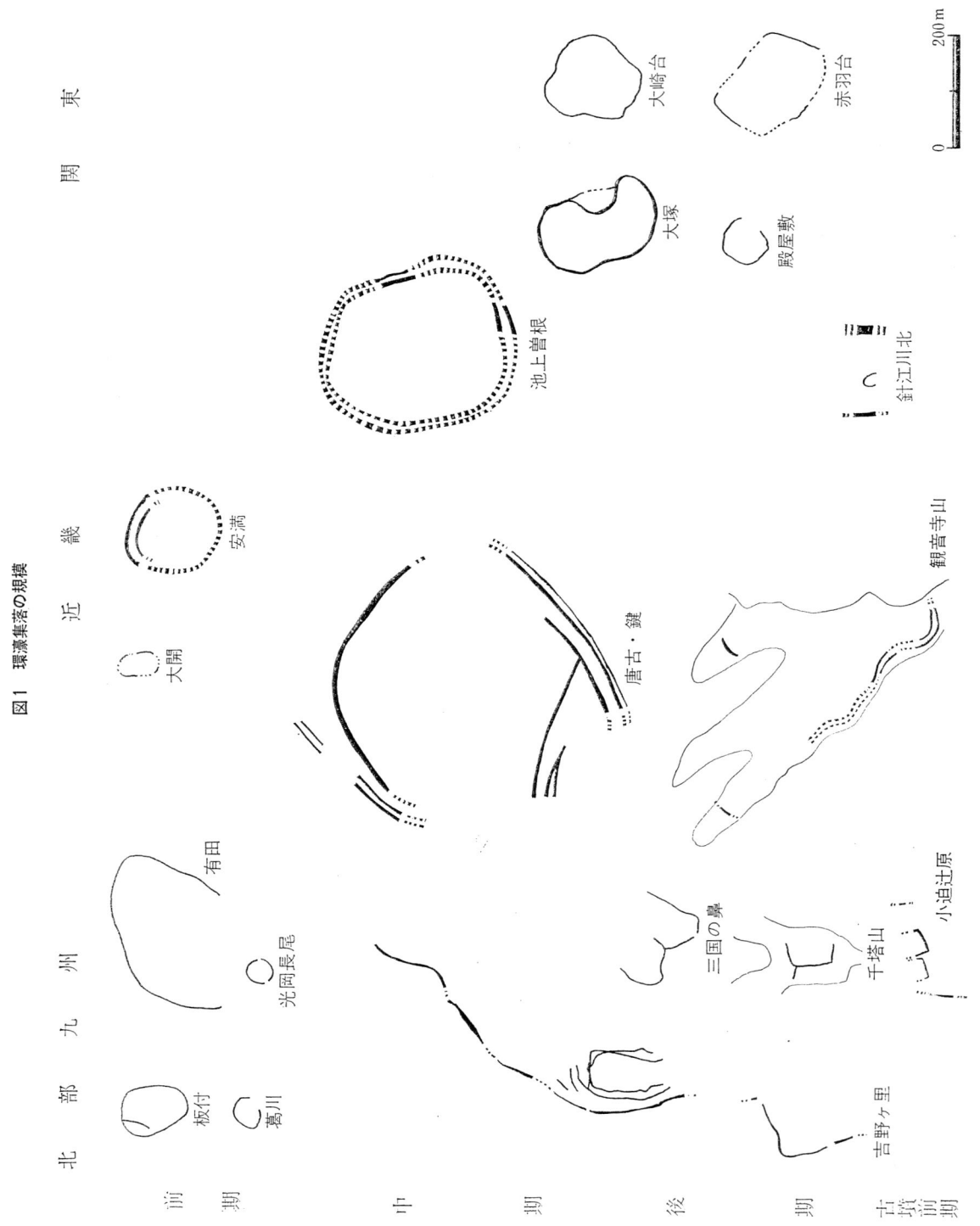

図1 環濠集落の規模

山遺跡のように新たに大規模な環濠が出現する遺跡とがある。

また，新たな動きとして針江川北遺跡のような二重構造の環濠集落が出現している。このようなあり方は，集落の中で，特別な扱いを受けた者が出現していたことを示している。池上曽根遺跡における「円形台地状遺構」なども，同じような性格なのかもしれない。これに対し，観音寺山遺跡は竪穴住居だけで構成され，等質的な構造と言えよう。

26

（3）**関東** 前期の環濠としては，群馬県注連引原Ⅱ遺跡[23]が最古の例である。部分的な調査のため，全体の規模は復原できないが，幅1.5〜3.0m，深さ0.7〜1.3mの溝が検出された。近畿地方と大きな時期差がなく，北関東にも環濠が及んだことを示す例である。いっぽう，南関東地域では，埼玉県池上遺跡[24]の中期中頃の例が最も古いが，こちらも規模は不明である。

当地域で，環濠集落が増加するのは中期末である。神奈川県大塚遺跡[25]，同権田原遺跡[26]，千葉県大崎台遺跡[27]は，それぞれ23,000m²，23,000m²，15,000m²の規模をもち，環濠周辺には小規模の集落を従え，一つの遺跡群を形成している。大塚遺跡では環濠内側から90棟の竪穴住居跡と10棟の掘立柱建物跡が確認されており，権田原遺跡や大崎台遺跡でも多数の竪穴住居跡が発見されている。

後期にはいると，中期の環濠は消滅し，新たな遺跡が出現する。神奈川県殿屋敷遺跡[28]は長径82m，短径73mを測り，面積は4,800m²であり，内側からは竪穴住居跡が検出されている。また，東京都赤羽台遺跡[29]では長径175m，短径132.5mで面積19,600m²を測り，内側からは，やはり竪穴住居跡が検出されている。

後期には，小型の5,000m²以下の環濠も出現し，規模にバラエティが出てきているが，北部九州や近畿地方に見られるような，二重構造を示す遺跡は未発見のようである。

2 環濠の規模

前期の北部九州の環濠は，傾きが非常に急で断面はV字形をしている。検出幅は2.3〜5.0m，深さ1.6〜3.0mを測る。このような断面形の環濠は北部九州だけにとどまらず，例えば山口県綾羅木郷遺跡[30]や京都府扇谷遺跡[31]でも認められる。綾羅木郷遺跡では，検出幅1.7〜2.6m，深さ0.9〜1.1mを測る。また扇谷遺跡では，断面がU字形のところもあるようだが，検出幅10〜15mを測る非常に巨大なものである。後述するように，断面V字形の環濠は近畿地方にはほとんどなく，扇谷遺跡の環濠の系譜も，日本海ルートで陶塤などとともに伝わったものと考えられるのではないか。

いっぽう，近畿地方の環濠は検出幅3.5〜5.0m，深さ1.2〜1.6mで断面が逆台形を呈している。例外的なのが大開遺跡で，検出幅1.5〜2.0m，深さ0.8〜1.0mを測り，断面形はV字形をしているものの，部分によって逆台形をとるところもある。た

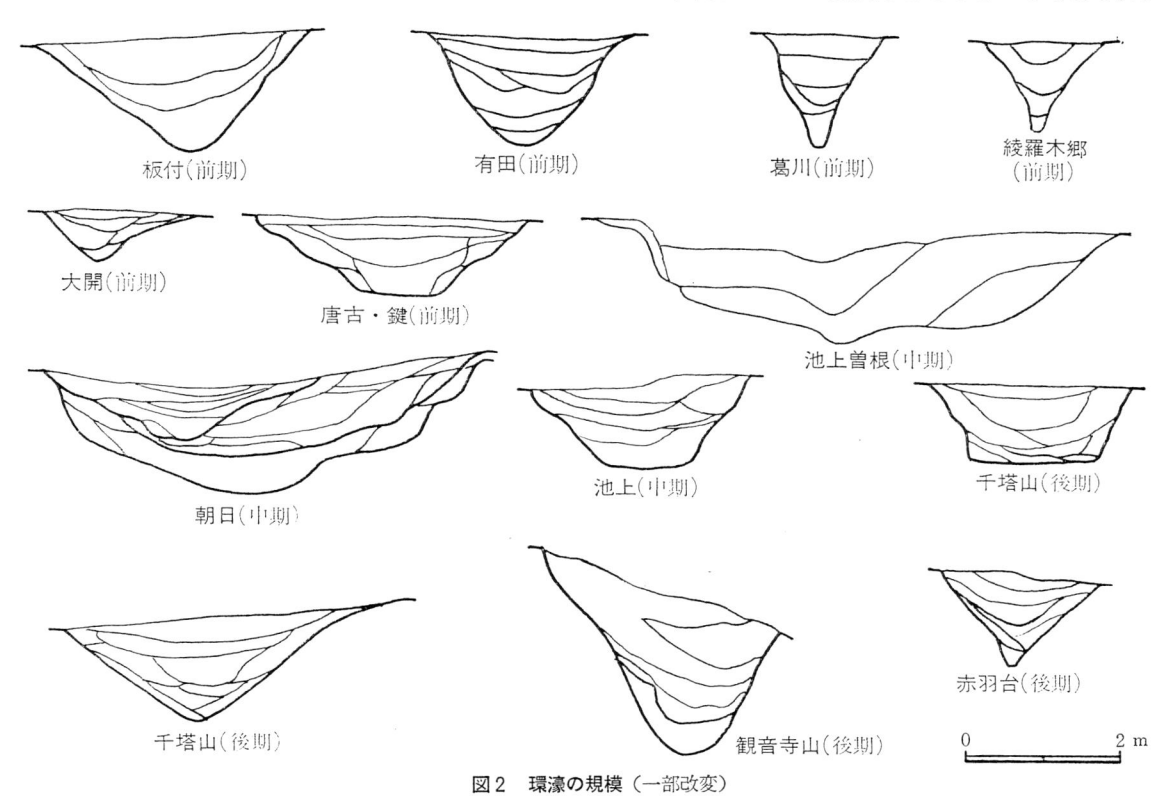

図2 環濠の規模（一部改変）

板付（前期）　有田（前期）　葛川（前期）　綾羅木郷（前期）

大開（前期）　唐古・鍵（前期）　池上曽根（中期）

朝日（中期）　池上（中期）　千塔山（後期）

千塔山（後期）　観音寺山（後期）　赤羽台（後期）

0　　　　2 m

だし，傾きは緩やかになっており，北部九州的な要素は断面がV字形であるという点だけである。

中期になると，近畿地方の環濠は底の広い逆台形をとるようになる。これは愛知県朝日遺跡[32]においても同様な形状が見られる。関東地方でも大塚遺跡や池上遺跡では，検出幅4m前後，深さ1m前後の断面逆台形である。

後期には，断面がV字形，U字形，逆台形のものが各地域に認められる。吉野ヶ里遺跡では，外濠が幅7m以上，深さ3m以上で断面V字形なのに対し，内濠は検出幅2〜4mで断面は逆台形をしており，規模，形状が異なっている。これらの違いは，濠自体の機能に差があったためであろう。千塔山遺跡では，検出幅1.6〜3.0m，深さ1mを測り，断面形はU字形と傾きの緩いV字形である。

3 首長の居館

さきに見てきたように，環濠集落に変化が出てくるのは，弥生時代後期である。それは，特別な扱いを受けた住居が数百〜数千m²の濠で囲まれ，その外に従属的な性格を持った住居が広がり，さらにその外を濠で囲むという集落の出現である。千塔山遺跡のように，丘陵上に立地する遺跡では外濠は省略された場合も考えられる。

ところで，時期は下がるが，大分県小迫辻原遺跡[33]では，布留式古段階の方形環濠が検出されている。一辺47m（約2,200 m²）と一辺38m（約1,400㎡）の環濠で，内側には掘立柱建物が存在していた。方形環濠自体は小規模であるが，その外には竪穴住居跡が広がり，さらにその外には両側で溝が確認されている。溝間の距離は165m程度を測る。方形環濠，掘立柱建物跡，竪穴住居跡，溝の関係は正報告を待ちたいが，同時期のものとすれば，先の針江川北遺跡のあり方と類似している。

こう見ると，弥生後期から古墳前期までの首長の居館には，針江川北遺跡や小迫辻原遺跡のようなタイプが一形態として存在したようである。外濠の規模は，首長の階層性や館内にとりこんでいる施設により多様であったと考えられよう。

卑弥呼の居館は未発見であるが，卑弥呼の居室を中心に内濠が巡り，さらに儀式や政治の場，側近や兵士の住居・倉庫などをとり囲んで外濠が回っていたのではないだろうか。その規模は，数十万m²に及ぶ巨大なものであったかも知れない。

小稿を作成するにあたっては，小山田宏一，都出比

呂志，広瀬和雄，森岡秀人，山崎純男の諸氏から御教示をいただいた。謝意を表します。

註

1) 山崎純男「板付遺跡」『弥生文化の研究』7, 1986
2) 註1)文献
3) 都出比呂志「環濠集落の成立と解体」『日本農耕社会の成立過程』1989
4) 福岡市教育委員会『有田・小田部第7集』1986
5) 苅田町教育委員会『葛川遺跡』1984
6) 小郡市教育委員会『横隈北田遺跡』1988
7) 原　俊一「光岡長尾遺跡」『弥生時代の環濠集落をめぐる諸問題』1988
8) 註3)文献
9) 小郡市教育委員会『横隈山遺跡』1974
10) 鏡山　猛「環溝住居阯小論(1)」思淵，67, 1956
11) 高島忠平「吉野ヶ里遺跡」月刊文化財，314, 1989
12) 小郡市教育委員会『三国の鼻遺跡』1988
13) 基山町遺跡発掘調査団『千塔山遺跡』1978
14) 前田佳久・内藤俊哉「大開遺跡の調査」『第7回近畿地方埋蔵文化財研究会資料』1989
15) 原口正三「安満遺跡」『高槻市史』6, 1973
16) 原口正三「濠と土塁」『弥生文化の研究』7, 1986
17) 奈良県立橿原考古学研究所『田原本町多遺跡第10次発掘調査概報』1987
18) 第二阪和国道遺跡調査会『池上・四ツ池』1970
19) 大阪府教育委員会1987年の調査による。
20) 観音寺山遺跡調査団『観音寺山遺跡調査概報』1968
21) 藤田三郎「唐古・鍵ムラの変遷」『弥生の巨大遺跡と生活文化』1989
22) 清水　尚「弥生時代後期における集落形態」『第4回近畿地方埋文担当者研究会資料』1986
　　丸山竜平「針江川北・針江北遺跡」『弥生時代の環濠集落をめぐる諸問題』1988
23) 群馬県安中市教育委員会『注連引原Ⅱ遺跡』1988
24) 埼玉県教育委員会『池守・池上』1984
25) 港北ニュータウン埋蔵文化財調査団「大塚遺跡発掘調査概報」『調査研究集録』1, 1976
26) 港北ニュータウン埋蔵文化財調査団「権田原遺跡（ル8・9）の調査1」『港北のむかし』84, 1987
27) 柿沼修平「千葉県大崎台遺跡」『弥生文化の研究』7, 1986
28) 殿屋敷遺跡群C地区発掘調査団『殿屋敷遺跡群C地区発掘調査報告書』1985
29) 東北新幹線赤羽地区遺跡調査団「北区赤羽台遺跡」『弥生時代の環濠集落をめぐる諸問題』1988
30) 下関市教育委員会『綾羅木郷遺跡』Ⅰ, 1981
31) 峰山町教育委員会『扇谷遺跡発掘調査報告書』1975
32) 愛知県埋蔵文化財センター「朝日遺跡」『年報』1986・1987
33) 大分県教育委員会『九州横断自動車道（日田地区）建設に伴う発掘調査概報』1988

環濠集落の構造

福岡県教育委員会
中間研志
（なかま・けんし）

環濠内の複数の住居グループは非常時統率，倉管理，見張りなどの役
割り分担を示しており，それによって集落機能の発展が計られていた

　わが国弥生文化の全地域，全時代を通じてのべつ環濠集落が行なわれた訳ではない。九州から畿内に至り北関東まで伝播した環濠は，北部九州土器編年に読みかえた**前期〜中期初葉（A期），中期末〜後期前葉（B期），後期後葉〜終末（C期）**の3時期に集中する（以下，本文ではこのA・B・C期で呼称する）。また，北陸・長野・関東ではA期にはまだ行なわれず，中・四国ではB・C期には未発見のためか皆無に近いなど，地域差も著しい。

1　環濠集落の構成要素

　環濠　大きく深い溝は環濠集落たる所以の第一である。ここでは形態の伝播状況を一瞥するに留めたい。弥生頭初期北部九州で始まった拠点集落の環濠は一重で断面V字溝であった。V字溝はU字・逆台形溝と比べて異質に規格性に富むことから，V字溝は伝播したと考える。それは弥生文化の東漸と軌を一にする。

　前期後半には中・四国の西半まで一重V字形が拡がる。畿内でも前期末までにはV字溝が受容されるが，そこでは多重溝という独創形態で成立する。と同時に沖積地の拠点大集落では規格・防禦性の強いV字溝を捨て，無技術で容積だけ大きいU字溝多重形態を採用する。この形態は西は広島・愛媛，東は愛知・三重にまで拡がり，うち近畿・東海ではB期まで盛行する。関東ではB期が環濠の初現で一重のV・U字双方があり，畿内高地性集落に起因する。この様相はB期後半で東海・北陸でも見られ，C期に引きつがれると北陸・中部・関東では一重V字溝となる。逆に九州では，B期で伝統のV字溝に反してU字溝が導入され，以後C期は一重U字溝が圧倒的となる。

　古墳初期には全国で方形U字溝となり，九州ですでにC期で方形プランが出現していることから，この九州のみでのU字圧倒性は，階層分化に伴う先駆的現象と考えられよう。

　住居　A期横隈山7地点（福岡）では，住居3軒と貯蔵穴群とからなる。丘陵上の当期環濠は扇谷（京都）のような大規模例を除き，一つの尾根頂部のみを廻る例が多く概して小規模であり，個々の環濠で集落が完結するものではない。横隈丘陵遺跡群のように1〜2単位の小グループで小環濠を有し，それと非環濠集落・貯蔵穴専用環濠などが複数集まって集落を構成する。これに対して同期の平地環濠は，板付・有田・唐古鍵などその規模から幾つもの住居単位を擁しそれ自体で完結し得る拠点集落と想定される。

　B期の東山（大阪）では4単位に分かれ，1小期に全体で6〜7軒の集落を構成する。平地の大環濠と異なり，占地の特殊性による小規模さと判断される。関東B期では，大規模なものが大塚・朝光寺原（神奈川）で1小期30軒ほどとなり各々3・2群に分かれる。大原（神奈川）は中規模で，1小期に3〜4単位で16軒ほどとなる。小規模なものは殿屋敷C地区（神奈川）で，2小期とすれば6〜7軒の集落となる。

　C期九州では，大南（福岡）で6群各5軒として1小期に30軒，千塔山（佐賀）で環濠内外4群で1小期20軒弱と大規模である。三国の鼻（福岡）では1小期16軒前後。野方中原（福岡）では8軒と小規模であるが，次期になると環濠を超えて急膨張する。関東では馬場北（埼玉）で環濠内外合わせて1小期30軒ほどと大規模である。日影平（群馬）では12軒の中規模集落となる。

　B〜C期をまとめると，関東B期の環濠集落は大規模例が多く拠点的集落になり得ること。次のC期には大環濠集落自体が減少し，分村化が進んだとみられる。九州C期は環濠を持たざるを得ない拠点集落も多いが，持つ必要のない巨大集落（クニ）が卓越する。

　「大きい住居」は東日本では一目瞭然であるが，西日本とくに九州では質的に優越するような目立ち方は無い。2つの類型があり，まず環濠のほぼ中央に1〜3軒の特大住居が位置する例は，関東B期に多い。次に各群に各々1〜2軒の特大住居を持つ例はB期からさらにC期に多くなる。この

後者例で東山B居住区の最大住居の如く，優位に立つ群中に集落最大の住居を営むような格差が発生してくる。さらに終末期になると，針江川北（滋賀）のように，環濠内ほぼ中央にさらに卵形をした柵を設け，その中と周辺に特異な建物が立つ例が出現する。明らかに質的に卓越していながら共同体首長が集落から独立する直前の，未だ環濠内に留まっている段階を示している。

広場　単なる隙間ではなく，共同労働・集会・祭祀の場として生産・政治・精神的な具体的拠り所としての充実空間であった広場・庭を，環濠集落という閉塞空間の中に計画的に残された「施設」のひとつと考えたい。中国新石器時代姜寨遺跡（B.C.4500年）では，環濠集落中央を広場として，それを取り巻くように5住居群が配置されている。

弥生環濠集落においては3類型がみられる。第一は，環濠中央に広場を設けるもの。九州ではA〜C期までみられ，関東でもB〜C期に例がある。第二は環濠内各住居群ごとに小広場を有するもの。これは畿内で後期前葉の観音寺山（大阪）が初現となる。九州・関東でもC期には例が多くなる。第三に広場が無いか不明瞭なもので，全体に住居が散在して，強いてみると環濠寄りに空地はみられるという感じのものが多い。殿屋敷C地区など関東のB・C期にかなりみられる。以上の3類のうち，中央広場例は一般的なもので，各住居群ごとに小広場を持つのはB期から始まり，古墳時代以降の郷戸の庭に継がる系譜のものであろう。関東における不明瞭な類は，共同農作業などを主眼としない軍事的緊急性の強い集落だからであろうか。

井戸　水場には事欠かないわが国で，ことさらに集落内に井戸を掘る事が弥生時代から始まったということは，長期定住生活を可能たらしめた稲作農耕文化の中に，当初から文化要素の一つとして技術・習俗を伴った井戸が含まれていた可能性が強い。

井戸の所有形態から3つの類型が想定できる。まず，集落全体で共有する井戸は山賀（大阪）など前期からみられるが，非環濠集落での例の多さから，とくに小規模環濠においては全期間かなり一般的であったと推定される。次に集落内各住居単位ごとの井戸所有形態が想定される。比恵1号環濠内の井戸は，後期初葉の環濠や住居の時期と

対応しない懸念はあるが，小環濠内の3〜4軒で管理するものであろう。さらに各戸占有井戸も想定されるが，これには2つの異性格の場合が考えられる。まず唐古例のように水位の高い畿内沖積地立地の環濠内で，井戸掘りが容易で技術が伴う場合と，次に古墳初頭の三ツ寺I（群馬）のような突出した首長層居館における屋敷内井戸へと継がる，有力者占有の井戸である。ただし後者は環濠集落では未だ明らかでない。

出入口　環濠で閉鎖された集落では出入口の位置は重要である。それが恒久的なものであるか否かなど，施設の違いも個々の環濠の本来の性格を示す処となろう。とくに防禦を主眼とした場合，簡単に取り外せる板橋などは効果的であろう。いずれもB期環濠である下山（東京）での切り込み対ピットや，四葉地区（東京）の対ピット群などは橋の固定杭痕とされよう。また成塚住宅団地内（群馬，和泉〜鬼高期）や吉野ヶ里で環濠を狭くした部分があり，架橋を企画した部位とされる。

陸橋（土橋）はA期当初の板付からC期までみられる。A期の光岡長尾（福岡）での正反対側に2ヵ所，横隈山7地点での3ヵ所例などは，共同管理貯蔵穴群に対して居住方向の異なる複数の集団の出入りの便宜を計ったものであろう。板付の陸橋は水田へ降りる部位と思える。B期の朝日南環濠では内濠で2ヵ所陸橋があり，外濠の出入口と全くずれており，複雑な形態で防禦強化を工夫している。千塔山の陸橋部は正面（平野側）ではなく丘陵横から細く入り込む谷に向けて設けられ，裏木戸にあたり外来者には判りにくい。出入口の位置の意味にも今後注意すべきである。

2　環濠集落と貯蔵施設

貯蔵穴群や高床倉庫群の各管理形態は，完結した環濠集落の中で弥生社会を良好に反映している。

A　貯蔵穴専用環濠

北部九州では貯蔵穴群を囲むとしか考えられないA期の環濠が5例以上調査されている。葛川（福岡）では環濠内側に27基4群の貯蔵穴を検出した。光岡長尾ではほぼ正円に近い環濠が貯蔵穴群のみを囲む。土笛が出土しており，この宗像〜山口の玄界灘沿岸から日本海ルートで丹後へ伝わったふしがある。その際V字環濠も同時に伝播したのであろう。横隈北田（福岡）でも貯蔵穴のみを

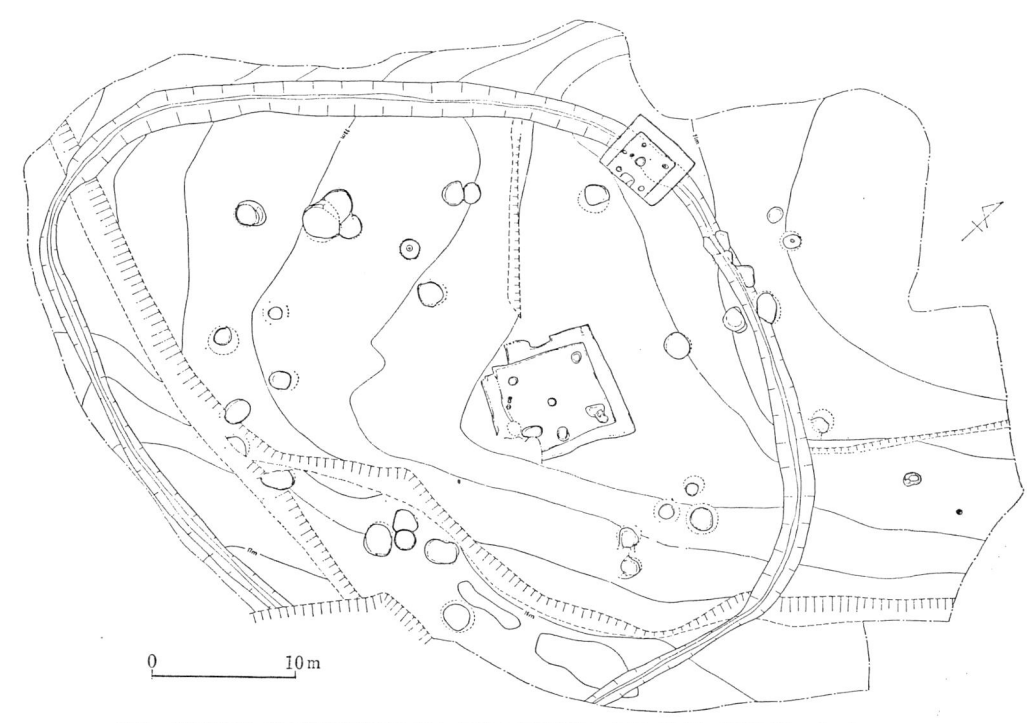

図1　葛川遺跡（福岡県京都郡苅田町）貯蔵穴専用環濠　前期（住居は後期以降のもの）

囲む。津古内畑・横隈山5地点も同地区に点在する環濠であるが，内側での住居未確認やその近似した規模から，恐らく貯蔵穴専用環濠であろう。

以上各例は環濠径が平均で 40m 代と小規模なことが特徴である。平面形は正円〜卵形をなし，ともに丘陵頂部近くに営まれる。また，町南（佐賀）Ⅰ期では34基の貯蔵穴のみが散在しており，当初は同類の環濠であった可能性がある。朝田墳墓群第Ⅱ地区では21基の貯蔵穴と 2 （＋α）軒の住居がみられ，貯蔵施設を中心とする特殊な機能の環濠と考えられている。板付の所謂弦状溝と環濠に囲まれた部分も，環濠内側からだけの出入口を設けた貯蔵専用地区であろう。板付例は大切な食料，ことに種籾の貯蔵に，住居域と区別して火事・外敵・餌あさりにくる動物から守るために細心の配慮が施された稲作開始期直後の最新の工夫であった。この環濠内貯蔵区から次の前期中葉段階で貯蔵穴専用環濠に発展したと想定される。

以上の環濠はすべて断面V字溝である。V字溝底は思いもかけず歩きにくく，深く鋭く切り込んで底幅 20cm 以下のものなど身動きにも不便さを感ずる。U字・逆台形溝と比べて，V字溝は掘削労力を少なくして，かつ溝下半をさらに急角度に鋭く深く掘ることによって防禦上の効率を高め

ようとする工法上の優位性が明らかである。掘削土量は同幅・深さの断面箱形溝の半分以下となる。これらの特殊な技術が「V字溝は伝播した」と判断させる。この底面を狭く壁下半を急角度にする工夫は，まさに「陥し穴状遺構」の意図そのものである。その共通する目的は，落ち込んだ動物（敵）の自由を束縛することにある。

以上のことからこのA期貯蔵穴専用環濠の目的は，集落が不慮の火事などの災害や戦場となった場合に備えて，財産（食料・種籾）を居住域から離して，動物や外敵から守ったものと考えられる。貯蔵穴に二段・三段重ねの深い「隠し倉」的なものも時折見られることから，戦時には妻や子供を守ったこともあったに違いない。

環濠内貯蔵穴に 2〜4 の複数の群がみられることや，光岡長尾で南北に 2 カ所の陸橋部を有することなどから，この種の環濠は単一の住居グループだけのものではなく，この施設を中心として居住する複数のグループ，恐らく小範囲に分散してはいるが共同体として紐帯関係を有する集団による共同管理の下にあったと考えられる。

B　倉庫群の配置

A期の九州・山口の一般集落では住居と離れて貯蔵穴が群をなすことが多く，環濠内でも居住域

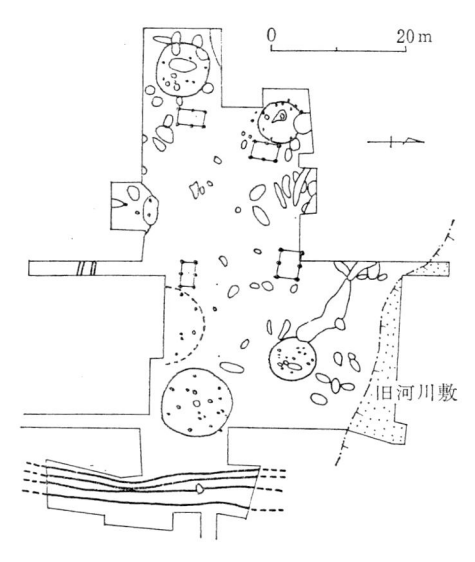

図2 突抜遺跡（山口県阿東町）中期初葉

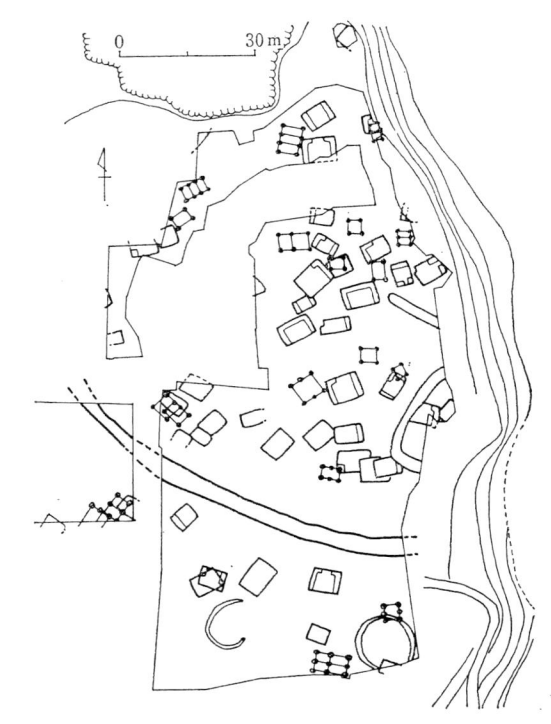

図3 町南遺跡Ⅲ期（佐賀県中原町）後期

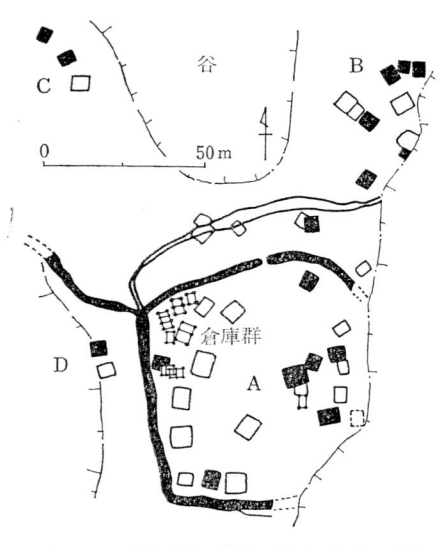

図4 千塔山遺跡（佐賀県基山町）後期後葉

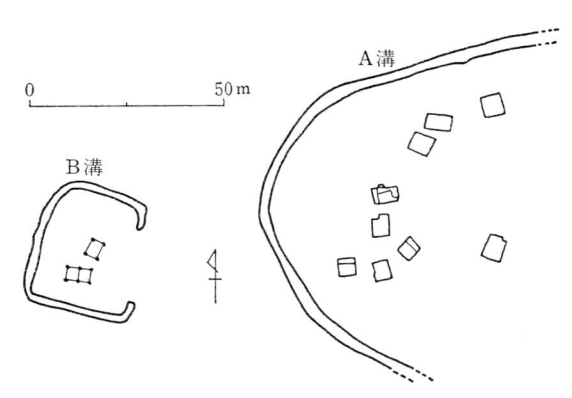

図5 野方中原遺跡（福岡市西区）後期後葉

と別に集中する貯蔵穴群が綾羅木郷台地（山口）で
見られる。しかし，同時に住居周辺にも貯蔵穴が
見られるのが普通である。これは日常的に身近に
置く必要のある貯蔵品と，共同管理の必要な種籾
など重要品の区別がなされていたためであろう。
また，町南Ⅱ期（中期前葉）では住居近辺から内
側の広場寄りに貯蔵穴が14基みられ，環濠寄りに
ではなく，より内側へ重要な貯蔵施設を作った意
図が読み取れる。以上のように九州・山口A期環
濠の貯蔵穴は，貯蔵穴専用環濠や，環濠内で居住

域と離れて群集する類のように共同管理されたも
のと，個々の住居に付属して各戸管理されたもの
とが併存していた。
　次に高床倉庫の配置では，まずA期には突抜
（山口）例がみられる。竪穴住居5軒が広場を囲ん
で配置され，1×2間の倉庫4棟が各住居の内側
に設置される。さらに貯蔵施設としての土壙も同
時に各住居周辺に多数検出され，二つの異種貯蔵
形態が各戸所属で共存する。これは貯蔵対象物の
峻別がなされたことを示している。

B期には，大塚で10＋α棟の倉庫が検出され，1小期に3住居群に各々 1〜2 棟ずつ配されたとされる。C期の町南Ⅲ期でも同じ様相 と 思 わ れる。さらに数期に細分できるが，倉庫19棟が大小数棟ずつセットとなって各住居単位に伴うようである。

C期になると環濠内の1カ所に倉庫がまとめられ集落共同管理される類がみられる。千塔山では2期分8〜10棟が環濠に沿った一隅に集中する。これは環濠外3小集団に対して，倉管理小集団としての環濠内居住小集団の優越性，小集団間の格差の顕れを示すものとの見方もある。そとごう（神奈川）では，長方形環濠の南半分側に，1小期3〜5棟と思われる1×1間の倉庫13棟が集中する。

また，同じC期には集落環濠外に別に方形小環濠で区画して倉庫を建てる野方中原例 が み ら れる。環濠内住居は8軒で，別区画内には2棟の倉庫があり，小規模ながら共同管理による倉屋敷の初現と考えられる。これについては神域説もあるが，建物の配置が無計画的にみえる事から，より倉屋敷に近いと判断したい。古墳時代初頭になると，土橋（静岡）で方形環濠の中に1×2間の倉が3棟みられ，ある程度有力な集団の共同管理倉屋敷とみられる。なお，群馬を中心とする有力者居館内における倉のように，このタイプは古墳時代に首長（一族）による個人私有のものとして 成 立するが，共同管理も引き続き行なわれるようである。

以上の弥生時代環濠集落における貯蔵施設の管理形態をまとめると，下の表のようになる。

これらのうち，小グループ管理の小規模倉庫群は，古墳時代以降も一般集落の中に多く 見 出 せる。集落共同管理の集中倉庫群は，管理グループへの富の集中の過程で，有力小集団の突出への母体となる要素をはらんでいる。倉庫のみを溝で囲む倉屋敷の発生も重要で，有力者の一般集落からの独立と関連する問題を有している。

類　　型	内　　容　　（管理形態）	時　　期
貯　蔵　穴	専用環濠（共同管理）｝住居付属貯蔵穴（各戸管理） 環濠内集中群（〃）	A　　期（前〜中・初）
突　抜　型	倉庫＋貯蔵土壙（いずれも各戸管理）	A 期 後 半（中・初）
大　塚　型	倉庫数棟（各グループ管理）	B 期 か ら（中・末）
千　塔　山　型	集中倉庫群（集落共同管理）	C 期 か ら（後・後葉）
野方中原型	倉屋敷の独立（集落共同管理）	C 期 か ら（後・後葉）

3　環濠集落の構造の特徴

環濠集落は空間を人為的に区切る小宇宙 で あ る。ひとえに閉鎖性と成員の団結・統制を要求する。よって，弥生社会の趨勢としての集落拡大指向に抗しきれず，短期間のうちに内部矛盾による環濠放棄を余儀なくされた。ということは環濠集落内の構造に，非環濠集落には無い，本来崩壊すべき性格の独特の規制が存在したこと を 暗 示 する。今後その諸点を追求することで，弥生社会そのものの構造原理の一端を明らかにする事ができよう。まとめに換えて，以下に環濠集落の構造の特質を変遷を加味しながら要約しておきたい。

1．環濠集落は求心力を持つ集団結合を要 求 す る場であった。その原因は，当初の稲作生産性管理のための集団統制の必要性から生まれた。これは各地の当初期環濠の受容状況から明らかである。

2．小集団ごとの 役割り分担による 集落機能の発展が計られた。環濠内の複数の住居グループは，各々が単に等質な血縁集団ではなく，中期以降，例えば非常時統率・倉管理・見張り・武器生産などの特殊技能も含む副次的責任が分担されたと推定される。それが，ひいては非等質な小集団格差発生の遠因になると想像される。

3．環濠内成員の団結意識昂揚の裏 に は，常に排他的活動が伴う。それは必然的に武力行使の一手段として有効な城塞的性格をも有するようになる。すでに初期の水争い・土地争いとは質的に異なる，集落群の再編成を目指した，まさに人間臭い争いの歴史の始まりであった。

4．さらに環濠集落は，「富の片寄り」の 時 代を具現していった弥生期の，集落財産保護から私有財産占有までの諸段階を有効に堅持できる集落構造でもあった。それは貯蔵施設における管理形態の変遷に如実に表われている。

——西暦130年頃，はるかニュージーランドの タ ウ ポ火山が，世界史上最も激しい大噴火をおこした。吹き上げられた火山灰は地球規模で広がり，2〜3世紀の間各地に寒い夏と旱魃 を もたらす引き金になったという。大飢饉発生は想像に難くない。中国史書にいう「桓霊の間」はまさに「寒冷の間」であったのかもしれない。

　紙面の都合で文献などを掲載できなかったことをおわびしたい。

環濠集落と墓の位置

——千葉県大崎台遺跡の事例から——

奈和同人会
柿沼修平
（かきぬま・しゅうへい）

農業共同体特有の墓制である方形周溝墓と環濠集落の関係を，弥生中期後半の大崎台遺跡を例にその集落景観の一端をみてみよう

1 方形周溝墓と環濠集落

稲作農耕がもたらした文化は，縄紋社会からの脱脚を進め，農業共同体の成立をも促した。初期弥生文化の東進は，伊勢湾周辺以東においてもその痕跡を点々と留めているが，確立された農業共同体は浸透していない。農業共同体の確立を知るには，集落全体としての景観を把握することが望ましい。すなわち，集落としての住居址群，附属施設（環濠址，倉庫址など），生産地である水田址など，そして，墓址群の検出であろう。これらが，考古学的手段によって知り得る弥生社会の集落景観の全体像でもある。これらのうち，本文では，墓址と環濠集落址を千葉県佐倉市大崎台遺跡の事例をもって述べてみたいと考える。

墓の集合する墓域は，生の世界である居住区に対して死後の世界である。生と死の区分けは，われわれが持つ穢土の思想に至るまで，必ずしも整然と展開して来ている訳でもない。縄紋社会では，岩手県西田遺跡のように，集落の中央を巡って土壙墓を環状に配し，近接して住居址群が取り巻くという集落景観を持つ例もある。まさに，生と死が一体となった集落景観がみられる。縄紋社会から弥生社会への移り変りは，各生活様態にも変革を押し進め，墓制のあり方にも新たな状況が生まれて来る。生産の変化は，集落景観そのものにも変化の動きがあり，墓域は，確実に居住区から分離されている。初期弥生文化の展開を知ることができる福岡県板付遺跡では，環濠集落の北側（G-5 a地点）に墓域が確認されており，居住区は環濠内，墓域は環濠外の分離が確立している。この北部九州では，弥生時代を通じて，集落から離れた墓域に，木棺墓，土壙墓，甕棺墓，箱式石棺墓など独自の展開をみせている。しかし，大崎台遺跡の墓址と環濠集落址を語るには，畿内を始源とするそれ以東の主たる墓制である方形周溝墓と環濠集落址を考慮しなければならない。方形周溝

墓は，弥生文化の中で生成された農業共同体特有の墓制とすることができ，その存在は，農業共同体としての集落景観の一端を覗かせていることでもある。

1964年，方形周溝墓の確認以来，多くの評価[1]がなされて来ているが，1975年，神奈川県歳勝土遺跡の報告[2]において，小宮恒雄は，墓域としての歳勝土遺跡方形周溝墓群を，隣接する大塚遺跡環濠集落址と共に景観として捉え，方形周溝墓群の動態を明らかにしようと試みた。また，都出比呂志は，さらに集落と方形周溝墓群の有機的関連を指摘し，積極的に評価した[3]。すなわち，歳勝土遺跡における中期後半に属する方形周溝墓25基のうち集合するＣ7地点17基を，3〜4の支群（ブロック）に分け，各群は数基から成り立つことを提起した。これらは，墓域である歳勝土遺跡と共に集落景観をなす大塚遺跡環濠集落の単位集団に対応し，世帯共同体の証左ともなり得ると考えたのである。近藤義郎による単位集団の提起[4]以来，住居址群をどのような単位で捉え，集落址内の世帯共同体をいかに捉えるかを，方形周溝墓群の分析をもって知ることになったのである。しかしながら，細部において，住居址群の支群化は，かなり困難な作業を経過しなければならず，土器型式，土器類型の成り立ち，構成，そして，他の諸遺跡の分析をもって構成されなければならない状況にある。

2 大崎台遺跡と向原遺跡

1979年から1981年にかけ，大崎台遺跡の調査によって知ることのできた弥生時代中期後半の環濠集落址は，多くの成果と問題点を与えてくれた。その一つに環濠集落址と方形周溝墓群址の存在がある。集落景観として，居住区，墓域を明らかにした前述の神奈川県大塚遺跡と歳勝土遺跡が知られるが，ここでもまた，完掘と言わないまでも全容に近い状況で中期後半宮ノ台期の集落景観の一

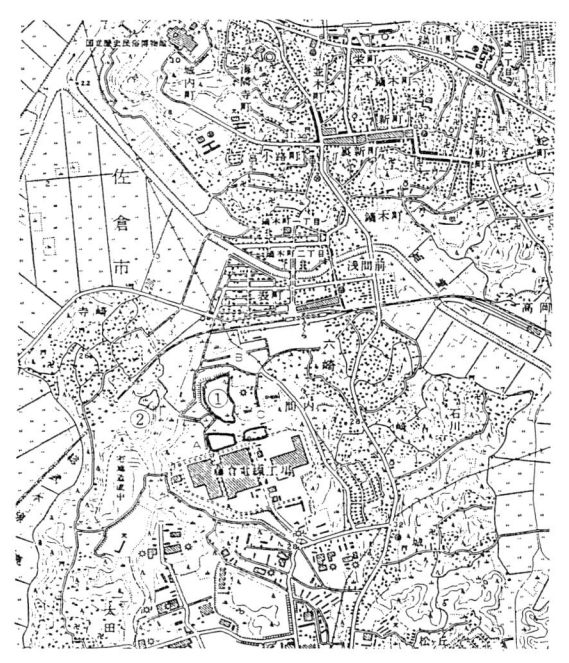

図1　大崎台遺跡①と向原遺跡②

端が検出された[5]（図1）。

　大崎台遺跡は，北総台地のほぼ中央，印旛沼南岸域に位置し，南方より流入する鹿島川，東方より流入する高崎川の合流地点にあり，南側を除く三方を沖積地に囲まれた標高30mほどの台地上にある。環濠は，直径約140〜150mの不整な円形をなし，環濠内の規模は，約 16,000m² ほどであり，神奈川県大塚遺跡の約 23,000m² に比較して小さい。調査の相次ぐ千葉県内同時期の環濠集落址，東金市道庭遺跡，市原市根田遺跡と比較してもやや小ぶりである。環濠は，西側に深く，東側に浅くなる傾向がみられ，断面Ｖ字形の濠は，南西部で幅 2m，深さも 2m ほどで関東ローム層のハード部分まで達している。濠は，小さな蛇行を示しながら全周し，掘削の作業過程の中で作出されたことが窺える。とくに，台地南側環濠端では，環濠に先行する遮断濠が存在する。環濠の堆積土の観察からは，濠底に自然堆積が進まないうちに掘削土の再堆積化がみられ，濠の内外に土塁が堅固に構築された様子はない。また，柵列の巡っていた状況も明確でない。

　この環濠（遮断濠も含め）が構築された以後，中期後半に限ってみれば，住居址数163戸，建て替え，拡幅は43戸を数え，計 205 戸の住居があったことが確認されている。そのうち環濠構築によって切断された住居址2戸，環濠上に重複した住居

址2戸（建て替え1），そして，環濠外にある住居址が北端に3戸，南端に7戸（うち建て替え1）が展開している。これら205戸を数える住居址は，大略すると環濠構築に先行する住居址群，環濠内に展開する大多数の住居址群，そして，環濠が埋没してからも展開した住居址群という三期がある。しかも，環濠内に展開した住居址群のうちにも土器型式，土器類型をみると，回転結節縄紋を多用する土器群とそれ以前に分けることが可能である。

　大崎台環濠集落址出土の土器型式は，須和田式土器直後から後期初頭，北関東近似の土器成立まで，ほぼ宮ノ台式全期にわたっていると考えられる。とくに，宮ノ台式後葉に至っては，独自の発展をみせる土器群の存在が推察される[6]。

　ここで何よりも重要なことは，中期後半，宮ノ台期の主たる地域の南関東地方の外縁に，北への最前線基地として大崎台環濠集落が設けられたことである。それも新たな墓制である方形周溝墓を伴って出現したことである。

　近年の調査により，南関東北方においても農耕社会の定着をみせる宮ノ台期直前，須和田期の後半に，埼玉県小敷田遺跡，池上遺跡のように方形周溝墓を伴った集落址があり，方形周溝墓が一体となって集落景観の中に加わっていることが明らかにされている。しかし，宮ノ台期以前の主たる墓制である再葬墓を否定した形で方形周溝墓が出現することは，その集団が新たな農耕文化の受容集団なのか，進出集団による集落なのか，十分検討の余地があろう。

　大崎台遺跡では，須和田期後半からやや下降するが宮ノ台期でもかなり初期から環濠と方形周溝墓が出現していることが知られる。環濠内居住区に対し，墓域としての方形周溝墓群は，同台地の北東側に6基，南端側にＡ区で1基，Ｃ区で11基，そして，谷津を挟んだ西側の向原遺跡で43基が検出されている。また，環濠内中央にも大型方形周溝墓1基がある。このうち，Ｃ区は，墓域の一部を明らかにしたに過ぎず，さらに多くの方形周溝墓群が拡がっていると考えられる（図2）。

　大崎台環濠集落を囲むように，3カ所にわたって，計6基の方形周溝墓が検出されているが，出土土器をみると環濠外北東側にあるコの字形をなす6基の方形周溝墓が最も古い一群と考えられる。環濠は，いかにもこの墓域を避けるように巡

図2　大崎台遺跡の環濠と方形周溝墓群

っており，環濠構築直前に方形周溝墓が築かれた可能性が高い。大崎台に進出する集団を考えるのに，このコの字形方形周溝墓は，重要な要素の一つである。東海地方から関東地方まで，当期の主要な形態である四隅陸橋部を有する方形周溝墓と比べ，やや特異な形態をなし，類例は，神奈川県下，愛知県麻生田遺跡などで知る程度で，多くない。進出集団との関係を求める重要な問題点を持つと考え，今後の分析追求の課題でもある。この6基の方形周溝墓のうち，2基が北ないし北東側

に開口し，４基が反対に，南東側に開口している。しかし，中央に検出された土壙墓は，北東・南西に軸を持っている。たぶん，ここでは３つの群に分けられると考えられ，環濠構築に伴って切断された住居址を含めて，北西側に点在する太描沈線紋土器を出土する住居址群に対応する墓域であろうと考えている。

一方，向原遺跡にもコの字形方形周溝墓があり，この北東側地点同様に，太描沈線紋土器がみられ，横帯縄紋の盛行する前段階の土器が出土している。環濠構築直後に，向原遺跡へ墓域を求めたのではないかと考えている[7]。

向原遺跡は一部攪乱壙があり，全容が明らかになったとは言えないまでも，43基の方形周溝墓群が北東方向に突き出た台地上に検出されている。一見すると，北東端から南西側へ展開しているようだが，南西端の２支群を除いて，他はそれぞれの占有域をもって支群を構成している。興味を引くのは，コの字形方形周溝墓が支群の始点になる

かのように存在（18号，35号）し，検出された土壙墓は，大崎台遺跡北東端同様に，北東・南西に軸を示していることである。ここ向原遺跡方形周溝墓群は，８支群前後に分かれ，それぞれ２基から３基のユニットで構成されていることが考えられる（図３）。また，方形周溝墓溝内からは，壺棺かと考えられる壺形土器の出土（4, 7, 14, 25, 34の各方形周溝墓）がある。向原遺跡の墓域は，回転結節縄紋の多用前に放棄され，次の墓域は，環濠外南側へと移ったことが考えられる。A地点方形周溝墓からは，この回転結節縄紋を有する土器が，C地点では，宮ノ台式土器でも後半の土器が出土している。

C地点の方形周溝墓11基は，北東端の２基を除いて，整然とした群をなし，いずれも中央に土壙墓が検出されている。軸は，大崎台遺跡北東端，向原遺跡と同じように，北東・南西を基軸としている。ここでも，数基からなる支群の存在が認められるが，その広がりは，調査区に限界があり，必ずしも明らかでない。しかし，方形周溝墓の占有域は明瞭である。

大崎台遺跡北東端におけるコの字形方形周溝墓群は，環濠の構築後，墓域が限界に達し（そもそも環濠構築時には，墓域の移動を前提としていただろう），向原遺跡へ移動したのであろう。だが，向原遺跡では，南西側に墓域の余裕を残しながら宮ノ台期中段階をもって，再び，大崎台環濠集落外南側へと移動したのは，どのような事由なのであろうか。考えられることは，農耕生産の拡大に伴って集落の再編成が行なわれ，その契機に墓域の移動が行なわれたことが一つに掲げられる。周辺遺跡が増大するのも，ほぼこの段階と考えている[8]。回転結節縄紋を多用

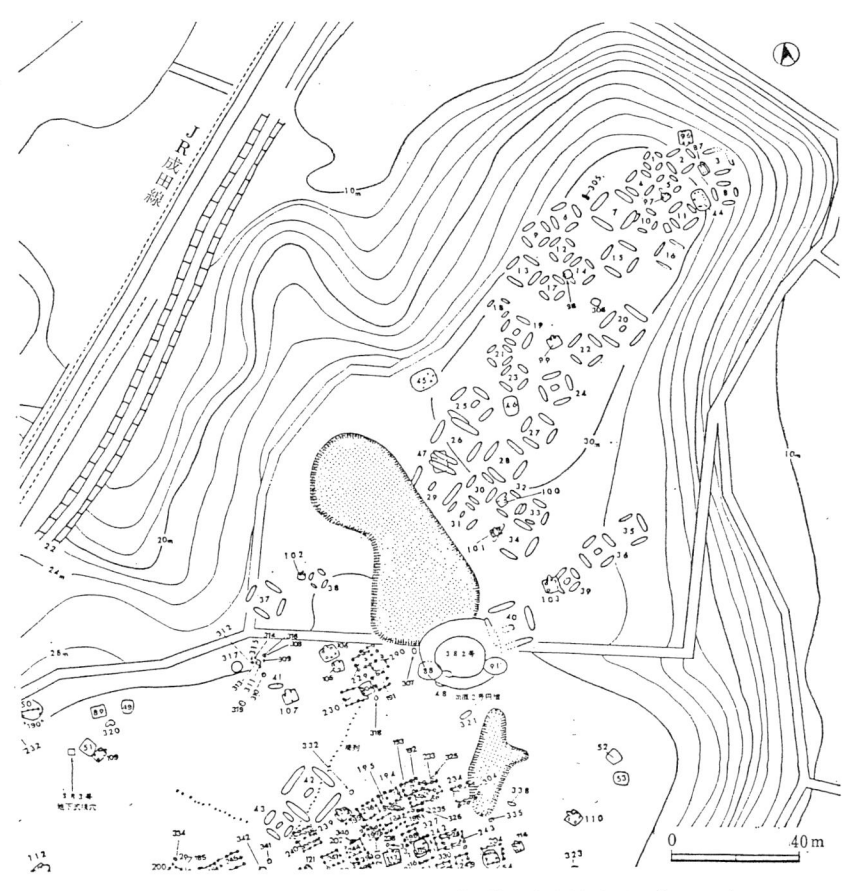

図３　向原遺跡の方形周溝墓群（渋谷「寺崎遺跡群発掘調査報告」1987）

する宮ノ台式土器後半は，最も集落の発展をみせる頃でもある。

　もう一つ注目しなければならないのは，環濠集落址のほぼ中央に位置する幅21.8m，方台部15.9mを測る大型方形周溝墓の存在である。なぜ，この１基のみが環濠内に位置するのかである。他の宮ノ台期の住居を切断して構築され，南，西溝を主として多量の土器が廃棄，投棄されていた。このことは，単なる供献ではなく，集落の再編，廃絶を意味する記念碑的存在かも知れない。このように，集落の転換期（廃絶）に大型方形周溝墓が環濠内に築造されることの意義は，有力な共同体のみに現われることなのか，課題は大きい。

3　宮ノ台期の集落景観

　ここまで，大崎台遺跡における環濠集落址，墓域である方形周溝墓群址を概観してみたが，神奈川県大塚遺跡，歳勝土遺跡と変らぬ集落景観にあることが知られた。こうした集落景観は，ほぼ弥生時代中期後半，宮ノ台期に共通したあり方と言えるかもしれない。集落の再編をもって墓域が居住区内に構築されることもあるが，継続する環濠集落の場合は，環濠外に墓域を持つのが常である。また，墓域そのものの領域化と共に，墓域内における群毎に土地の占有域を定め，方形周溝墓が構築されている事実にも注意を払いたい。家に対する庭園の意識化にも通じる土地の占有化が進行しているのではないかと考えるからである。

　大崎台遺跡の方形周溝墓は，北東端のコの字形方形周溝墓，向原遺跡の一部を除けば，ほとんどが，愛知県朝日遺跡を代表とする四隅陸橋部を有する形態をなし，東海地方から神奈川県下の一部にみる一隅〜二隅の陸橋部をなす例はない。今後，四隅陸橋部を有する方形周溝墓の変遷を検討し，後期にも残る集落，新たな形態を移入する集落の差異を考究する必要があろう。

　大型方形周溝墓と大型住居との関連についても一言述べておこう。環濠集落内には，岡本孝之が指摘[9]するように，大型の住居址が５戸存在する。これらが各方形周溝墓支群や，支群における大型の方形周溝墓に対応するかは不詳である。ただ，鉄斧や管玉などを出土したやや小型の住居である第431号住居址をみる限りにおいては，大型住居が直ちに家長や首長の住居と判断するには検討の余地があるかと考えている。大型方形周溝墓と言

っても，中央に検出される土壙内には，副葬品の出土はなく，他遺跡でもほとんどの場合，出土例がない。副葬品が顕著化するのは，後期に至ってからであり，方形周溝墓も特定化し，中期後半のような群在化はない。

　方形周溝墓について述べて来たが，土壙墓についても多少触れておこう。方形周溝墓内に追葬された状況で，壺棺や土壙の存在が指摘されることがあるが，別個に土壙墓が群在化している例はほとんどなく，不明な点が多い。三重県納所遺跡では，方形周溝墓と共に土壙墓の存在がみられ，方形周溝墓や土壙墓にも集落内格差のあることが指摘されている。しかしながら，関東地方では，中期後半，方形周溝墓と土壙墓の関係を明らかにし得ないのが現状である。今後の研究に期するところは，大きいと言ってよい。

　最後に，大崎台遺跡における集落景観は，農耕文化の進出が，単に，ソフト，ハードに分離した伝播を受け成立したのではなく，共々進出したことが十分窺えることであるとして結びとしたい。

註

1) 大塚初重・井上裕弘「方形周溝墓」駿台史学，24，1969，金井塚良一「関東地方の方形周溝墓」考古学研究，18―4，1972などがある。

2) 港北ニュータウン埋蔵文化財調査団『歳勝土遺跡』横浜市埋蔵文化財調査委員会，1975

3) 都出比呂志「農耕社会の形成」講座日本歴史1，東京大学出版会，1984
　　都出比呂志「ムラとムラの交流」図説日本文化の歴史1，小学館，1979

4) 近藤義郎「共同体と単位集団」考古学研究，6―1，1959

5) 柿沼修平・千田利明・青木幸一ほか『大崎台遺跡発掘調査報告』Ⅰ・Ⅱ・Ⅲ，大崎台Ｂ地区遺跡調査会，1985・1986・1987

6) 柿沼修平「大崎台遺跡出土の弥生式土器」奈和15周年記念論文集，1984

7) 渋谷興平ほか『寺崎遺跡群発掘調査報告書』佐倉市寺崎遺跡群調査会，1987

8) 『相ノ谷遺跡』東北電力北総線遺跡調査会，1982，柿沼修平「佐倉市畔田川崎遺跡の弥生式土器」史館，3，1974などの報告で該期の遺跡が確認されている。

9) 岡本孝之「南関東弥生文化の後退」神奈川考古，22，1986
　　なお，文中の諸遺跡については，北武蔵古代文化研究会編「東日本の弥生墓制」第9回三県シンポジウム，1988を参考とさせて頂いた。

濠をめぐらす高地性集落

山口県教育委員会
渡辺一雄
（わたなべ・かずお）

山口県地方では中期第Ⅲ期の比較的古い段階から濠をもつ高地性集落が出現するが，それは軍事的緊張が極度に高まったことを示している

1 「弥生の城塞」

環濠集落が，弥生時代の農耕社会に特有な集落構造であり，濠の中心的機能が，「ムラを防禦する」ことにあったことはこれまでに論述されたとおりである。弥生時代は，その当初から，水田可耕地や水利をめぐる熾烈な争いの時代であった。こうした列島の社会的緊張状態の中で，西は九州から東は関東地方にいたるまで，弥生時代全期間をつうじて環濠集落が展開するのである。

この争いは，やがてより広い地域間の政治的同盟や対立を生み出す争乱へ発展したらしい。とくに中国史書に言う「倭国大乱」の時期，弥生時代中期以降の争乱は西日本各地に極度の軍事的緊張をもたらしたであろう。こうした社会的な状況を端的に示すのが高地性集落の存在である。

水稲耕作を生業の主体とする弥生時代には，集落は一般に低地の縁辺にある微高地に営まれることが多いが，中期になると山頂や丘の上など相当な高所にも集落が立地するようになる。水稲耕作に不便な高所に出現するこのムラを広い意味では高地性集落と言う。これらのムラは，場所によっては，焼き畑を行ない狩猟などを生業とする山の民のムラであったかもしれない。しかし，瀬戸内地方を中心として成立してくる高地性集落は，西日本の軍事的緊張を反映した防禦的集落であった。こうした防禦的集落が狭い意味の高地性集落であり，これを一般には高地性集落と呼んでいる[1]。

さて，この高地性集落にも，低地の集落と同様，濠をめぐらすもののあることが，最近の調査で明らかになってきている。それは，近年の大規模開発事業の進展により山裾から山頂部までを全面発掘する機会が増えたからである。大阪府観音寺山遺跡・同東山遺跡・京都府扇谷遺跡・広島県亀山遺跡・山口県清水遺跡などは，その代表的な遺跡である。これらは，展望が開け人の近づき難い高所にあるばかりでなく，集落を厳重に濠で囲郭している点で，まさに弥生の城塞とでも呼べる

構造をもつものが多い。この「弥生の城塞」こそ，当時の軍事的緊張状態が極限に達した時点で成立したものであり，その実態を明らかにすることこそ，弥生社会の動向を解明する有力な手掛かりとなるはずである。しかしながら，高地性集落の実態は各地域毎に実に多様であり，濠をめぐらす高地性集落の事例もまだまだ少ないといわざるを得ない。

本項では，比較的調査の進んでいる山口県の事例を紹介し，その構造や地域でのありかたについて若干の検討を行ないたい。

2 大崎遺跡（防府市大字大崎）[2]

市街地の北西約3kmに位置する中期の高地性集落跡。集落は，瀬戸内海と防府平野を南に見下す西目山南麓の丘陵上に営まれており，遺跡最高点の標高は約70m，低地からの比高は約50mである。1980・1984年に行なわれた県立病院建設工事に伴う調査で，遺跡の1/3が調査され，竪穴住居跡5軒，貯蔵用竪穴42基，環濠などが検出された。

竪穴住居および貯蔵用竪穴は丘陵頂上部から先端部に展開しており，その内，頂上部にある2軒の竪穴住居と14基の貯蔵用竪穴は濠で囲郭されている。環濠内部の竪穴住居は，全体では多く見積もっても5〜6軒程度であったとみられる。

濠は標高62〜63mの傾斜変換地付近で頂上部を弧状に囲んでいる。巨石で遮断され谷筋に下降している部分もあるが，本来は，頂上部全体を囲郭していたものであろう。検出された濠は長さ53m，幅1.1〜3.3m，深さ0.6〜1.1mの規模を持つ。丘陵の北部では，集落内からの排水溝が濠に流れ込んでいる。

報告では，出土した土器はすべて第Ⅲ期に属するもので前半期のものと後半期のものの2タイプに分けることができるという。集落は，まず丘陵頂上部に濠で囲郭された集落ができ，濠の機能が失われるとともに丘陵先端部に展開していったものと思われる。

大崎遺跡の西側の低地には，第Ⅰ期からの濠を伴う母村集落である奥正権寺遺跡があり，第Ⅲ期には大崎遺跡と共存している。

3　朝田墳墓群第Ⅱ地区（山口市大字朝田）[3]

朝田墳墓群は，山口盆地南西部の吉敷川右岸にあり，金山より東に派生する4つの丘陵上に営まれた弥生時代〜古墳時代の大墳墓群である。集落跡は第Ⅱ地区の丘陵上から発見されたもので，1982年に発掘調査が行なわれた。遺跡最高点の標高は約45m，低地との比高差は約30mであり，山口盆地南部を一望のもとに見渡すことができる。

集落は，中期と後期後半に間欠的に営まれたもので，丘陵頂上部を取り囲む濠と，11軒の竪穴住居，20基の貯蔵用竪穴，テラス状遺構などで構成されていた。

このうち，環濠集落は中期に営まれたもので，丘陵頂上部にある2軒の竪穴住居と20基の貯蔵用竪穴，テラス状遺構などが濠で囲郭されている。濠は，幅2〜3m，深さ1〜1.5mの規模で断面は浅いU字形をなし，標高39mの等高線に沿い頂上部をめぐっている。環濠内の竪穴住居の数は，全体でも3〜4軒であったらしい。それに比べ，貯蔵用竪穴は20基と多く，これらは1回の切りあいを持つので，10基程度（全体では20基程度）が同時に存在していたことになる。

後期の集落には9軒の竪穴住居があるが，この時期には濠は完全に埋没し，住居は濠に規制を受けずに丘陵全体に広がっている。出土した土器は第Ⅲ期に属すが，型式差はみられないとされており，集落は，第Ⅲ期のある時期短期間存続していたとみられる。第4号住居が火災にあっていることから，この時点で集落が廃棄された可能性がある。

遺跡のある丘陵の裾部には幅200mくらいの河岸段丘状の微高地が存在し，ここに同時期の集落の存在が推定されている。

4　岡山遺跡（熊毛郡熊毛町大字安田）[4]

高地性集落研究で著名な島田川中流域右岸の「高地性集落」。遺跡は島田川の氾濫原である谷底平野を一望する標高約60mの丘陵上にあり，低地との比高差は約40mである。

この遺跡は，1950年に行なわれた山口大学島田川遺跡学術調査団によって発見され，1985〜86年に遺跡の北端部の発掘調査が実施されている。

1950年の調査では，中期の濠と土壙，後期末の竪穴住居跡などが検出され，この遺跡が中期と後期に間欠的に営まれた集落であることが明らかとなり，1985〜86年の調査では，中期の濠と貯蔵用竪穴64基，竪穴住居跡4軒，建物跡2軒が検出されている。

濠は，長径100m，短径50mの範囲の丘陵頂上部をほぼ水平に囲郭している。遺跡の北側では傾斜変換点の斜面に掘削されており，幅3〜4m，斜面下側つまり濠の外側の肩からの深さは0.9〜1.4m，断面V字形をなす。斜面下位からみると，濠の内壁は障壁としてそそり立ち，侵入者を容易には寄せつけない巨大な濠となっている。濠は北側でやや下がっているが，ここに濠の水を外へ流す排水溝が設けてある。濠は，自然堆積層が下層にあるものの，中層は焼土や土器を含む人工的な投棄土であることから，その機能を失ったあと，人工的に埋められたものとみられている。

出土した土器はおおむね第Ⅲ期に相当するもので，形式差は見られないという。

下位の谷底平野は島田川の氾濫原となっており，小周防付近の微高地を除いて，低地に集落の立地できる環境がない。

5　清水遺跡（玖珂郡玖珂町字清水）[5]

島田川最上流部に開けた玖珂盆地，その南東部に位置する後期の高地性集落である。遺跡は玖珂盆地を北に見下す丘陵上に営まれており，最高点の標高98m，低地との比高差は約40mである。1988年に集落の約1/3が発掘調査された。

集落の構造は，まず丘陵頂上部に竪穴住居群を構え，これを取り囲んで幅2〜4m，深さ1.2〜2.7mで断面V字形の濠（第1環濠）をめぐらす。この住居空間には，乳幼児に限った墓域を取り組んでいる。頂上部から南北に振り分けて下る斜面には，等高線に沿って削りだしたテラス状遺構群が3段にわたって造られており，ここから完形の壺や甕が多く発見されたという。丘陵の下部には，さらに大きな濠（第2環濠）が掘られ，この集落全体を取り巻いているとみられるが，丘陵南西斜面でいったん終結しており，ここが集落の入口であった可能性が高い。その幅は2〜6m，深さ1.5〜3m。丘陵の南西側下位には小さな尾根

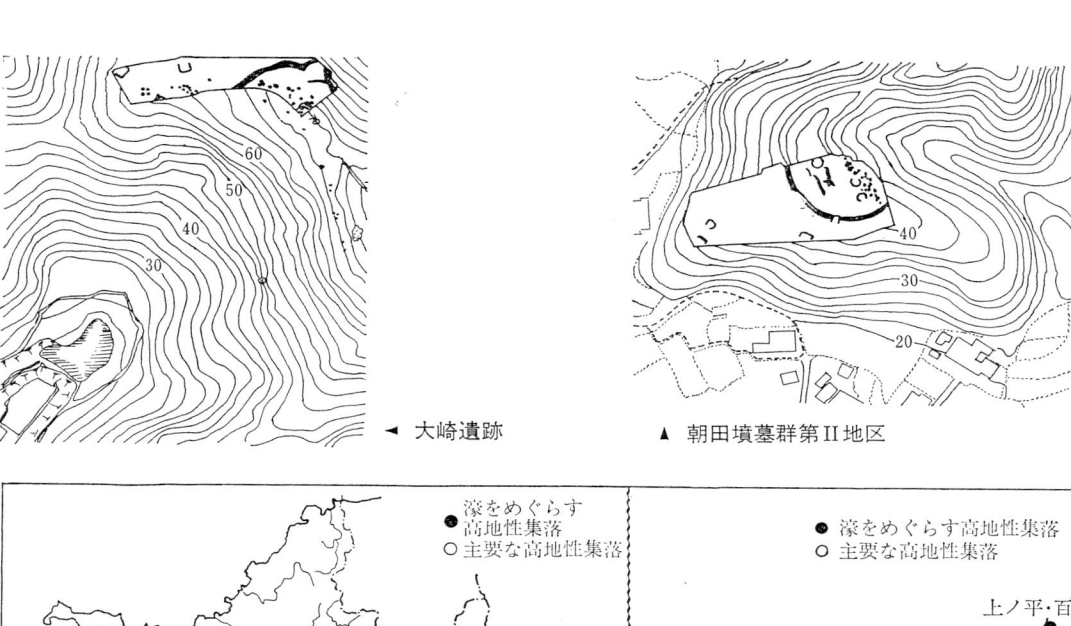

◀ 大崎遺跡　　　　　　▲ 朝田墳墓群第Ⅱ地区

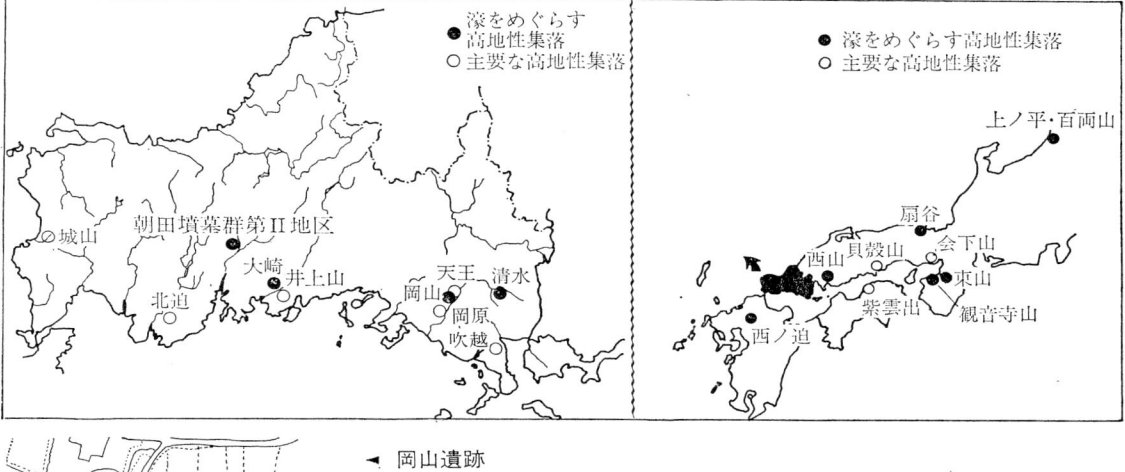

◀ 岡山遺跡

▼ 清水遺跡

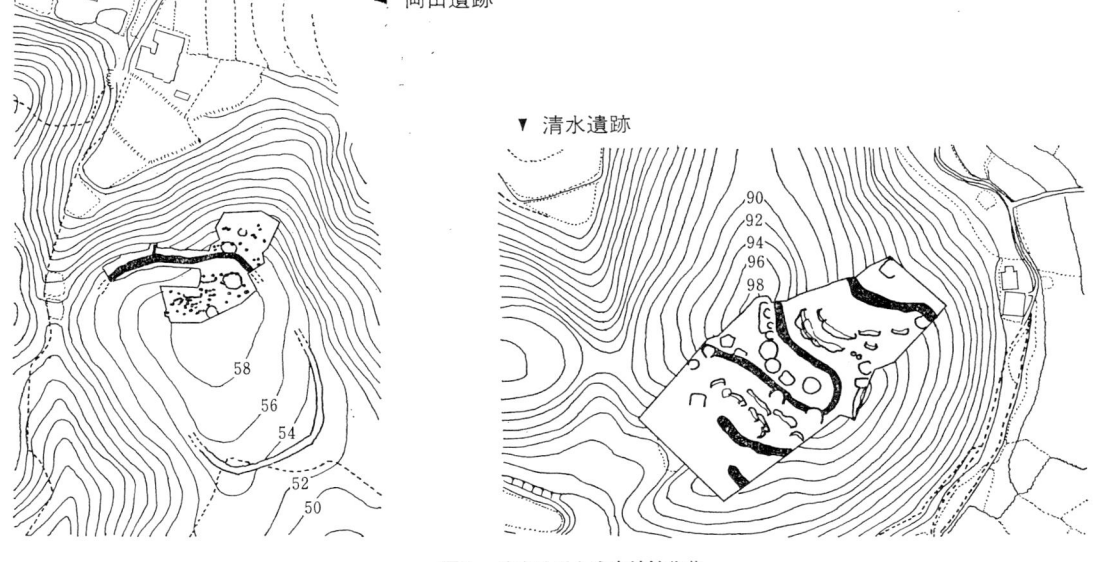

図1　濠をめぐらす高地性集落

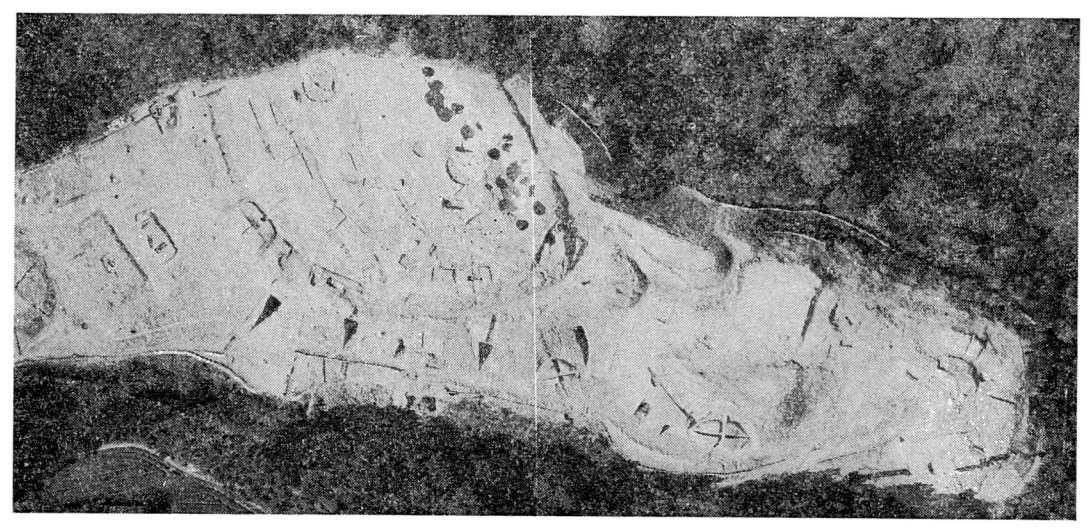

図2　朝田墳墓群第Ⅱ地区

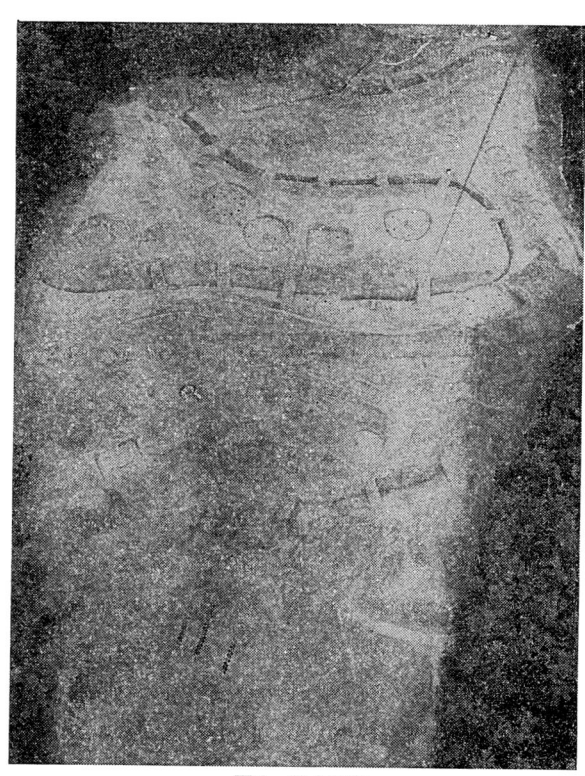

図3　清水遺跡

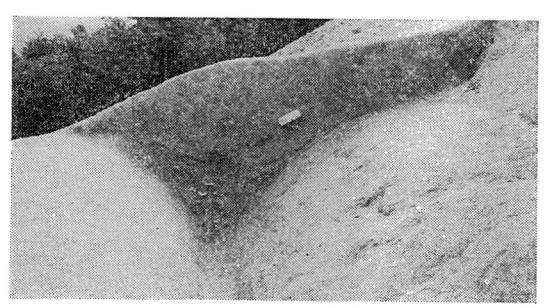

図4　岡山遺跡の濠

環濠間の斜面にも住居が展開している。

　集落からは盆地全体を眺望することができるが，集落の入口が盆地を向かず，南西側の谷筋を入口とする点は重濠とともに，この集落が防禦的色彩の濃いものであることを暗示している。

　発見された土器類は第Ⅴ期の新しい段階（後期後半〜終末期）のものであるが，終末期の代表的な高地性集落である吹越遺跡(平生町)の土器類よりはやや古い時期のものであると見られる。

　広大な玖珂盆地には，河岸段丘状の微高地が発達しており，集落立地の環境は良い。

6　山口県における高地性集落と環濠

　山口県における高地性集落の立地には，2つのありかたが考えられる。1つは，洪積台地や沖積扇状地が発達した平野部や盆地で，眺望のすぐれた独立丘陵や山麓の尾根上に立地するもの。洪積台地や沖積扇状地上には比較的規模の大きい集落が併存していることが多い。大崎遺跡・朝田墳墓

の張り出しがあり，ここにも同規模の濠が尾根を切断するように掘られており，これを数えると3重の濠をめぐらす集落と言うことができる。

　第1環濠内の住居は5軒，このうち濠と併存する住居は3軒である。未発掘部分を考慮に入れても10軒内外と見られ，住居の数はそう多くない。環濠が埋没したあとも集落は機能していたようで

群第Ⅱ地区・清水遺跡がこれに相当する。

　２つ目は，発達した低丘陵上に立地するものの，低地部は洪積台地や沖積扇状地が未発達であり，集落の立地がほとんどみられないもの。岡山遺跡のほか天王遺跡・追迫遺跡・岡原遺跡などが点在する島田川中流域など周南丘陵の発達する地域と，北迫遺跡のある宇部台地などでは，このタイプの集落立地がみられる。

　この集落立地のうち，前者がいわゆる高地性集落であり，後者は広い意味での高地性集落と考えたい。

　山口県においては，中期の第Ⅲ期と後期の第Ⅴ期に社会的・軍事的緊張関係がにわかに高まったとみられ，高地性集落はこの時期に登場する。

　山口県の弥生土器編年がいまひとつ細分化されていないため厳密な時期決定は困難であるが，筆者は第Ⅲ期の比較的古い段階から濠を持つ高地性集落が出現するのではないかと考えている。先に紹介した大崎遺跡・朝田墳墓群第Ⅱ地区・岡山遺跡がこの時期に相当する。

　朝田墳墓群第Ⅱ地区でみられたように，中期の高地性集落が後期後半に再使用される例も多い。後期後半は第Ⅴ期に相当するが，環濠を持つ清水遺跡はⅤ期でも比較的新しい段階に登場する。

　濠をめぐらす集落が，従来論じられているように防禦的・敵襲に対する避難的目的や見張り所として営まれたことは否定できないであろう。岡山遺跡や清水遺跡第Ⅱ環濠は，山腹斜面に掘削されたⅤ字溝であるため，濠の内側（集落側）の壁が巨大な障壁となり，外部からは容易には侵入出来ない。三重の濠を備えた清水遺跡は，まさに弥生の城塞を感じさせる構えを持っているのである。

　しかし，集落の機能に関して，別の側面も考えられないだろうか。環濠内の住居の数に注目したい。大崎遺跡では推定５〜６軒，朝田墳墓群第Ⅱ地区でも推定３〜４軒，清水遺跡でも10軒前後である。弥生時代の集落が３〜４軒を最小単位（単位集団）とし，複数の群で構成されることはすでに指摘されていることであるが，丘の上の巨大な環濠を持つ集落は，その工事量からして，地域共同体の共有の施設として構築されたに違いない。しかし，敵襲に対する避難的施設とすれば，地域共同体の構成員が逃げ込むには，環濠内の住居の数が極端に少ないことが指摘できる。

　環濠内の住居の数に比べて貯蔵用の竪穴は多

い。朝田墳墓群第Ⅱ地区では推定 20 基内外であり，テラス状遺構を貯蔵施設の一種とみると[6]，清水遺跡でも第１環濠と第２環濠間の斜面に多くの貯蔵施設が備えられたことになる。多くの貯蔵施設と数少ない住居，それを取り巻く環濠，濠をめぐらす高地性集落の機能として，軍事的緊張時に食料を収奪から守るための食料備蓄施設としての側面も考えられるのではなかろうか。

　一方，岡山遺跡の機能は，通常の環濠集落と同様にとらえられるのではないだろうか。集落規模から考えても，ここが居住集落であることは間違いない。

７　おわりに

　西日本では第Ⅲ〜第Ⅳ期と第Ⅴ期の２度の争乱時に高地性集落が成立してくるが，その争乱は，「倭国大乱」や邪馬台国時代との関連でとらえられることが多い。そして，最近発見例の増えてきた濠をめぐらす高地性集落の成立，それは地域の軍事的緊張が極限に高まったことを暗示するものである。弥生社会の統合へ向けての動き，激動の弥生時代を考えるうえで，その実態解明は，かかすことのできないものである。

　冒頭にも述べたように高地性集落のあり方は実に多様である。それぞれの地域での集落のありかたの詳細な研究の積み上げのなかから，激動の弥生社会の実態があきらかにされることであろう。

　　註
1)　高地性集落については小野忠熙氏の様々な業績があるが，研究史を中心に要領よくまとめてあるものに，森岡秀人「高地性集落」『弥生文化の研究』第7巻，1986 がある。
2)　山口県教育委員会『奥正権寺遺跡Ⅱ・大崎岡古墳群・大崎遺跡』1985
3)　山口県教育委員会『朝田墳墓群Ⅵ』1983
4)　山口県教育委員会『岡山遺跡』1987
5)　山口県教育委員会『清水遺跡』1989
6)　テラス状遺構は，瀬戸内から北部九州にかけての中期の遺跡で類例が知られているが，その機能は明らかにされていない。この遺構は斜面をL字状にカットして平坦面を造りだしているが，規則的な柱穴配置は見られないという。高位の壁下に溝を持つものがあること，平坦面に段を持つものがあること，多量の完形土器が出土することなどから考えると，簡単な小屋掛けを行なった貯蔵施設とは見られないだろうか。

巨大な環濠集落

巨大な環濠集落はどんな時期的変遷をとげたろうか。全容がほぼ確認された吉野ヶ里と唐古・鍵遺跡をとりあげ検討してみよう

吉野ケ里遺跡の変遷／唐古・鍵遺跡の構造とその変遷

吉野ヶ里遺跡の変遷———

佐賀県教育委員会
■ 高 島 忠 平
（たかしま・ちゅうへい）

吉野ヶ里遺跡の環濠集落は前期中頃に形成され，後期に及び，内部の竪穴住居跡も 100 軒以上に達する大規模なものであった

1 はじめに

　吉野ヶ里遺跡の特徴は，弥生時代の巨大な環濠集落跡であると同時に，弥生時代前・中・後期を通して変化・拡大していった継続的な集落跡であるということ，そうした時間的推移の中で，墳丘墓・甕棺墓などの墳墓の形成・発展が対応してとらえられるところにある。また，この環濠集落の周辺に近接して独立した衛星的な小集落跡が存在し，それらと一体となって一定の地域社会を構成していることが指摘できる。

　これにそれらの遺跡・遺構から出土する各種の遺物を重ねていくと，稲作を中心とした農耕社会の成立以降，北部九州において，地域的に一定の政治的社会の領域が形成される状況が理解できるのではないかと考える。それがどのような構造を有し，社会的役割をもつものなのか，現在進めている発掘調査の結果の詳細な検討が前提となるが，私見としての見通しを述べておきたい。

　吉野ヶ里遺跡の環濠集落は，脊振山麓から南へ向かって派生する長さ 3.5 km，幅約0.6 k mのなだらかな丘陵の南部に形成されているが，弥生時代全期の各種の遺跡は，この丘陵全域を含め，周辺の平地に存在している。その状況を概略的にい

図1　吉野ケ里遺跡全景（南から）

うと，弥生時代前期前半期，弥生時代前期後半〜中期初頭，弥生時代中期中頃〜後半，弥生時代後期に分けてとらえることができる。

　弥生時代前期前半期は，吉野ヶ里丘陵一帯に散在的に同格的な集落が存在する。弥生時代前期後半になると丘陵南端部に環濠を形成する集落が出現する。弥生時代中期中頃の早い時期になると，南端部の丘陵を他と画する濠が丘陵のくびれ部を横断して掘削され，集落の中心部を形成する。同時に墳丘墓が構築される。弥生時代中期後半になると丘陵南部の裾部をめぐる長大な環濠（外濠）が掘削され，墳丘墓を北端に配した環濠集落が形成され，掘り替えられながら弥生時代後期後半まで

基本的に継続する。この際，弥生時代中期後半の集落の中心的居住区は環濠内の南端部に営まれていると考えられる。

その後，弥生時代後期になると，環濠(外濠) 内のほぼ中央部に再び環濠(内濠) 集落を形成し集落の中心部を移す。この段階になって，物見やぐらが設けられ，さらに内濠内に溝で仕切られた小区画が設けられる。この小区画内には竪穴住居跡，その後に掘立柱建物跡が存在する。竪穴住居跡がこの内濠内と，外濠と内濠の間の空間に配置される。また，この内濠で形成する環濠集落の西方で，外濠の外側一帯に，高床倉庫とみられる掘立柱建物群が存在する。高床倉庫だとすると，平面積は一般の高床倉庫に比べ３〜４倍もある巨大なものである。

この環濠(内濠) は２回掘り替えられ，新しい内濠は弥生時代後期終末まで存続している。一部濠内上層に土師器が存在するが，この濠と重複して同様式の土師器を伴出する前方後方墳が新しく築造されており，古墳時代初頭には濠は基本的に機能していなかったと考えられる。

こうしてみると，吉野ヶ里遺跡の環濠集落は政治・経済・思想(宗教) の地域的拠点であり，初期農耕社会において都市にほかならないと考えることができる。

2 吉野ヶ里遺跡の集落跡

弥生時代の集落跡は，前期から後期に至る各時期のものが吉野ヶ里丘陵の各所に散在している。そのうち，丘陵ほぼ中央部にあたる志波屋四の坪地区では弥生時代前期初頭の貯蔵穴群が検出されており，弥生時代前期前半にすでに集落が形成されていたことがわかる。その後，志波屋三の坪(甲・乙)地区・志波屋四の坪地区・志波屋六の坪(甲・乙)地区・吉野ヶ里地区・吉野ヶ里丘陵地区・田手二本黒木地区など，丘陵のほぼ全域にわたって弥生時代前期前半から中期初頭にかけての竪穴住居跡や貯蔵穴などの生活関連遺構があり，丘陵内においていくつかの集落の形成がうかがわれる。そのうち，志波屋三の坪(甲・乙) 両地区では，同時期の集落と墓地がセットで検出された。

そのうち志波屋三の坪 (乙) 地区では，低丘陵の中央部ほぼ最高所とその周辺において集落が形成されている。集落は，径４ｍほどの円形竪穴住居跡13軒（うち１軒は隅丸方形）で構成されており，

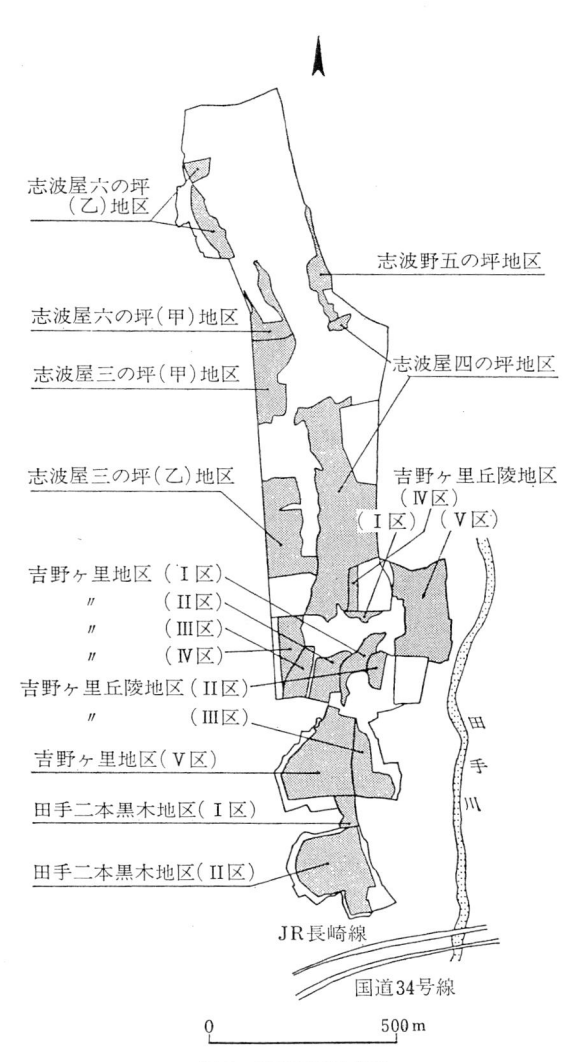

図2 調査地区位置図

これらの住居跡は切り合い関係をもつものもあることから，同時に併存する住居は10軒前後であったと考えられる。これらの竪穴住居群の周囲には貯蔵穴と考えられる土壙群が約20基検出されている。土壙には平面形が２ｍ×1.5ｍほどの長方形を呈するものや不定形を呈するものがある。これらの竪穴住居や貯蔵穴群によって形成された集落の南側には甕棺墓約30基からなる墓地が営まれている。この墓地は丘陵の南斜面部に立地しており，こうした状況は弥生時代における小規模な集落の土地利用のあり方を示すものである。なお，志波屋三の坪(甲)地区でも同様の状況がうかがわれる。

弥生時代中期中頃から後半にかけての時期には

45

竪穴住居跡などが単独で集中する部分は少ない。田手二本黒木地区（Ⅱ区）では同時期の貯蔵穴群が検出されているが，その他は弥生時代後期を主体とする集落跡の中で切り合い関係を示しながら散在している。しかし中期中頃〜後半ごろと考えられる竪穴住居跡や貯蔵穴は丘陵内のほぼ全域にわたって確認されており，その数も少なくない。

後期の集落跡は志波屋六の坪（甲）地区や吉野ヶ里地区（Ｖ区），吉野ヶ里丘陵地区（Ⅱ・Ⅲ区）などで検出されたが，比較的明確に把握される。吉野ヶ里地区と吉野ヶ里丘陵地区で発見された集落跡は環濠集落で，一方志波屋六の坪（乙）地区の集落は環濠を伴わず，この点明確な差異を示している。

志波屋六の坪（乙）地区から検出された弥生時代の遺構には竪穴住居跡，土壙（貯蔵穴），掘立柱建物跡，井戸跡などがあり，大半は弥生時代後期に比定される。竪穴住居跡は103軒検出され，そのほとんどは後期に位置づけられる。調査区の立地する低丘陵の西側部分は保存緑地のため未調査であることから考えて，竪穴住居跡の数はさらに増える。

発見された竪穴住居跡は平面長方形を呈するものが多い。長辺5〜6 m，短辺3〜4 m の規模のものが多く，また短辺の片面もしくは両面にベッド状の遺構を伴うものが多い。竪穴住居跡は低丘陵の頂上部とその周辺部に集中しており，さらにこの丘陵上部から東斜面にかけては掘立柱建物跡が検出されている。掘立柱建物跡は1間×1間と1間×2間のものがあるが，大半は1間×1間のものである。これらの多くは高床倉庫跡と考えられるが，後期の土壙の中には貯蔵穴と考えられるものも少なくなく，同時期に二種の貯蔵施設が併存していたと考えることもできる。そのほか斜面から低地にかけて後期の素掘りの井戸も確認され，集落内における住居跡，倉庫，井戸など生活関連遺構のまとまりの状況を知ることができる。また，後期の遺構と重なるように前期末〜中期初頭の竪穴住居跡や土壙が確認されており，さらに古墳時代初頭までの遺構も含まれている。こうした状況は，この地区内において，弥生時代前期から後期にかけて継続的に集落が営まれたことを示している。

3　環濠集落の変遷

吉野ヶ里丘陵では弥生時代前期前半から小規模な集落の成立が認められるが，前期の中頃には環濠集落が形成されたと考えられる。丘陵南端にあたる田手二本黒木地区（Ⅱ区）で環濠の一部が数カ所発見された。集落内部の状況は未調査であるが，南北200m，東西約150m のほぼ長方形の環濠集落を形成している。環濠と考えられる濠跡は幅2〜3 m，深さ約2mと大規模なもので，断面はＶ字形を呈している。出土遺物からこの環濠は弥生時代前期中頃には掘削されており，中期初頭にほぼ完全に埋没したことがわかった。濠内からは多量の土器類や石器類が出土しているが，その一部から骨鏃や加工痕のある鹿角などの骨角製品，イヌやブタと考えられる動物骨，カキ・アカニシ・アカガイなどの貝類が集中して出土した。

弥生時代中期ごろになると，集落の規模は拡大するとみられ，田手二本黒木地区の北端部の丘陵を横断して集落を区画する幅約5 m という大規模な濠跡も検出されている。その濠跡はほぼ東西に延びて，丘陵のくびれ部を東西に断ち切るように設けられている。濠跡内からは中期前半から中頃にかけての土器や石器類が出土しており，前期前半〜中期初頭まで存在した環濠の状況からも集落規模の拡大に伴う小規模な環濠の廃絶の過程がうかがわれる。

田手二本黒木地区ではさらに丘陵裾部をめぐる断面Ｖ字形の濠跡が検出された。遺跡の保存が決定したため，部分的な掘り下げしか行なわれなかったが，幅は2〜4 m と大規模である。濠跡内から中期後半〜後期と考えられる土器などが出土している。濠跡の西側と北側では出入口と考えられる陸橋部も確認されており，環濠の内部からは中期の貯蔵穴などが多数検出されている。

吉野ヶ里地区（Ｉ・Ｖ区）と吉野ヶ里丘陵地区でも田手二本黒木地区で確認された環濠とほぼ連続性を示す濠跡が検出された。環濠は遺存の良好な部分では幅約7m，深さ約3m という大規模なものであるが，開墾などによる削平を考えると，その規模はさらに大きなものであったと推定される。環濠の出土遺物は下層から後期前半のものが出土しているが，この点は前出の田手二本黒木地区で確認された環濠の時期とはやや異なる。しかし陸橋部を共有しながらの連続性を考えることも

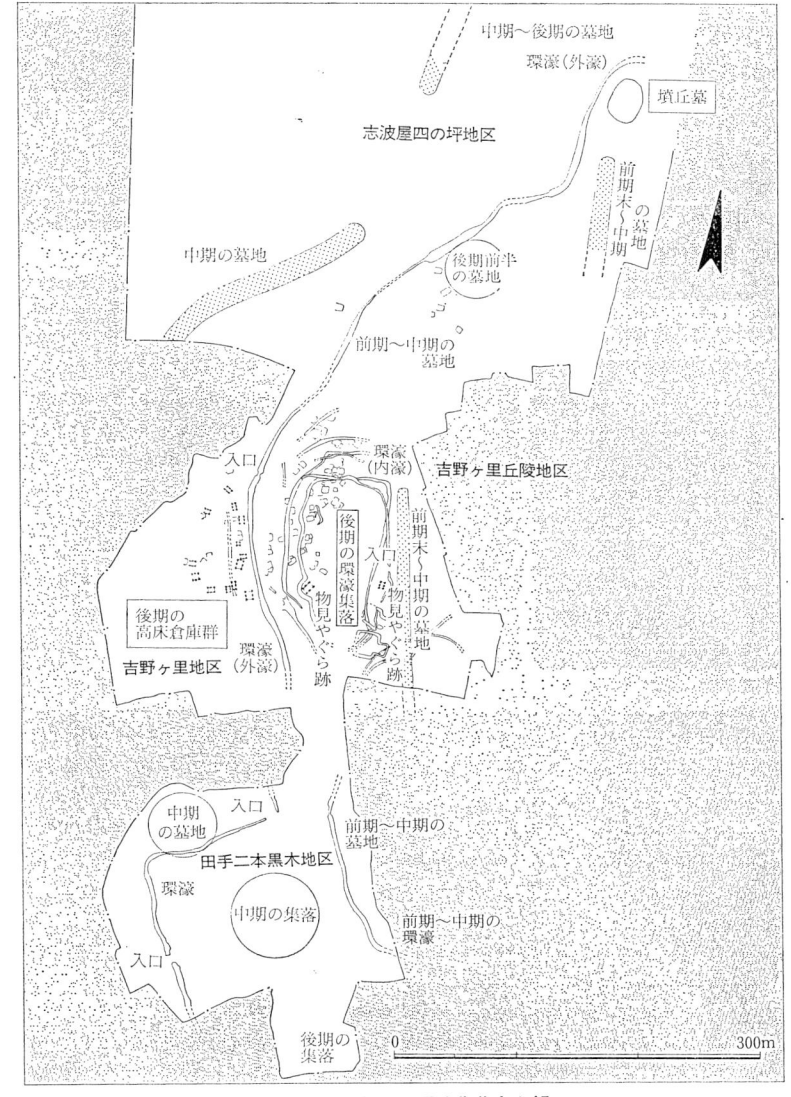

中期～後期の墓地

環濠（外濠）

墳丘墓

志波屋四の坪地区

前期末～中期の墓地

中期の墓地

後期前半の墓地

前期～中期の墓地

環濠（内濠）

吉野ヶ里丘陵地区

入口

後期の環濠集落

前期末～中期の墓地

物見やぐら跡

物見やぐら跡

後期の高床倉庫群

吉野ヶ里地区

環濠（外濠）

中期の墓地

入口

前期～中期の墓地

田手二本黒木地区

環濠

中期の集落

前期～中期の環濠

入口

後期の集落

0　　　　　　　　　　300m

図3　環濠集落中心部

でき，また集落規模の拡大に伴うものとしてとらえることも可能である。

　吉野ヶ里地区，吉野ヶ里丘陵地区で検出された丘陵西裾部をめぐる環濠は，田手二本黒木地区のものを含めると延長約1kmにも達するが，これがさらに調査範囲外に延びていることを考えるとかなり大規模な環濠であったことがわかる。環濠内部には集落と墓地が営まれているが，集落は南側の吉野ヶ里丘陵地区（Ⅲ区）と吉野ヶ里地区（Ⅰ・Ⅴ区）に集中し，墓地は北側の吉野ヶ里丘陵地区（Ⅱ・Ⅴ区）に集中する傾向が認められる。この環濠内からは多量の土器や石器のほか，鉄器や青銅器なども出土している。吉野ヶ里地区（Ⅰ・Ⅴ

区）のような集落の周辺では非常に多量の遺物が埋蔵されており，逆に吉野ヶ里丘陵地区（Ⅱ・Ⅴ区）のような墓域の周辺では少ないといった傾向を示している。

　出土遺物は濠の下層では弥生時代後期前半のものが，上層から遺構検出面にかけては後期終末のものが出土しているが，中層から上層にかけて弥生時代後期後葉の遺物を包含する層では一部ではあるが逆台形に掘り直しをされた痕跡が確認されている。また中層から上層にかけては，破砕された遺物が大半を占めているのに対し，下層では比較的原形を保ったものが多い。

　この丘陵西側裾部をめぐる大規模な環濠で囲まれた内部の頂上部付近で，さらに集落を区画するような溝が検出されている。外濠で区画された内部では，とくに吉野ヶ里地区（Ⅴ区）と吉野ヶ里丘陵地区（Ⅲ区）において竪穴住居跡などの生活関連遺構が集中しており，その中の丘陵頂部付近をさらに区画するように内濠がめぐらされている。この内濠は幅1～4mで，断面は逆台形を呈するなど外濠とは異なる特徴を示している。この内濠は切り合い関係によって新・旧の二種類が確認される。古い段階の内濠は幅2～4mほどで，南北約150m，東西約70mの範囲を区画している。これに対して新段階の内濠は，古い内濠と切り合いや一部共有部分をもちながら幅1～2mのものが南北約150m，東西約90mの範囲を区画している。これら新旧の内濠から出土する遺物の時期には大きな時期差は認められず，比較的近い時間差で内濠の掘り替えが行なわれたとみられる。

　内濠から出土した遺物は多量の土器類のほか，鉄器や玉類，青銅器などがある。弥生時代後期中頃～終末期のものであるが，新段階の内濠からは

遺構検出面付近で古墳時代初頭の遺物も確認されている。これはこの丘陵上が開墾などによる削平を受けていることや，内濠の区画範囲内において古墳時代初頭の竪穴住居跡が確認されていることより，少なくともこの内濠が古墳時代初頭ごろまでは，濠としての基本的な機能は失っており，当初の目的とは違って何らかの意味をもって存続していたことがうかがわれる。またこの地区は環濠集落が成立する以前は集落と墓地が営まれており，とくに丘陵東側に位置する弥生時代前期末〜中期中頃の墓地の一部は，内濠の掘削時に破壊された状況を示している。

　内濠では地山土に近い土が外側から流入した状況が観察されたが，こうした特異な状況は，土塁のような防御施設が濠の外側に設けられていた可能性をうかがわせる。またこの内濠には外側に向かった半円形の張り出しが古い段階の内濠で3カ所，新しい段階の内濠で3カ所，計6カ所確認された。これらの中で古い内濠の西側部分と新しい内濠の東側部分の計2カ所における張り出し部からは，これに伴うと考えられる掘立柱建物跡が検出された。建物跡はともに1間×2間で，東側が5.0×4.0m，西側が7.8×5.4m，柱穴は一辺1〜1.5mの方形もしくは長方形を呈している。遺存する深さは約0.5〜1mほどであるが，開墾による削平の度合いをほかの遺構の状況から類推すると，深さは約2mほどあったと考えられる。さらに張り出し部が眺望のきく位置に設けられている点などを考え合わせると，物見やぐらのような高い建築物を想定することもできる。これに環濠やそれに対する土塁の存在の可能性を加えると，いくつかの防御施設を備えた集落の概観をうかがうことができる。

　こうした防御施設の状況は，『魏志倭人伝』に記載された「宮室・楼観・城柵厳設，常有人，持兵守衛」の部分との類似性がうかがわれ，この「楼観」が物見やぐらと考えられる掘立柱建物跡に，「城柵」が内濠や外濠とそれに伴って存在した可能性のある土塁などの施設にそれぞれあたると考えることもできる。また内濠と外濠の間には同様の時期の溝跡が数条検出されており，内濠・外濠に加えて幾重もの濠で囲まれた集落の防御的性格がいっそうはっきりしてくる。

4　環濠内部の構造

　環濠の内部では，外濠と内濠の間や内濠の内部で弥生時代中期から後期終末期にかけての竪穴住居跡が100軒以上検出された。しかし丘陵の東半部が著しく削平されているため，かなりの遺構が消失していると考えられ，存在していた住居跡の数はさらに増えるものと考えられる。これらの竪穴住居跡は後期以降のものが大半を占め，平面形が長辺3.5〜6.5m，短辺3〜5mの長方形を呈し，ベッド状遺構をもつものが多い。このような住居跡が集中している中で，内濠の北西部分に幅約1mの溝によってコの字形に区画された部分が確認されており，その内部からは建て替えによるものか，切り合い関係をもつ4軒以上の竪穴住居跡と掘立柱建物跡が確認されている。環濠集落の中心部分である内濠内をさらに区画しているこの部分は，何か特別な施設の存在がうかがわれる。

　この竪穴住居跡の集中する部分とはやや離れた位置に，弥生時代後期の高床倉庫と考えられる掘立柱建物跡が発見されている。この高床倉庫群は外濠の西外側にあたる丘陵裾から低地にかけて位置しており，18棟が確認された。高床倉庫は1間×2間のものが大半を占め，桁行3.5〜6.5m，梁行2.2〜4.5mと大型である。柱穴は長方形もしくは方形で，一辺が1mほどのものが多いが，中には長辺約2m，短辺約1.5mという大規模なものもあり，柱の沈下を防ぐための横木の痕跡を残すものもあった。倉庫群は西側の調査範囲外にさらに広がる可能性があり，かなり大規模な倉庫群の存在が推定され，『魏志倭人伝』にみえる「収租賦有邸閣」の「邸閣」を思わせる。なお，弥生時代中期の高床倉庫群とみられる遺構が先年，別件の調査で検出されており，後期の高床倉庫群との対比で注目される。

　吉野ヶ里遺跡から出土した膨大な遺物の整理や遺構に対する分析・検討は現在進行中である。とくに100軒以上検出された竪穴住居跡については，同時期遺構の抽出などの作業は完了しておらず，同時期に併存していた住居跡の数など，環濠内部の集落の状況は不明な部分が多い。また調査範囲外の丘陵東側にかけて外濠が延びているため，環濠で囲まれた範囲や全域の状況についても不明の状態である。今後の課題としたい。

参考文献
佐賀県教育委員会『吉野ヶ里遺跡概報』1990

唐古・鍵遺跡の構造とその変遷

田原本町教育委員会
藤 田 三 郎
（ふじた・さぶろう）

弥生時代前期から古墳時代中期頃までムラとして営まれていた唐古・鍵遺跡は占有面積30万m²を越え，5期にわけることができる

奈良盆地の中央部，初瀬川と寺川に挟まれた沖積地に立地する唐古・鍵遺跡は弥生時代の代表的な集落遺跡として知られている。これは1901年高橋健自によって学界に紹介[1]されて以来，小規模な発掘や報告の後，1936・37年におこなわれた唐古池底の大発掘による農耕関連の遺物の出土とその分析報告[2]が学界に大きく貢献したからである。この発掘と報告書は，昭和初期にあって弥生時代の総合的な認識と大枠をつくりあげた。また，土器編年では，弥生時代前期から後期までを5つの様式に分かち，各器種の組列を明らかにし，近畿地方の編年の基礎となった。

しかし，このような学史上欠かせない遺跡でありながら，1960～1970年代の開発に伴う各地の大規模な弥生集落の発掘と資料の蓄積にもかかわらず，この唐古・鍵跡についてはほとんど未解明のままであった。1977年の田原本町立北幼稚園建設に伴う発掘（第3次調査）によって，環濠と考えられる大溝が検出され，やっと遺跡解明の糸口が見い出された。その後，小規模ながら奈良県立橿原考古学研究所によって範囲確認調査がおこなわれ，1982年からは田原本町教育委員会によって引き継がれるようになった。田原本町に移管されてからは，範囲確認調査より開発事業に伴う事前調査が主となり現在では第39次を数えるに至っている。これまでの調査で遺跡の範囲（集落部分）はほぼおさえることができたが，遺跡保存のための国の史跡指定にはかなり困難な状況になってきているといえよう。

唐古・鍵遺跡における39次に及ぶ調査はいずれも小規模な発掘で，吉野ヶ里遺跡のように一目瞭然とはいかない。これらの発掘調査の成果は逐次その概要を報告しているところであり，いずれ正式報告も出されることと思う。ここでは，これまでの調査をふりかえり，現時点での調査研究の課題と唐古・鍵ムラの構造と変遷を考えてみることにする。

なお，本稿においては従来の土器編年では遺構の変遷をとらえにくいと考えるため，表1に示した編年を使用したい。この編年は大和地域における編年とするため，「大和第Ⅰ～Ⅵ様式」[3]とし，従来との編年の混乱をさけたい。

1 既報の調査成果と問題点

ムラの変遷を考えるうえで，解決しておかなければならない問題が1つある。それは第1次調査（唐古池内部）で検出された100余基の「竪穴」と称されるものである。この調査は国道敷設用の盛土として唐古池底の土取りがおこなわれ，これに伴う大規模な緊急発掘調査であった。このため，詳細な調査面積や竪穴の位置はわからないが，報告書の図版やその後の調査から推定するに面積はおよそ東西80m，南北160mの約13,000m²ほどになると考えられる。ここの南半分を中心に竪穴が検出された。竪穴は弥生時代前期から古墳時代までのものがあるが，最も多いのは第一様式で32基，次いで第五様式の15基，第一・二様式の12基，他は数基となる。

これら竪穴について，報告では大小の規模の違いに注目し大きく二種類に分類した。1つは第一様式にみられるものをタイプとして，平面は隅丸の矩形を呈し，短辺が1.8m以上あるものをいう。他方は第五様式の竪穴をタイプとして，平面が径0.9～1.2mの小形のものをいう。そして，前者については住居用の竪穴とし，後者については貯蔵用の竪穴とした。住居用の竪穴としての根拠は次の2点と思われる。1つは「古代人の起居に適する大きさを有する」点，2つは竪穴上部に屋蓋の構造があり，内部には各種器物や食糧の存在，かつ，火熱の使用があるという点である。一方，貯蔵用の竪穴は数個の壺類を主とし，火の使用が認められない点を根拠にしている。

これら二種類の竪穴について，石野博信氏は次の点に注目し再検討された[4]。竪穴内の杭や細枝を組み並べたもの，樹皮を小屋組材や被覆材と考え，上屋をもつものと密閉する竪穴の二つがある

表1 編年対照と唐古・鍵遺跡調査成果一覧表

（ ）は調査次数を表わす。★は詳細な時期不詳群

私案様式	畿内様式	遺構・遺物 北地区・北区域	遺構・遺物 西地区・西区域	遺構・遺物 南地区・南区域	備考
大和第I様式 1	第一様式（古）		箆（8次）		木器貯蔵穴
大和第I様式 2a・2b	第一様式（中）		★ドングリピット（11次）		
大和第I様式 1a・1b	第一様式（新）	木棺墓2基（23次）	耳成山産流紋岩（16次）	細形銅子（33次）	条痕文土器
大和第II様式 2	第二様式	麻布きれ（23次）			
大和第II様式 3					
大和第III様式 1	第三様式（古）		イノシシ下顎7体集積（13次）	イノシシ下顎14体分（3次）	大環濠の成立
大和第III様式 2			卜骨（20次）		
大和第III様式 3		★サヌカイト原石6個（37次）	ケヤキ原木（13次）	木戈（33次）	非戸
大和第III様式 4	第三様式（新）				
大和第IV様式 1	第四様式		石矛（13次）　絵画土器（22次）		非水層 絵画土器
大和第IV様式 2			鞘入り石剣・笠・異形高杯（13次）		再掘削
大和第V様式 1	第五様式	北方砂層（1・12・17・18・23・24・34次）		銅鐸など鋳造関連遺物（3次） 木製四脚容器（3次）	
大和第V様式 2					記号文
大和第VI様式 1		★巴形銅器（23次）	★青銅菱文鏡（14次）		再掘削
大和第VI様式 2			鶏頭形土製品（11次）		
大和第VI様式 3				★銅鏃（33次）	埋没
大和第VI様式 4					

とした。さらに，その内容物から前者（上屋をもつもの）には生産用具やその半製品，日常使用の壺などが置かれており，食糧の類を貯蔵することが少ないことから納屋とした。後者については籾など食糧が中心であることから食糧貯蔵用の土坑であろうとした。また，報告にあった住居用竪穴にあっては，他の遺跡の竪穴住居を検討し，本遺跡検出の竪穴には主柱穴がない点を重視し，住居

50

用竪穴とは考え難いとした[5]。以上のことから石野氏は，本遺跡で検出された竪穴はその規模・時期よりも上屋構造と密閉の有無，その内容物の検討という点が重視され，竪穴の構造を解明しようとされた点は注目される。

私はいま，近年の発掘事例を参考にしながらここで報告されている竪穴についてもう一度検討してみたい。これは後に述べる唐古・鍵ムラの構成が竪穴の性格によって変わってしまうからである。ここで検出された百余基の「竪穴」は現在われわれが使っている「土坑」という用語がそれにあたるようである。第1次調査（唐古池）で検出された土坑と同様のものは，その隣接地の調査である第23次・26次・37次調査でも検出されており，これらの資料を参考にし検討することにする。

まず，土坑の分類にあっては第1次調査とほぼ同様のこととなる。1つは弥生時代前期の土坑で，一辺2～3mの方形・長方形プランを呈するものが多く，楕円形・円形プランは少ない。これら大形の土坑は土坑壁面の立ち上がりが垂直ちかくになるものが多く，土坑の底に農耕具などの木器未成品が存在することがあり，この場合その上部は土器片・木器片・種子などの廃棄物を含む黒色粘土層で埋没する。逆に木器未成品を含まない場合はほとんど無遺物で青灰色粘土や黒色粘土などのブロック土となり，一度に埋めていることがわかる。これは木器未成品を取り上げ製品化したため不要となり埋めたためであろう。したがって，土坑上部に廃棄物などがみられるのは木器未成品を取り出さず，開いていたことを示している。このようにみてくると，第1次調査で出土した第27・40・56・60・65・78・87・88・97・99号竪穴の木器未成品は上記のような土坑から出土した可能性が高い。第27号竪穴（第四様式）を除き，他は第一・二様式である。以上のことから，私はこのような土坑は製作過程の木器を貯蔵・保管しておくためのもので，木器の水漬けによるアク抜き，歪み，加工しやすさなどのための穴と考える。これら土坑に上屋施設が存在していたような状況は近年の資料でなく，この点は第1次調査例が土坑への廃棄物としての可能性も残しているように思える。

二番目の土坑は，弥生時代後期を中心とするものであるが，中期にもみられる。このタイプのも

のは，径1～2mの円形プランを呈し，その断面形態は漏斗状となるものが多い。これについては，すでに述べているところでもあり[6]詳述しないが，これらの土坑は素掘りの井戸であり，完形土器の多くは井戸への供献土器と考えられる。第1次調査の第2・7・14・18・25・26・45・46・47号竪穴（第五様式），第68号竪穴（第二様式）などは井戸と考えられる。このように整理すると，第1次調査で検出された竪穴と呼ばれるものは，弥生時代前期に主にみられる大形土坑の木器貯蔵穴と中期以降にみられる小形土坑の井戸が大半となり，納屋や食糧貯蔵用の竪穴はほとんどなくなると思われる。ちなみに弥生時代においては，これら土坑の掘削にあっては湧水がみられたであろう。

2　ムラの変遷

唐古・鍵遺跡は弥生時代前期から古墳時代中期頃までムラとして営まれ，その後，古墳や中世館跡などがつくられることとなる複合遺跡である。その占有面積は30万m^2を越える。ここではムラとして機能していた時期をその形成から衰退まで大きく5期にとらえ，変遷をたどることにする。

（1）　ムラの形成期（大和第Ⅰ-1・2様式）

はじめにムラの立地条件であるが，現在均一な水田面となっているところは高橋学氏によればいくつかの微高地があるという。この微高地がすべて弥生時代に形成されたかどうかは調査による検討が必要だが，遺構の分布状況と照合すると，この微高地がムラの範囲とよく合致することがわかる。したがって，このような低地における微高地の判読も有効性をもっている。

大和第Ⅰ様式のムラは，この微高地上の立地条件の良いところから集落形成が始まっている。この時期の遺構は遺跡全体にみられるのではなく，大きく3つの地区に分かれるようである。それぞれを北地区，西地区，南地区として呼びわける。

北地区　北地区は唐古池南半を中心とする地区で，第1・5・23・26・37次調査で検出された遺構群をさす。この地区では前に述べたように木器貯蔵穴と考えられる土坑を多数検出している。他の遺構としてこの時期重要なのは第1次調査で検出された中央砂層と南方砂層である。中央砂層についてはその東側延長上にあたる第23・26次調査においても該当するものがなく，また，南方砂層に

あってもその西側や南東側では検出 さ れ な かっ
た。わずかに南方砂層と思われる西岸の南端を第
37次調査で検出したのみで，これらの砂層がどの
ような性格のものか判断しがたく，現時点では一
時的な洪水堆積物として考えておきたい。このよ
うなことから，このちかくに谷地形あるいは小河
川の可能性も考えられる。したがって，この北地
区においてはムラが形成された当初，川辺りにム
ラがありその周辺で木器製作がさかんにおこなわ
れ，木器貯蔵穴が掘削されたようである。竪穴式
住居の柱穴は近年の調査で検出しており，居住区
と木器貯蔵穴は併存していたよう で ある。しか
し，時期的には大和第 I−1 様式の遺構は疎で，
次の大和第I−2様式以降増加する。

この大和第 I−2 様式では，木器貯蔵穴群など
は存在するが，それらの北辺において大溝が掘削
される。この大溝は居住区の北側を区画するもの
で，現段階では環濠になるかどうかは判断しがた
く，北辺を区画する溝としておきたい。以上のよ
うに北辺に溝をもつ居住区があると推定される。
なお，この地区では縄文晩期の土器片が数点出土
しているが，この時期の遺構はまだなく，弥生時
代前期との関係も明確にされていない。

西地区・南地区　西地区は第 8・11・14・16・
19・20・22・38次調査で検出した遺構群をさす。
この地区でも北地区と同様で，竪穴住居・木器貯
蔵穴を中心とする遺構を検出している。また，詳
細な時期は決めがたいが，ドングリピットも第11
次調査で検出されており，稲作の補完あるいは非
常用食料としてこのような施設がこの時期つくら
れていたことは注目される。なお，補足すると，
この時期北・西地区ではイノシシ（あるいはブタ
か）など動物骨が多量に検出されており，骨には
解体痕がみられることから食料用として相当稲作
を補充していたことが考えられる。

この西地区でもう一つ注目されるのは第20次調
査で検出された土坑 SK−215 である。この土坑か
らは火熱によって変形した壺片や炭灰，炭化材，
多量の炭化籾などが出土しており，高床倉庫など
の火災による後片づけ品と思われる。このような
ことから近隣に高床倉庫などの貯蔵施設の存在が
考えられ，ドングリピットを含め，居住区内に食
料保管施設をもっていたことが考えられる。

このように，西地区では区画する大溝はまだ検
出されていないが，広い範囲にわたって遺構が分
布する。居住区内では食料保管施設は併存してい
るが，木器貯蔵穴はやや群をなすようである。

南地区については，遺構の検出例が少なくその
構造についてはまだ不明である。

以上のように，この時期はムラは 3 つ程のまと
まりで構成されていたようであるが，まだ溝に囲
まれた生活をしていない。

（2）　ムラの分立期（大和第II−1〜3様式）

この時期は北・西・南地区の各々に環濠らしき
ものが形成され，遺構密度が高くなってくる段階
である。また，出土遺物は多種になりその量は増
大する。

北地区　北地区はほぼ前段階と同じ場所で遺構
が検出されているが，やや北側へ拡大の傾向がみ
られる。これは前述した大溝の北側にもう 1 条大
溝が掘削されたことからわかる。この大溝の南側
では，前段階と同じように木器貯蔵穴群を中心に
構成される。ここで注目されるのは，大溝の北側
すなわち微高地の縁辺部で 2 基の木棺墓が検出さ
れていることである（第23次調査）。この 2 つの木
棺墓はいずれも成人男子であり，馬場悠男氏によ
ればその 1 つの頭骨は渡来系の弥生人の可能性が
あるという[7]。わずかであるが，唐古・鍵ムラの
弥生人の構成人の一人が明らかにされたことは重
要である。これとともに，第23次調査の土坑 SK−
123 では 縑（かとりぎぬ）と同じ織り構造を示す麻布ぎれが出
土[8]したり，後に述べるように西地区では細形銅
矛片が検出されており，これらを含め，この時期
には北部九州と同じように大陸からの文物などが
畿内まで流入していたことが考えられる。

さて，この木棺墓は方形周溝墓に伴うものでな
く，この北地区の集落に付属すると考えた方がよ
いであろう。したがって，各地区ごとに墓域をも
っていた可能性が高い。この墓域は 継 続 性 はな
く，短期間のもので，次期には溝が上部を削平し
ている。

西地区　この地区も前段階と同じ場所での占有
となる。第16次調査ではムラの南東部分を囲む溝
を 2 条，第19次調査ではムラの北西部分を囲む溝
を 1 条検出しており，これらがムラを囲む環濠に
なるものと思われる。この環濠に囲まれる範囲は
南東—北西軸の短軸と思われるもので約 200 m に
及び，かなり大きい面積が居住区となる。これら
の溝は大和第 II−1〜3 様式内で埋没する短期間の
溝である。第16次調査で検出した大溝では，大量

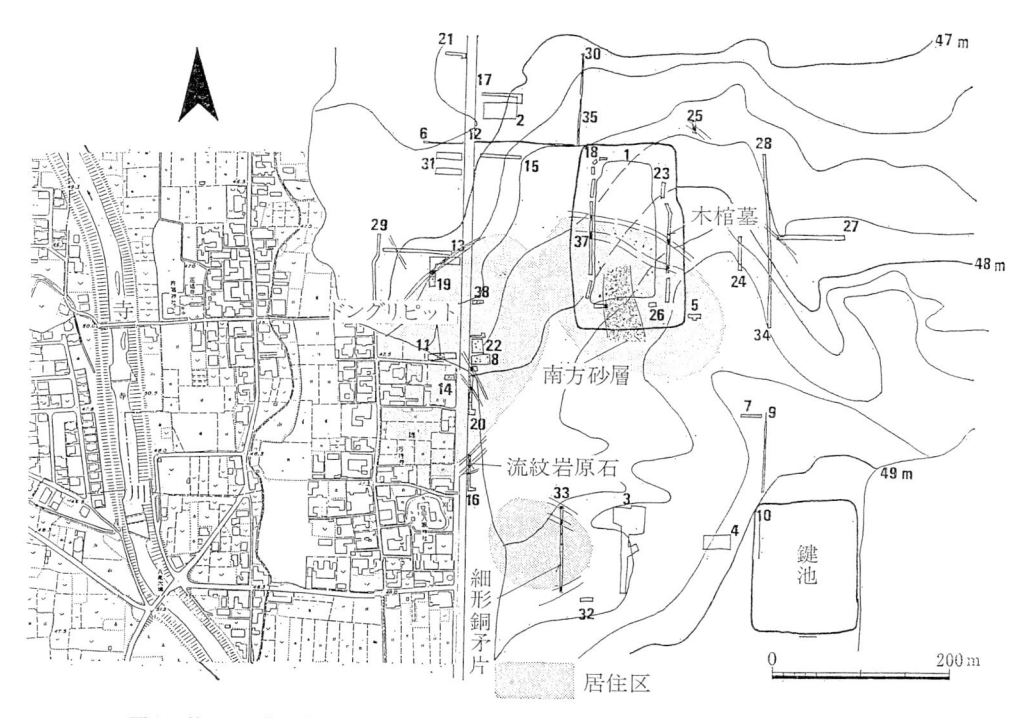

図1 第1・2期の唐古・鍵ムラ（大和第 I ～ II 様式）（等高線は高橋学氏原図を一部改変）

の耳成山産流紋岩の原石から剥片を検出した。この流紋岩は弥生時代前期にあって初期に流通する石庖丁の原材である。これは大和から河内の一部に運ばれている。この石庖丁がこの西地区の一端で原石から製品化がおこなわれていたことは注目される。

また，居住区においては木器貯蔵穴などがみられ，前段階とあまり変化はない。遺物では西地区に限らず，この時期多くの条痕文土器が出土し，伊勢湾岸地域との強いつながりを感じさせる。墓地などは検出していない。

南地区 第33次調査で検出した遺構群で，とくにここでは一つの微高地を縦断した形となっている。南東から北西方向の微高地で短軸 100 mほどで，北・西地区に比べてやや規模が小さい。この微高地の縁辺部の北側には 2 条，南側には 1 条の大溝が検出されており，環濠になる可能性が高い。環濠内部では竪穴式住居の柱穴や木器貯蔵穴，土坑などを検出している。その内の一つの土坑からは鑿に転用された細形銅矛片を検出した。この所属時期は大和第 II-2 様式である。このような重要遺物が南地区から出土していることは，北・西地区に比しても見劣りするものでない。この南地区については調査面積が小さく詳細な構造

をおさえるまでにいたらないが，一つの単位として把握しておきたい。

以上のように大和第 II 様式においては，3 つの単位（＋α）からなる集団を把握し，各々は木器や石器の生産をし，墓地を有していたと考えられるのである。その占有面積ではやや西地区が大きいようである。

（3）　ムラの統合期（大和第 III ～ IV 様式）

ここで述べるのは前段階の単位集団として把握していた環濠が埋没し，新たに統合された形を示す大環濠の掘削される大和第 III 様式から環濠帯が形成され，それらがいったん埋没する大和第 IV 様式までを示す。ここでは一番内側の環濠を大環濠あるいは内濠として呼ぶ。この大環濠は北辺側では大和第 III-1 様式に成立したもので，溝幅約 8 mを測る巨大なものである。これより内部では区画する溝などと居住地帯となり，この大環濠に囲まれた範囲は 400 ～ 500 m となる。この大環濠は再掘削をくり返しながら，大和第 VI-4 様式まで継続される。この外側には大和第 IV 様式にかけて最低 2 条めぐっており，内濠から外濠にかけて幅 100m 前後の環濠帯を形成する。遺物は大環濠から大量に出土するが，外の環濠になるにつれ急激に減少し，ムラの内・外は明確化されていく。ま

53

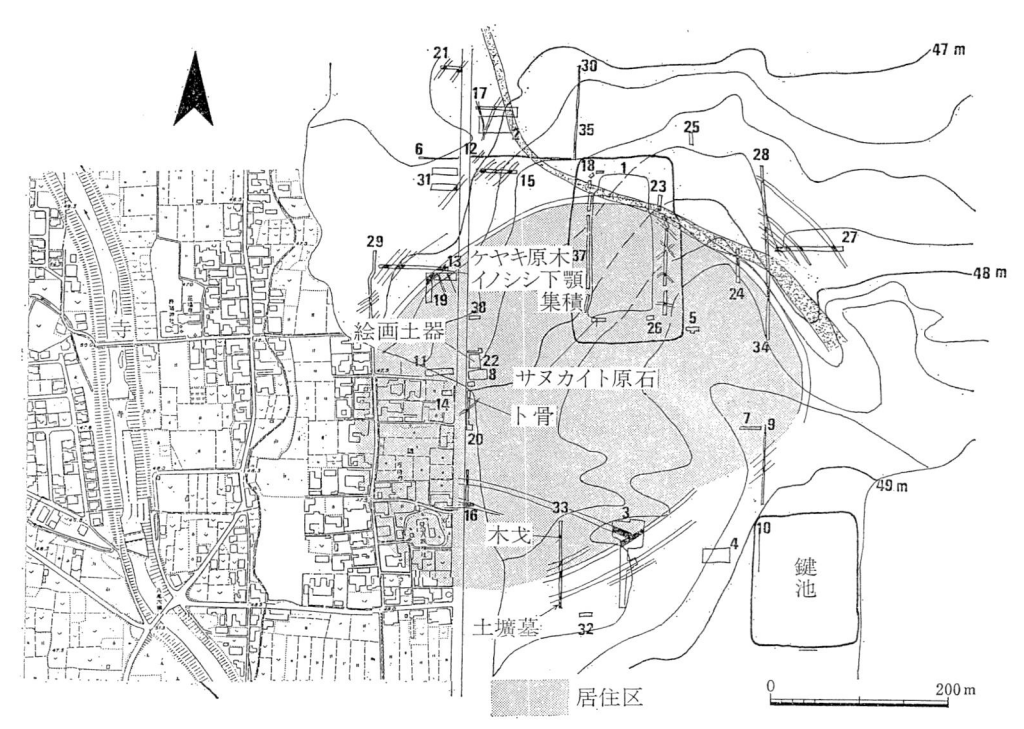

図2　第3期の唐古・鍵ムラ（大和第Ⅲ〜Ⅳ様式）

た，土坑などの居住関係の遺構もほとんど内濠より外ではみられず，明確に居住範囲を規制している。これら環濠がすべてきれいにめぐっているかについては不明な点が多いが，ほぼ現状の推定でいけると思われる。もう一点は環濠の水の取水，排水，ムラの出入口などムラと外部との関係が定かでないところがある。今後の調査成果をまちたい。

　ムラ内部では竪穴式住居の柱穴，井戸，土坑，木器貯蔵穴，区画溝，小溝など居住区を示す遺構が多数検出されている。前段階まで使用してきた北・西・南地区は大環濠成立以降あまり明確でなくなるが，ほぼその地区をさす用語として『区域』として呼び分けておく。この時期以降，とくに顕著になる遺構は井戸である。井戸からは供献土器が出土し，ムラ内部において井戸祭祀が確立している。また，祭祀関係では，卜骨も多数出土するようになり，第20次調査では長径6.5mもある巨大な井戸 SX-101からは7点の卜骨が出土している。この他，イノシシの下顎骨を集積したもの（第3・13次）などもある。また，銅鐸形土製品は大和第Ⅲ-1様式に1点，同第Ⅲ-3様式に1点，同第Ⅳ-2様式に1点出土している。石矛は同第Ⅳ-1様式に1点，木戈は同第Ⅲ-4様式に1

点出土している。これら祭祀遺物は西区域にやや多いような傾向がみられる。

　生産に関しては，石器ではサヌカイトの原石が北区域（第37次調査）で6個出土している。約10kgの原石が二上山からムラに運ばれてきたことが判明し，ムラ内部で原石から製品化までおこなっていることを裏づけるものとなる。木器の生産はおこなっているが，貯蔵穴は減少し，わずか南区域でみられる。

　以上のように大環濠で囲まれた巨大な集落として変貌するが，その実態はわずかしかわかっていない。区画溝も発達するが，何をどのように区画しているか不明な点も多い。

　このような巨大な安定したムラにおいて，一時期の洪水堆積層が数次の調査で確認されている。最も顕著なものは第1次調査で検出された北方砂層である。十数mの幅をもつ流路で，ムラの北端をかすめて北流する。この北方砂層は天理市庵治町清水風遺跡で検出された河道（SD-01）につながる可能性がある[9]。この他，第3・19次調査では環濠を埋没させている砂層堆積層があり，いずれも大和第Ⅳ-2様式である。これら砂層堆積は洪水に伴うものと考えられ，北・西・南の各区域に拡がる大規模なものであったろう。

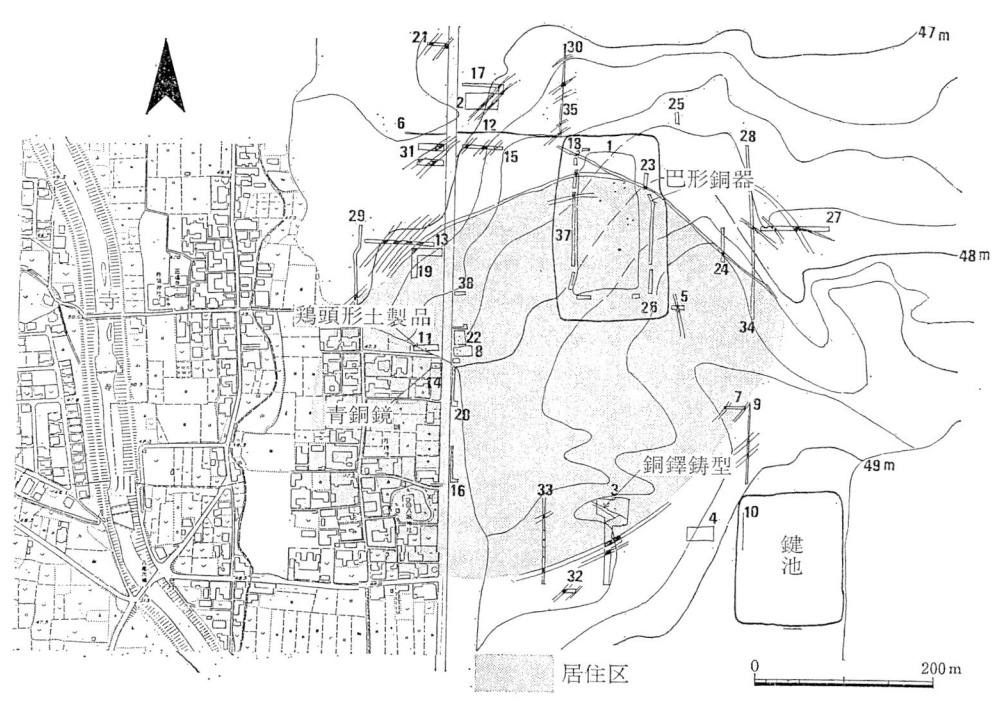

図3　第4期の唐古・鍵ムラ（大和第Ⅴ～Ⅵ様式）

（4）　ムラの発展期（大和第Ⅴ～Ⅵ様式）

　この段階は洪水による被害からムラが再建される時期である。中期に掘削された環濠の大半は埋没してしまい，新たに大溝の掘削となる。大和第Ⅴ様式と第Ⅵ-2様式の二時期にわたって埋没溝の再掘削と新しい溝の掘削がおこなわれる。この段階においてはムラの北西側で4～5条の溝の併存が考えられる。環濠帯の幅も150～200mと最も規模が大きくなり，強固なムラとなっていく。ムラ内部は前段階と同じ規模を有し，居住区となっており，その内容も同様である。

　大和第Ⅴ様式において最も重要なのは，南区域の第3次調査で出土した銅鐸他の鋳造関連遺物である。これらは多量にあり，銅鐸の鋳型は石型の他，大小の土製鋳型外枠がある。この時期は洪水層の直上で，大和Ⅴ-1様式と考えられる。銅鐸を含め，かなりの青銅品を作っていたと思われ，大和地域内の中心的な集落として機能していたことはまちがいない。

　また，この時期は井戸祭祀も大きく発達をとげる。これは長頸壺と記号文がセットとなり，井戸に多量に供献されることになる[10]。この他，祭祀遺物として注目されるものとして西区域第11次調査出土の鶏頭形土製品がある。このように西区域

では前段階より祭祀遺物の集中化現象もみられ，弥生時代前期以来，立地条件やその規模を含め優位性をもっていたかも知れない。

　このような居住区内の構造に対し，環濠帯外部については不明である。それは生産基盤である水田，また，墓域について弥生時代中期以降明らかにされていない。いま，唐古・鍵遺跡の東北東約300mにある法貴寺（志貴高校建設地）遺跡の方形周溝墓[11]（大和第Ⅵ様式）を唐古・鍵ムラの墓の1つとしても良いと思われるが，検出例が少なく不明な点が多い。このように考えると遺跡から1km四方はこのムラの領域内としてとらえられ，今後調査を必要とする。

　環濠はほぼ大和第Ⅵ-4様式で埋没し，ここに環濠集落としての機能はなくなるのである。

（5）　ムラの衰退期（庄内～布留期）

　前段階に比べて遺構密度が減少し，散在状況を呈す。その中にあって北区域と西区域はある程度のまとまりがあり，弥生時代中期初頭頃の様子と類似する点がある。時期的には庄内期の古い時期はやや不鮮明だが，その後半から布留期にかけては，溝や井戸，土坑が北・西区域で検出されている。環濠集落はもはや解体しているが，第13・27・31次調査では埋没した環濠を庄内・布留期に

55

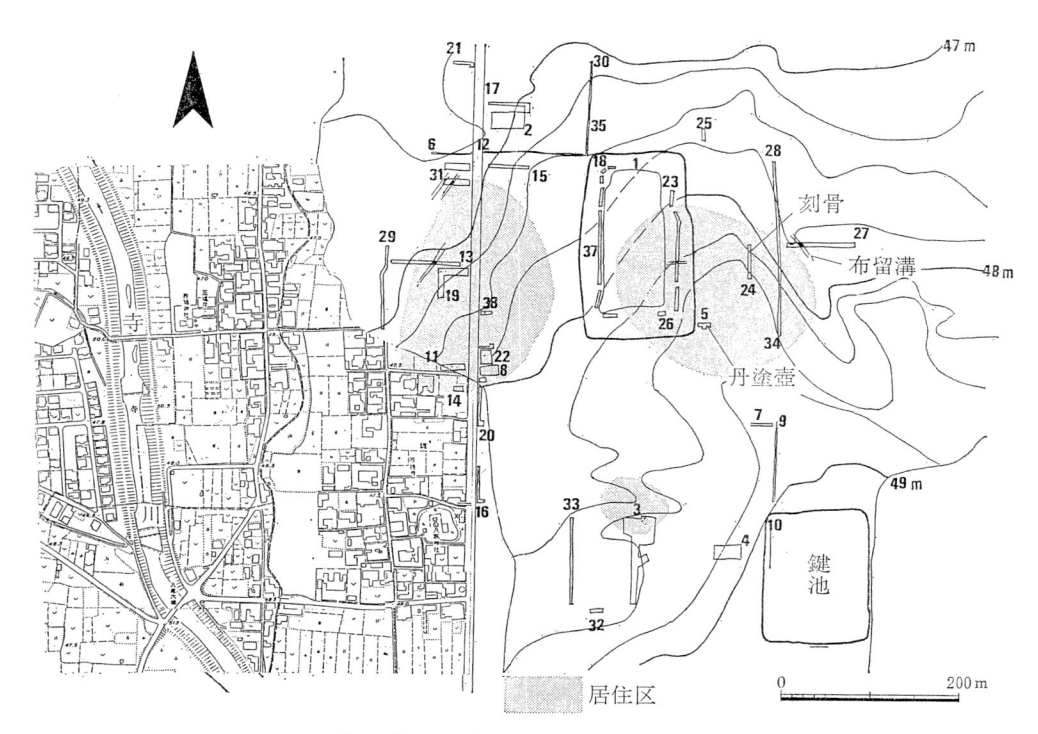

図4　第5期の唐古・鍵ムラ（庄内〜布留期）

再掘削しており，どのような性格をもつのか注目される。遺物では北区域の井戸から丹塗壺や刻骨など注目される祭祀遺物が出土している。このようにみてくると，この段階は大和における一般的な集落として取り扱った方が良いかも知れない。

3　おわりに

　ここで述べてきた唐古・鍵ムラの構造と変遷を，その形成から衰退まで大きく5期に分けたが，これは畿内の拠点的集落の一つのモデルになると考えている。畿内の弥生集落の中にあって，これほど一つの遺跡が把握できるものは少ない。紙面の都合上，うまく説明できたか疑問であるが，遺構などについては参考文献の報告書・概報に拠られたい。

　唐古・鍵遺跡は日本の農耕文化を明らかにした学史ある遺跡である。しかしながら，いまだ史跡指定という保護措置さえ受けず，開発の波にさらされている現状は，もはや残すかどうかという大きな岐路に立たされていると考えてよい。

註
1)　高橋健自「大和考古雑録」考古界，1—7，1901
2)　小林行雄・末永雅雄・藤岡謙二郎「大和唐古弥生式遺跡の研究」『京都帝国大学文学部考古学研究報告』第16冊，1943
3)　藤田三郎・松本洋明「大和地域」『弥生土器の様式と編年』近畿Ⅰ，1989
4)　石野博信「弥生時代の貯蔵施設」『関西大学考古学研究年報』1，1967
5)　石野博信「大和唐古・鍵遺跡とその周辺」『橿原考古学研究所論集』第四，1979
6)　藤田三郎「弥生時代の井戸—奈良・大阪の井戸を中心に」『考古学と技術』1988
7)　馬場悠男・茂原信生・埴原和郎「唐古・鍵遺跡出土人骨（23次発掘）」第43回日本人類学会・日本民族学会連合大会，1989
8)　布目順郎「唐古・鍵遺跡出土の繊維製品について」『唐古・鍵遺跡第21・23次発掘調査概報』田原本町教育委員会，1988
9)　井上義光・木下　亘ほか「清水風遺跡発掘調査概報」『奈良県遺跡調査概報』第1分冊，奈良県立橿原考古学研究所，1989
10)　藤田三郎「弥生時代の記号文」『考古学と古代史』1982
11)　長谷川俊幸「法貴寺遺跡」『奈良県遺跡調査概報』第2分冊，1983

参　考　文　献
寺沢　薫ほか『昭和52〜56年度唐古・鍵遺跡第4〜12次発掘調査概報』橿原考古学研究所，1978〜82
藤田三郎ほか『昭和57〜61年度唐古・鍵遺跡第13〜30次発掘調査概報』『田原本町埋蔵文化財調査概要1〜4・6〜9』1983・84・86〜88

環濠集落の地域性

環濠集落は地域的にみてそれぞれどんな特色を有するだろうか。代表的な遺跡のいくつかを中心に各地域の様相を探ってみよう

九州地方／近畿地方／東海地方／関東地方

九州地方─────────

福岡市教育委員会
■ 山崎純男
（やまさき・すみお）

前期初頭まで遡る板付遺跡には内濠を囲む外濠が存在するが，二重の環濠は吉野ヶ里遺跡とともに九州の環濠集落の特徴をなしている

　弥生時代の代表的な集落形態の一つに，集落のまわりに濠をめぐらした，いわゆる環濠集落がある。前期初頭の福岡市板付（いたづけ）遺跡や同市有田（ありた）遺跡を最古の例として，以後，この集落形態は古墳時代まで存続する。環濠集落は拠点的な集落と目される遺跡の中に多くみられる。西日本の白地図の中に弥生時代前期の環濠集落をおとしていくと，まさに拠点集落＝環濠集落の図式が成立するかのようである。この図式が成立するか否かは今後の検討にゆだねるとして，環濠集落が弥生文化の成立・展開と密接な関係にあったことは指摘できよう。換言すれば，環濠集落が弥生文化を規定する要素の一つと考えられるのである。しかし，このような環濠集落の重要性にもかかわらず，これまで環濠集落に関する調査・研究は低調であった。これはひとえに環濠集落の完掘例が少なかったためであるが，最近の大規模調査で完掘例も増え，環濠集落を本格的に論議できる段階になってきた。

　本小稿では，筆者が関係した福岡市板付遺跡を中心に，北部九州とくに玄界灘沿岸部における環濠集落を概観し，若干の私見を述べてみたい。

1　玄界灘沿岸部の環濠集落の諸例

　北部九州の玄界灘沿岸部は日本列島内で最も早く水稲農耕を受け入れ，かつ弥生文化を成立させた地域である。

　玄界灘沿岸部は地形的に，北は玄界灘に面して海に開かれ，東・西・南の三方は山地〜丘陵に囲まれるという共通した環境をもつ小平野が一定の間隔で並列しているのが特徴である。そしてこれらの小平野は歴史的にも一つの完結性をもっている。『魏志倭人伝』にいう末盧国，伊都国，奴国はこれら小平野に形成された国々である。こうした環境における各平野の環濠集落の形成・動向・消長は興味ある問題であるが，いまだ明らかでない。ここでは，各平野における環濠集落のあり方を概観して問題点を提起しておきたい。

　唐津平野は末盧国に比定される地域である。この地域には現在のところ環濠集落は検出されていない。弥生時代の海岸線を考慮すれば，海が内陸深く湾入し，現在みるような平野は存在しない。水稲農耕を主たる経済基盤としないためか，あるいは調査がそこまで進展していないためと考えられる。

　糸島平野は伊都国に比定される。この地域でも

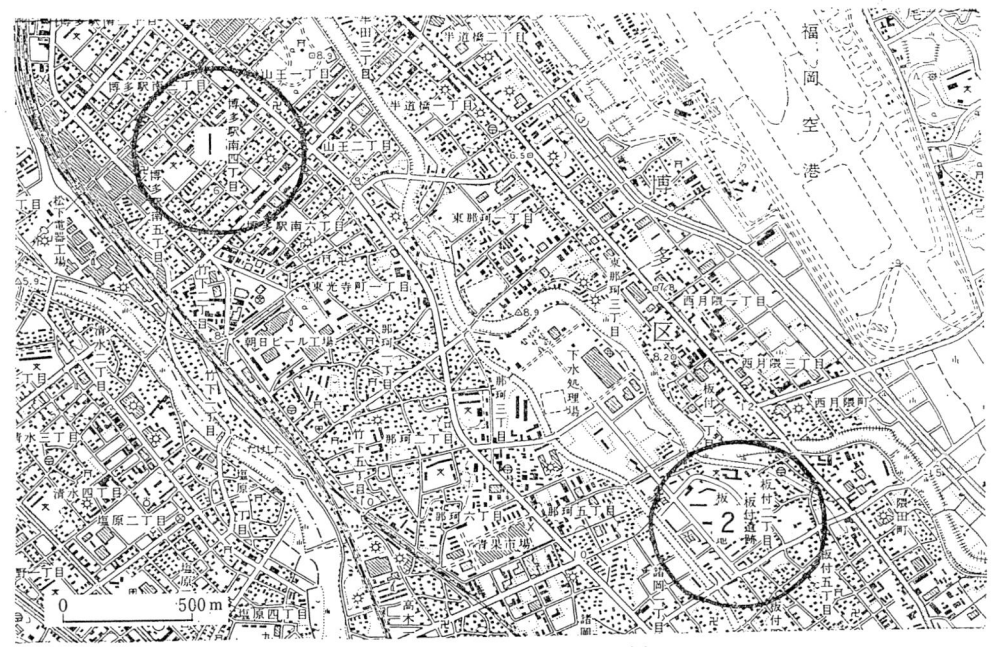

図1　比恵遺跡(1)と板付遺跡(2)

平野の中心部には環濠集落は検出されていない。唯一糸島平野の東端，今宿の小平野に位置する今宿五郎江遺跡に後期の環濠の一部が検出されている。今後，調査の進展が待たれるが，伊都国の中心部の圃場整備に伴う調査で検出されていないことを考慮すれば，今後発見される可能性は低いかも知れない。平野の大部分が扇状地であることにも注意する必要があろう。

早良平野は現在のところ，『倭人伝』中の国には比定されていない。環濠集落は以下のものがある。

有田遺跡Ⅰ（前期初頭）　早良平野の海岸部に近い中央部の独立丘陵（中位段丘Ⅱ面）に位置する。段丘の最も高い部分を囲むようにⅤ字濠が掘削される。部分的に不明なところもあるが，各調査区の所見から復原される環濠は東西300m，南北200mの楕円形プランをなす。貯蔵穴が検出されているが，環濠内は古代以降の削平が著しく，詳細は不明。

有田遺跡Ⅱ（前期中〜後半）　前記の環濠と重複する形で環濠（Ⅴ字濠）の一部が検出されている。調査区が狭いため平面プランは不明である。連結しない他の濠もあるので次々に掘り直された可能性がある。

野方中原遺跡（後期後半）　2カ所の環濠が検出されている。A溝は南北約100m，東西約120mの円形プランを有し，内に8棟の竪穴住居址が存在する。B溝は25m×30mの方形プランで内に1間×2間，1間×1間の掘立柱建物が存在する。A溝，B溝は同時併存で，環濠外にも同時期の住居址が存在する。

以上が，早良平野において現在まで確認されている環濠集落である。中期の環濠集落が欠落しているが，早良平野の圃場整備に伴う調査で未だ検出されていないことを考えれば，存在の可能性は低い。同じ圃場整備に伴う調査で検出された王族墓（？）が前期末の吉武高木遺跡→吉武大石遺跡→樋渡墳丘墓の中期へと質を低下させていくのと無関係ではないかもしれない。東に位置する福岡平野（奴国）との関連で検討する必要があろう。

福岡平野は奴国に比定される地域である。

環濠集落は比較的良くのこっているが，都市化しているためにその詳細は不明な点が多い。

板付遺跡（前期初頭）　後述する。

比恵遺跡（中期〜後期）　中期の環濠集落は福岡平野を二分する須玖からのびた中位段丘Ⅱ面，すなわち比恵・那珂の段丘面に展開している。比恵遺跡群には鏡山猛・森貞次郎両氏調査分の4カ所とその後追加の1カ所を加えて5カ所の環濠が判明していた。しかし，これらについては最近の福岡市教育委員会の再調査によって時期の問題など，改訂を余儀なくされている。

5号溝は従来から指摘されていたように規模（一辺10m）の問題から，方形周溝墓あるいは住居址の外周溝とみられる。市教育委員会再調査分は2,3号溝で，2号溝には掘り直しがみられ，最初の溝は後期後半の井戸を破壊して作られ，時期的には後期後半を遡らない。掘り直しの溝は溝底に古墳時代初頭の土器があり，掘り直しの時期を示している。3号溝は出土遺物が少なく時期判定はできない。4号溝は時期不明。1号溝は一辺長30〜36mの方形区画で，内部に竪穴住居址5，井戸2，柱穴群，土壙などがある。溝と内部の遺構は整然としていて相互に切り合い関係はなく，出土土器も溝底のものと住居址のものとが時期的に一致する。1号溝と2号溝の連結部は同時期とした場合，平面的に不自然な所があり，1号溝，2号溝は重複した切り合い関係にあったと理解する方がより妥当である。これらのことから，1号溝は現在のところ中期後半の環溝とみた方がよさそうである。なお，1〜3号溝は相互に重複関係にある。時期的には1号溝→2号溝，1号溝→3号溝→2号溝と規模が順次拡大するなど一定の方向性を看取できる。1号溝が中期後半，3号溝が1号溝と2号溝の間に入ると仮定すれば後期前半に比定でき，2号溝は後期後半〜古墳時代初頭となる。比恵の環溝は中期後半〜古墳時代初頭の重複遺構とみることができる。また，環溝外には同時代の住居址が広く分布しており，環溝内集落は共同体成員から隔絶した首長層の居住地とみることもできる。比恵・那珂の段丘面には前述の環溝の他に，数カ所で大きな濠が検出されている。これらの濠は前述の環溝をつつみ込むような形で大規模な環濠集落を形成するのか，中位程度の環濠集落が数カ所に同時形成されるのか，今後の調査が期待される。

　後期の環濠集落は，中期の環濠集落と分布を別にし，須玖丘陵に展開する。全体像が判明するものはないが，春日市大南遺跡（中期まで遡る可能性もある），須玖永田遺跡，福岡市弥永原遺跡でその一部が調査されている。須玖永田遺跡はその一部が調査されたに過ぎないが，武末純一氏は「吉野ヶ里を越えそうな遺跡」とし，「広形銅矛の中子や小形仿製鏡の鋳型など鋳造関係の遺物と遺構が検出されており，おそらく奴国王の居宅（宮室）の一角を占める青銅工房であろう」との評価を与えている。

　粕屋地区　表・裏粕屋の小平野があるが，現時点では環濠集落の発見はない。調査が進んでいないことが大きな原因であろう。

　宗像地区　宗像市光岡長尾遺跡，大井三倉遺跡，津屋崎今川遺跡の3カ所が知られている。いずれも前期の環濠集落である。光岡長尾遺跡は丘陵頂部に位置し，径約42mの円形プラン。南北の相対する部分に陸橋がつくられている。内部には貯蔵穴約50基が検出されているが，住居址はみられない。今川遺跡は前期前半の遺跡で，環濠は東西70m，南北40mの楕円形プランになると推測される。出土遺物が多く注目すべきものが多い。

　以上，玄界灘沿岸部の環濠集落について概観した。環濠集落の出現は前期初頭は板付I式土器との関係が深く，板付I式土器の分布が希薄な地域，糸島，唐津地方には現在の時点で環濠集落の発見はない。時期が下るに従い環濠集落は福岡・早良から東と，南の小郡，佐賀，熊本への拡大が認められる。

2　板付遺跡の環濠集落と問題点

(1)　環濠集落の概要

　板付遺跡は福岡平野のほぼ中央，福岡平野の東部を北流する御笠川左岸に位置する。南北600m，東西170m，標高11〜12mの中位段丘II面に集落・墓地が形成され，その東西の低位段丘上に水田が開かれている。東側は御笠川の氾濫によって大きな広がりはみられない。西側は中央部に古諸岡川が北流し，両岸に低位段丘が形成され，主な生産地となっている。

　遺跡は1951年の日本考古学協会の発掘調査以来，開発行為による緊急調査を含めて50次以上の調査が実施されている。1988，89年には史跡整備に先行して指定地の集落部分について遺構確認調査を実施した。検出した遺構は前期の環濠，貯蔵穴，甕棺墓，中・後期の住居址，井戸である。以上の成果から前期に限って図化したのが図2である。一部の未発掘区を除いてほぼ全容が明確になった。また，段丘面の環濠の他，段丘下をめぐる濠（水路，外濠）の存在も推測できるようになった。以下，集落構造の概要をみていこう。

　集落の中心をなすのは従来から確認されていた環濠（内濠）である。段丘の中心部の最も高い部分を囲むように傾斜変換線にそって掘削されている。南北110m，東西81mの卵形の平面プランを

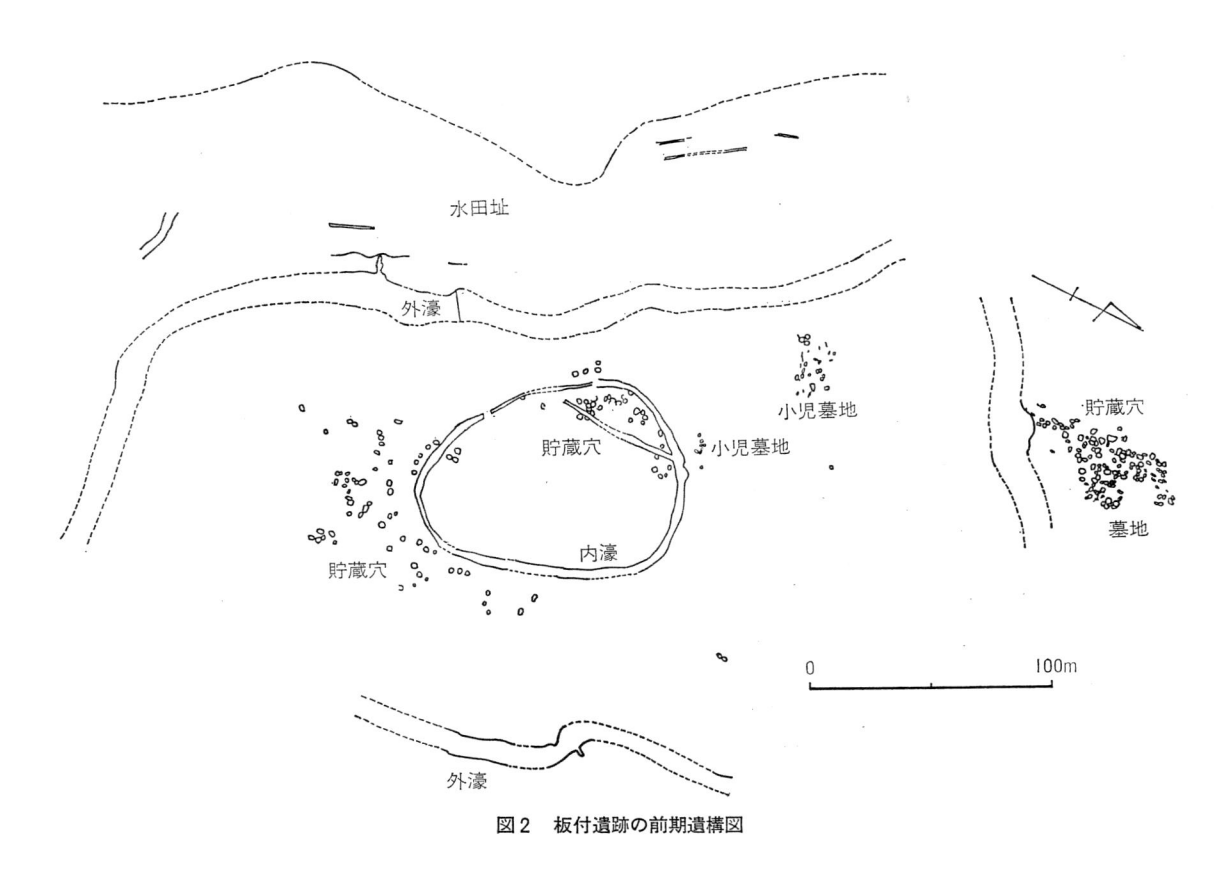

図 2　板付遺跡の前期遺構図

もつ。環濠の北西部は直線的な濠（弦状濠）によって半月形プランの区画がつくられている。弦状濠は北で内濠から分岐し，南西部では内濠との間に幅 5 m の陸橋が形成されている。また内濠にも南西部に幅 4 m の陸橋が形成されている。陸橋は区画への出入口であることは明瞭であるが，削平のためその部分の詳細な構造（構築物）は不明である。内濠，弦状濠は現状で幅 1 ～ 5 m，深さ 1 ～ 2.5 m，断面 V 字形をなす。濠底は平らでなく部分的に深くなったり浅くなったりしている。段丘の削平（貯蔵穴の残存状況から 1.5 ～ 0.5 m の削平が考えられる）から濠を復原すると幅は 4 ～ 6 m，深さ 2.5 ～ 3 m が考えられる。濠内の土層堆積は自然堆積で，その後の掘り直しはみられない。土砂の流入状況や地山ブロックの落ち込みの状況から，内濠部では両側に，弦状濠では西側に土塁がつくられていたと推測できる。土塁は幅の問題があるが，掘削された土量からすれば 1 ～ 1.5 m 前後となろうか。

外濠は中位段丘 II 面の南北 2 カ所を切断し，東西は段丘下の際を掘削したもので，主な機能は水田の用排水路である。1972年の調査で北側と西側の一部が確認されていたが，1978年，西側の濠の調査で所属時期（板付 I 式）と機能を確定することができた。以後の調査で，東側と西側の濠の一部を確認した。今後さらに検証する必要があるが，外濠が内濠を中心とする段丘部を囲むことが推測できるようになった。外濠は南北約 370m，東西 170m の不整の長楕円形をなす。外濠は幅約 10m，深さ（西側の土手より）2 m 以上，段丘との差は 5 m 前後である。内濠と異なり，常時水が流れていたと考えられる。堆積土は一部砂層と泥層の互層になっているが，大部分は粗砂層の堆積である。内濠の陸橋部の方向を直線的にのばした箇所の外濠には堰が構築されているが，その上部には橋が築かれていた可能性が強く，その部材らしいものも確認されている。

次に他の遺構についてみてみよう。前期の住居址は検出されていないが，これは前述したように段丘面が削平されているためと考えられる。中・後期の住居址が段丘縁辺の斜面部に認められる。ここでも前期の住居址は認められないことからすれば，前期住居址は内濠内に存在した蓋然性が強い。なお外濠外の段丘面に現在前期の住居址は検

出されていないが，今後の調査で検出される可能性がある。貯蔵穴は外濠外の南と北のそれぞれの段丘面，外濠内に2カ所の計4カ所に集中してみられる。貯蔵穴は方形ないしは長方形プランであるが，一部円形プランもある。また，内部に柱穴をもつものもある。集中区における形態的差異は認められない。それぞれの集中区の基数は北から，外濠外の段丘面が106基＋α，内濠内の弦状濠に囲まれた部分が40基前後，内濠外の南側に57基＋α，外濠外の南段丘面が8基＋α，の計211基＋α が検出されている。貯蔵穴は弦状濠に区画された部分には密集し，相互に切り合い関係がある。この区画が貯蔵穴を囲む目的をもっていたことは容易に推測できる。また，内濠南側の貯蔵穴は一定の間隔をもって分布し，切り合い関係も少なく，日常的な使用を意図したことがうかがえる。外濠外の南北の貯蔵穴は時期差があり，北段丘面にその後すぐに墓地が形成されることを考慮すれば北から南への移動を考えることができる。

次に墓地の分布をみてみよう。前期の墓地は5カ所に検出されている。大きく外濠内の3カ所と外濠外の2カ所に分けられる。外濠内では内濠が弦状濠と交わるすぐ北側に7基の小児用甕棺が存在し，うち4基に碧玉製管玉や小壺の副葬がみられる。この小児墓地から約40m離れた北西部にやはり小児墓だけからなる墓地が形成されている。木棺墓，土壙墓，甕棺墓があり現在計25基が検出されている。1基より石剣切先1点が検出されているが，他に副葬品などはみられない。2カ所の小児墓地の外，かつて調査された田端の甕棺墓も外濠内に存在する。場所は内濠南端の東にあったとみられる。中山平次郎氏の報告によれば，6基の甕棺が発見され，銅剣4，銅矛3が検出されている。墳丘墓であった可能性もあるがさだかでない。時期的には他より新しく前期末に比定される。外濠外では外濠のすぐ北側に小児，成人からなる集団墓が形成されている。土壙墓，木棺墓，甕棺墓があり計57基を数える。他は外濠南側の段丘面で現在1基の木棺墓が確認されている。

(2) 問題点

第一点は外濠の問題である。全体プランなど今後の調査にゆだねることもあるが，基本的には内濠を囲む外濠となることは間違いない。主な目的は水田の用排水路であるが，防禦濠などの用途も兼ねそなえていたとみてよいであろう。板付遺跡

の例が前期初頭まで遡ることからすれば，その源流を探る手がかりになる。このような二重の環濠集落は現在のところ吉野ヶ里遺跡に例をみるだけであるが，外濠は九州の環濠集落の特徴ともいえようか。

第二は，環濠内の遺構のあり方である。全体としては外濠内で一つの完結した姿と理解した方がよい。住居址は確認されていないが，内濠内に存在したと考えられる。内濠内の面積，貯蔵穴の基数からすれば10〜15棟前後が考えられる。内濠外の南側は貯蔵穴の分布の仕方からみて日常的な生活の場であったとみることができる。ここで注意しておきたいのが，弦状濠に区画された部分である。ここは40基前後の貯蔵穴が存在し，明らかに貯蔵穴を区画したものである。この区画が，以後の貯蔵穴のみを囲む環濠へと発展する可能性が強い。宗像市光岡長尾遺跡は面積的にも近く，環濠内に遺物が少ないことなどからみて，板付の区画の発展形態とみることができよう。

第三点は墓地にみる階層の萌芽である。とくに小児墓地にその差がみられる。内濠に最も近い小児墓地は基数も少なく，副葬品をもち他とは隔絶していて，選ばれた子供であったとみられる。また，その北側にある小児墓地はすべてが小児用で形成されていること，外濠内にあり，外濠外の集団墓内の小児墓とは区別されている。このような差異をどのように理解するかは，成人墓も含めて検討する必要があるが，弥生時代開始期の初めから何らかの階層差があったことが看取できよう。

板付遺跡にみる環濠集落のあり方や水田構造は，その当初から完成された姿として現出しているが，これは弥生時代の開始を如実に示しているといえよう。

北部九州の環濠集落についてその概略を紹介してきた。筆者の怠慢で充分意をつくせなかったことをお許し願いたい。板付遺跡は調査を終了した段階で，現在鋭意整理中である。整理がつきしだい環濠集落についても稿を改めたいと思う。

なお，紙数の関係で註は省略する。許とされたい。

近 畿 地 方

大阪文化財センター
■ 赤木克視
（あかぎ・かつみ）

近畿の環濠集落は不明な点が多いが，小集落を囲繞するもの，堅固な
2重濠を巡らすもの，特定の住居を区画するものなど実に多様である

1 池上・扇谷・東山

近畿地方においては，環濠集落の全容が解明された遺跡は極めて少ない。その中で，比較的解明の進んだ近畿地方の代表的環濠集落である池上・扇谷・東山遺跡の概要を述べる。

（1） 池上曽根遺跡[1,2,3,4]

大阪府和泉市池上町から泉大津市曽根町に所在する。遺跡は，信太山丘陵より西に派生した低位段丘上に立地する。地形的には，南東から北西に向かって緩やかに下降し，高い部分で T.P.+11 m，低い部分で T.P.+6m である。

弥生時代の環濠とされる大溝は，第2阪和国道内のM地区でA～Cの3条，それより 200m ほど南のI・J 地区でE・F の2条が検出されている。環濠内では竪穴住居跡や多数のピット群，環濠外の2ヵ所で方形周溝墓群が検出されている。

『第2阪和国道内遺跡発掘調査報告書（以下，報と略す）4』の記述を主に各溝の概要を記す。

B 溝は，もっとも内側にある大溝で，検出幅約 6.5 m，深さ1m 前後である。2 回掘りなおされている。最も古いBⅠ溝，およびBⅡ溝は中期前半，BⅡ溝が完全埋没した後に掘削されたBⅢ溝は中期中頃に属する。

A 溝は，B 溝の外（東）側に掘削され，検出幅約 6.5 m，深さ 2m 前後である。2 回掘りなおされている。AⅠ溝およびAⅡ溝は中期前半，AⅢ溝は中期後半頃である。

C 溝は，A 溝の東側に掘削されているが，北西側は細く，浅くなる。最大幅約 3.5m，深さ 0.8 m である。出土遺物は，Ⅱ～Ⅴ様式のものが出土するが，下部ほどⅡ様式が多くなる。※「報 3」

E 溝は，内側にあり，幅約 5 m，深さ1mで，Ⅰ様式若干とⅡ様式が出土している。

F 溝は，E 溝の南側にあり，幅約 5 m，深さ1m，何回か掘りなおされており，Ⅱ～Ⅳ様式にかけて使用されている。

一応，中期にB溝とE溝，A溝とF溝がつなが

り環濠を形成していると考えられている。ただし，「報 3」によるとF溝の最下層でⅤ様式が出土している。そうであれば，Ⅴ様式が出土しているC溝と環濠を形成しているとも考えられる。

池上曽根遺跡においては，その後，遺跡の北側で府道松の浜曽根線関連の調査がなされ，中・後期の溝群が多数検出されている。また，環濠想定範囲の南側でも方向を異にする何条かの大溝や居住域が検出されている。そのため，遺跡も，かつて言われていた内・外2条の環濠の内側に居住域，外側に墓域という単純なものではなく，より複雑な様相を呈してきている。

（2） 扇谷遺跡[5]

京都府中郡峰山町字杉谷・丹波・荒山に所在する。北流する竹野川は，流域に細長い谷底平野を形成するが，峰山では長さ 8 km，幅 2 km と丹後半島最大の盆地を形成する。遺跡は，西側の丘陵から流れ込む鱒留川と小西川に挟まれた丘陵の東北端に位置し，峰山盆地を一望できる場所にある。概ね標高 56～66 m，平地との比高差は 30～40 m である。遺跡の時期は，弥生時代前期末から中期初頭である。同一丘陵上には，前方後円墳2基を主とする八幡山古墳群が分布する。

検出された弥生時代の遺構は，2 条の環濠，ピット，土壙などである。遺物は，Ⅰ様式新段階からⅡ様式にかけての多量の土器や各種遺物が出土している。大半は環濠内からであるが，鉄滓や玉作り関連遺材も含まれている。

遺跡の存在する丘陵は，北側より開析を受けて「山」字状に支丘が延びている。環濠は，基部，中央支丘，南支丘にかけて，外側の斜面上部に平均 12m の間隔をおいて2条掘削されている。中央支丘南斜面には環濠がなく，南支丘東北端で2条の環濠が消滅していることから，環濠は馬蹄形に巡らされていたと思われる。内濠の延長は 830～850 m である。外濠は，未確認部や開発で消滅している部分が多いが，概ね内濠に添って掘削されていたようである。両濠とも，幅約 4～6 m，

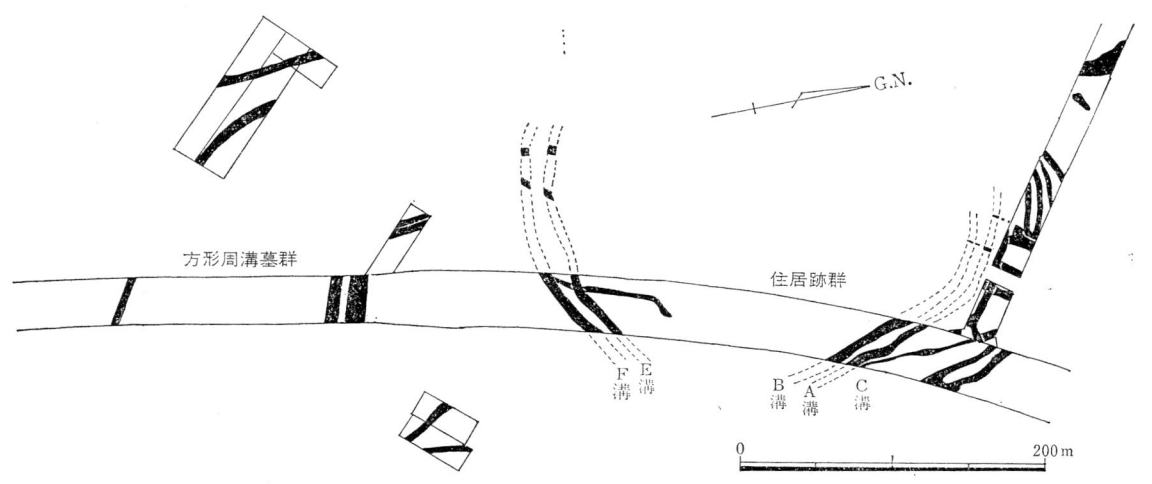

図1　池上遺跡弥生時代大溝分布概略図

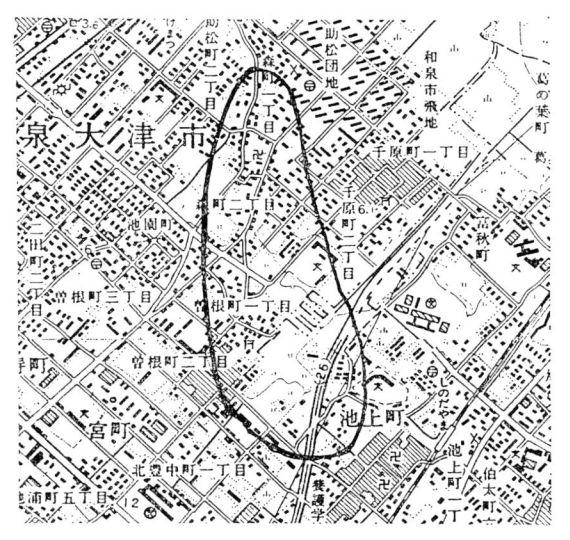

図2　池上遺跡位置図（25,000分の1）

深さ約 2〜4 m と極めて大規模なものである。内濠の外側に，一部盛土の残る部分があり，内濠と外濠の間に濠掘削土を積み上げて，堤状にしていた可能性もある。

　集落は，中央支丘基部平坦面や南支丘尾根筋でピット群や土壙が検出されていることから，丘陵頂部や尾根筋に想定される。ただし，八幡山古墳群の築造などにより削平を受けているためか，竪穴住居などは検出されておらず，どの程度の集落があったかは不明である。しかし，遺物に未製品を含む玉造り関連遺材や，鉄滓などが混じっており，継続的な居住が行なわれていたと思われる。

　以上のことから，扇谷遺跡は，前期末から中期初頭における定住的な高地性集落として位置付け

られる。さらに，防御用としか考えられない大規模な2重の環濠を持つことから，前期末から中期初頭に，この地域に武力を伴う緊張関係のあったことが想定される。

（3）　東山遺跡[6]

　大阪府南河内郡河南町東山に所在する。葛城山地より派生する太子南丘陵の標高 100〜170 m 前後の尾根上に立地し，弥生時代中期から後期末にかけての集落が広い範囲に点在する。遺跡からは，西方に，広く大阪平野一帯が眺望できる。

　遺跡は，A〜G 地区に分けられるが，遺構の検出されたのはA〜D地区のみで，他は古墳の封土中より弥生式土器が出土している。検出された遺構は，A 地区で竪穴住居跡9棟，溝2条，土壙1基。B 地区で竪穴住居跡 25 棟，土壙1基。C 地区で竪穴住居跡 15 棟，溝2条，土壙1基。D 地区で竪穴住居跡4棟である。

　東山遺跡は，7 期に分けられている。1 期がⅢ様式，2・3期がⅣ様式，4〜7 期がⅤ様式である。環濠は，A・C地区の2カ所で検出されているが，2期のある段階か3期に掘削され，6 期にほぼ埋没，7 期に完全に埋没している。

　A 地区の環濠は，溝 A-1 が丘陵頂部平坦面の北・西側の傾斜変換点付近にL字状に掘削されており，総延長 63 mである。溝 A-2 は東側の丘陵鞍部の尾根を切断する形で掘削されており，延長 12 m である。溝 A-1と A-2 の間の南側斜面は，傾斜面を削り，急傾斜の法面を作りだしている。溝の平均規模は，幅約 2.5 m，深さ 1.4 m で，Ⅴ字形をしている。

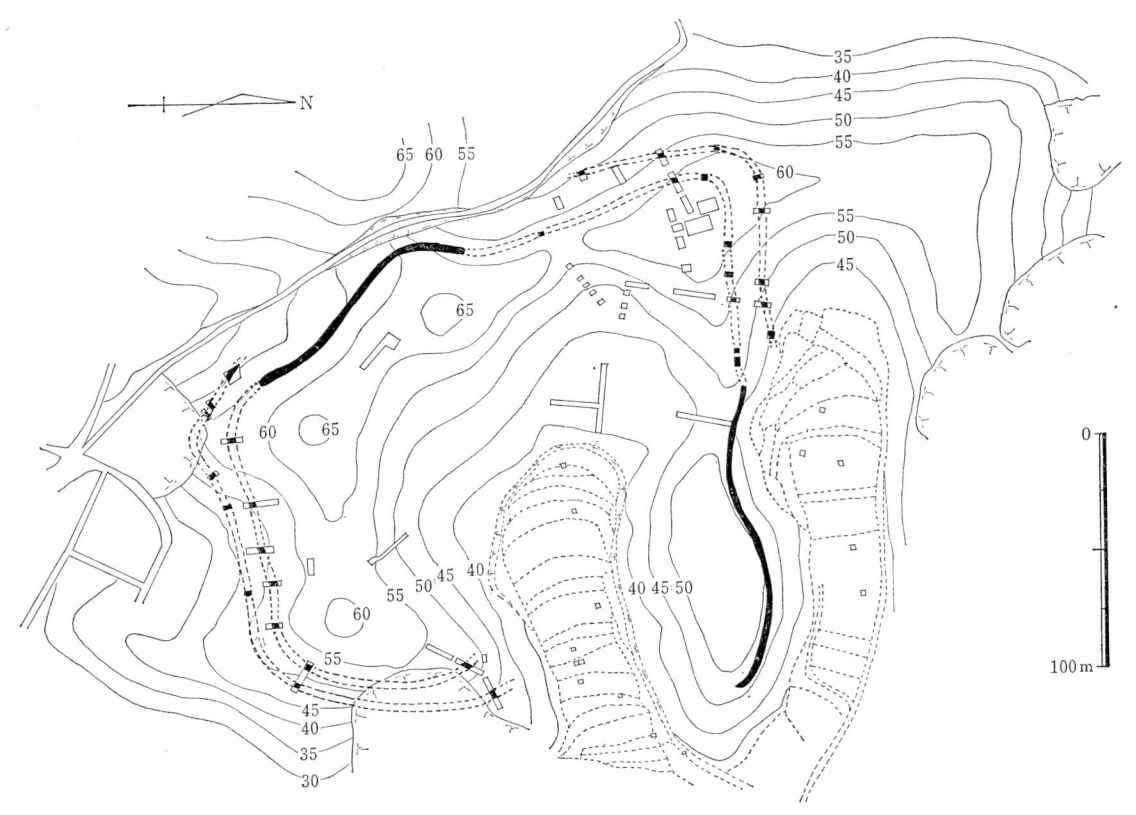

図3　扇谷遺跡環濠概略図

図4　扇谷遺跡位置図 (25,000分の1)

C地区では，丘陵尾根を切断する形で2条掘削されている。溝 C-1 は，丘陵中央部にあり，延長 20 m，幅約 2.5 m，深さ約 1.8m である。溝 C-2 は，丘陵基部にあり，延長 14 m，幅約 1.8 m，深さ約 1m である。共にV字形をしている。

A・C 地区の環濠に囲まれた区画内には，各期とも竪穴住居が1棟のみ建てられていた。各期を通じて最も住居数の多いB地区には環濠がなく，またA・C地区においても，環濠内にスペースがあるにもかかわらず，その外に住居が存在している。そのことから，東山遺跡における環濠は，集落全体を防御するものではなく，特定の住居を区画することに意味があったと考えられる。

しかし，そうした意味合いも，全期間にわたって意識されていたかは疑わしい。なぜなら，3期に一部溝の付替があるものの，溝内に建築排土が流入していて，溝の保守管理に留意されていたとは言い難いからである。

2　近畿地方の環濠集落[7]

近畿地方で環濠集落全域が調査された例はほとんどない。そのため，環濠の形態，集落の構造などについて実態がよく分からないのが実情である。そうした中で，1988年神戸市兵庫区大開遺跡で弥生前期前半の環濠集落がほぼ全掘された[8]。

この集落は，東西 70 m，南北 40m にわたって幅広の繭形をした環濠に囲まれている。環濠の規模は，幅 1.5〜2 m，深さ 0.8〜1 m である。

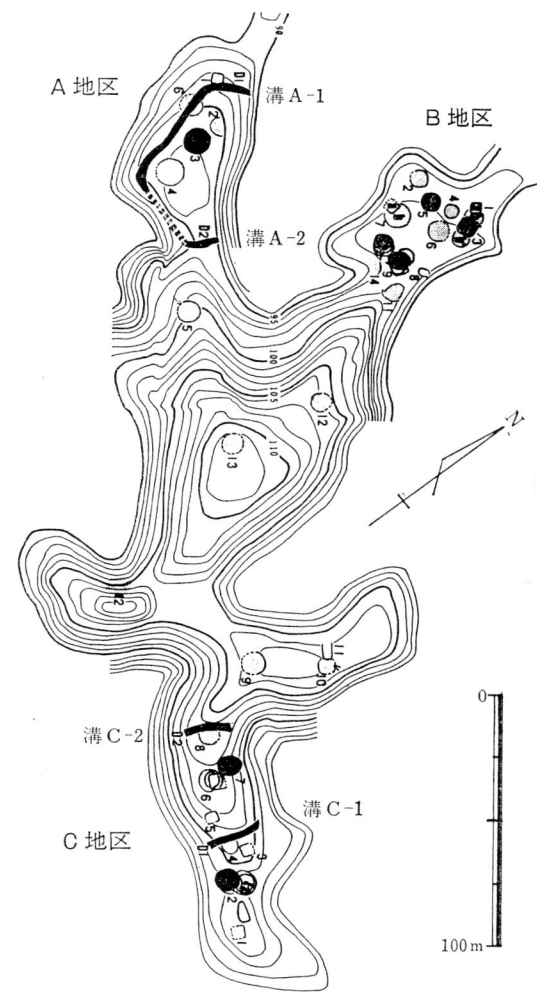

図5 東山遺跡環濠概略図（第3期）

A地区・溝A-1・溝A-2・B地区・溝C-2・溝C-1・C地区

図6 東山遺跡位置図（25,000分の1）

環濠内には，竪穴住居跡が5棟，貯蔵穴9＋2？基，土壙・ピット多数，溝状遺構数条が検出されている。炭化米も出土しており，また縄文晩期土器が共伴するなど注目される遺跡である。

　堺市野々井遺跡でも，環濠集落が全掘されている[9]。弥生時代末から古墳時代前半にかけてのもので，長径約70m，短径約50mの長円形の環濠の内外に8棟の竪穴住居跡が検出されている。しかし，後世の削平が著しく，詳細は不明である。

　河内平野の遺跡群は，近畿道大阪線の調査[10]で多数の大溝が検出されているものの，調査幅が10〜30mしかなく，環濠と断定できないのが現状である。その中で，山賀遺跡の前期集落では，集落の北東側に8条もの平行する大溝群が検出されている。しかし，これらの溝は，掘削後まもなく埋め戻されたと思われるものも含めて，すべて人

為的に埋め戻されており，性格不明である。

　美園遺跡では，溝と河川に囲まれた南北長約200mの前期集落が検出されている。これも東と西側が未調査なため，全容は不明である。

　亀井遺跡は，長吉ポンプ場の調査もあり，比較的広い範囲が調査されている。遺跡内は，中期から後期にかけて縦横に多数の大溝が掘削されている。その中で，遺跡北側で中期と後期にほぼ同じ位置に10数条の大溝が平行して掘削されている。これらの大溝は，溝群の北側で居住に関する遺構は検出されず，集落の北縁を画していることは間違いない。しかし，なぜ，これほどの数の溝が必要なのか，また，後期に同じ位置に掘削される必然性はなにかというと現状では回答不能である。

　大阪府下では，高槻市の扇状地の末端に立地する安満遺跡で前期の2条平行する大溝が検出されている。径150m前後の環濠が想定されているが，環濠内は大半が未調査で，実態不明である。

　茨木市の沖積平野に立地する東奈良遺跡では，トレンチ状の調査のため環濠のごく一部の検出であるが，前期の同時期に隣接して営まれた2つの環濠集落が想定されている。

　和泉市の丘陵上に立地する観音寺遺跡では，後期の広大な高地性集落を囲繞する一部2重の環濠が部分的に検出されている。

　堺市の四ツ池遺跡では，前・中期に舌状にのびる洪積段丘を切断して，居住域を画する大溝が検出されている。

　奈良県では，唐古・鍵遺跡以外には天理市の平

等坊・岩室遺跡(中)，橿原市・桜井市の坪井・大福遺跡（中・後），田原本町多遺跡（中）などで環濠，ないし区画溝の一部が検出されている。

京都府では，扇谷遺跡の他に，環濠と考えられる大溝の一部が同じ峰山町の途中ヶ丘遺跡（I・III・V各期），亀岡市太田遺跡（I〜II），久美浜町の浦明遺跡（II）などで検出されている。

滋賀県では，野洲川流域の沖積平野に立地する守山市服部，下之郷，二ノ畦遺跡，大津市北部の高地性集落である高峯，部屋ヶ谷遺跡などで環濠の一部が検出されている。

3 環濠集落の類別

遺跡は，様々な場所に立地している。それらは，大別すれば低地，台地，丘陵などに分類される。しかし，弥生時代における環濠集落を考える場合，そうした分類とは別に，河川との関係を重視した分類を考える必要がある。それは，環濠の持つ機能の一つである水防を重視したものである。

◇高位型……河川よりも遙かに高位にあり，洪水の恐れのまったくないもの。

◇中位型……河川の切り込み面が生活面と同一か，やや下位にあり，洪水の危険のあるもの。

◇低位型……河川が天井川となっており，生活面が低位にあって洪水の危険が極めて高いもの。

環濠の機能としては，外敵（人・獣）防御，集落の区画，水害防止，用・排水などが考えられる。扇谷や東山遺跡のような高位型の環濠集落では，洪水防止や用・排水の機能は不要であり，もっぱら外敵防御や区画の機能が必要であった。逆に，山賀や瓜生堂遺跡などの低位型では，前者の機能が不可欠であるが，流路の変更を伴うような集落を囲繞する環濠は掘削しにくい。その意味では，池上遺跡などの中位型が，環濠の持つ様々な機能を複合的に活用していたものと思われる。

通常，遺跡の立地は，固定したものと考えがちであるが，河川による堆積・削剥や遷移などにより変化がある。立地的には安定した高位型を除けば，中位型と低位型は可変的である。例えば，自然堤防上の遺跡では，流路が流れている時には低位型であるが，流路が他に遷移すれば中位型に変化する。また，池上遺跡は，中位型の典型的な遺跡であるが，それでも遺跡の南側には古墳時代の遺構が検出される自然堤防の高まりがある。そのため，もし，自然堤防の形成が弥生時代であれば

低位型に変化していた時期があったと言える。

環濠集落を考える場合，環濠のない時期があったり，大規模な労力を投下して掘削した環濠の保守・管理を放棄していると思わざるを得ない場面に遭遇する。その場合，その集落に人為的・自然的要因の変化があり，環濠の必要性が薄れたと判断できる。しかし，その要因を実際の発掘調査で証明することは難しい。

4 おわりに

近畿地方の環濠集落の地域性を記すのが本稿の課題であった。しかし，近畿地方内部においても，断片的にしか実態の分からない遺跡が多いものの，実に多様な環濠の有様を示している。大開遺跡は，小面積の集落を囲繞する前期の環濠集落であり，九州との共通性を窺わせる。しかし，同じ前期でも，扇谷遺跡は強固な2重環濠を巡らす高地性集落であり，後期の観音寺遺跡との共通性を示す。東山遺跡は，特定の住居を区画する環濠であり，祭祀的な色彩が強いと考えられる。

最も近畿地方の地域色を出すと思われる河内平野の弥生集落は，埋没深度の関係から調査機会が少なく，集落の全体構造の解明にはほど遠い。

ともかく，弥生集落のすべてが環濠を持つ訳でもなく，また環濠集落においても，全期間にわたって環濠が機能している訳でもない。そうした違いを生む要因や，当該環濠集落における環濠の機能とは何かなど，解明すべき課題は山積している。

註

1) 第2阪和国道内遺跡調査会『第2阪和国道内遺跡発掘調査報告書 1・2・3・4』1969〜1971

2) 第2阪和国道内遺跡調査会『池上・四ツ池』1970

3) 大阪府教育委員会『池上・曽根遺跡発掘調査概要』などの各種概報類

4) 藤沢真依・服部文章『史跡池上曽根遺跡発掘調査結果』大阪府下埋蔵文化財研究会第18回資料，1988

5) 峰山町教育委員会『扇谷遺跡発掘調査報告書』1975，および1988

6) 大阪府教育委員会『東山遺跡』1979

7) 埋蔵文化財研究会・東海埋蔵文化財研究会『環濠集落をめぐる諸問題』1988

8) 前田佳久・内藤俊哉『神戸市兵庫区大開遺跡の調査』第7回近畿地方埋蔵文化財研究会資料，1989

9) 大阪府教育委員会『陶邑VI』1987

10) 大阪府教育委員会・（財）大阪文化財センター『山賀 1・2・3・4』『美園』など近畿自動車道天理〜吹田線関連各種概報類ほか

愛知県埋蔵文化財センター
■ 宮腰健司
（みやこし・けんじ）

東 海 地 方

東海地方の環濠集落は 4 期にわかれ，前期後半から出現する。第 3 期，第 4 期と数は増大していくが，第 4 期になると規模は縮小する

東海地方の弥生時代環濠集落の変遷は 4 期[1] に分けることができる。つまり第 1 期—前期後半（西志賀期），第 2 期—中期前葉（朝日期），第 3 期—中期中葉～後葉（貝田町期～高蔵期），第 4 期—後期（山中期～欠山期）である。当地方の環濠集落について述べる場合，上記の 4 期に沿って書くのが判り易く思われるので，以下朝日遺跡・伊場遺跡という著名な遺跡を中心に，三重・愛知・静岡県西部地域を，時期的な変化を追って話を進めていくこととしたい。

1 第 1 期 （前期後半） の状況

大谷遺跡 三重県四日市市生桑町の標高 25 m の台地の東端に位置する。幅 1～1.5m，深さ 0.3 ～0.7 m，断面U字および逆台形の溝 6 条が，台地基部を横断するように同心円状に作られており，同時期の竪穴住居も 2 軒検出されている。溝は台地を一周するのではなく，縁辺で途切れており，最内側の溝がほぼ同時期の住居に切られていることから，内から外に向かって拡大していった可能性が指摘されている。また部分的に 4 m 前後の等間隔で並ぶピットが検出され，柵列であるという想定もされている。

永井遺跡 大谷遺跡の南方約 1.5 km，三重県四日市市尾平町の標高 20～30 m の台地の南東端

に位置する。大谷遺跡と同じく，幅 1.5～2 m，深さ 0.3～1 m，断面U字および逆台形の溝 が 6 条同心円を描いて台地基部を走っており，内 2 条→外 4 条へと拡大していったと考えられている。立地，溝の形態・時期など大谷遺跡と非常に似かよった遺跡であるといえる。

高蔵遺跡 愛知県名古屋市高蔵町・外土居町を中心とした標高 10 m の台地の東側に位置する。戦前より弥生時代～古墳時代の遺跡として著名であるが，その全容について明らかではない。幅 1 ～2 m，深さ 0.3～1 m，断面U字型の溝が 5 条，弧状に並行して走っており，内 2 条と外 3 条の溝の間に直交する同様の溝が 1 条検出されている。

2 第 2 期 （中期前葉） の状況

朝日遺跡 愛知県西春日井郡清洲町を中心とした 4 市町村，東西約 1.1 km，南北 0.8 km にわたって広がる東海地方でも屈指の大規模な集落である。遺跡は，標高 2～4 m の東西にのびる微高地上に立地している。地形は大きく，北と南の微高地，その間を北東から南西に向かって走る谷，谷の途中で南から上って合流する谷で成り立っている。従来この谷の主方向は，南から北に向かい，鋭角に折れて南西に走るとされていたが，最近の調査によって，北東—南西（谷B—谷C）が主

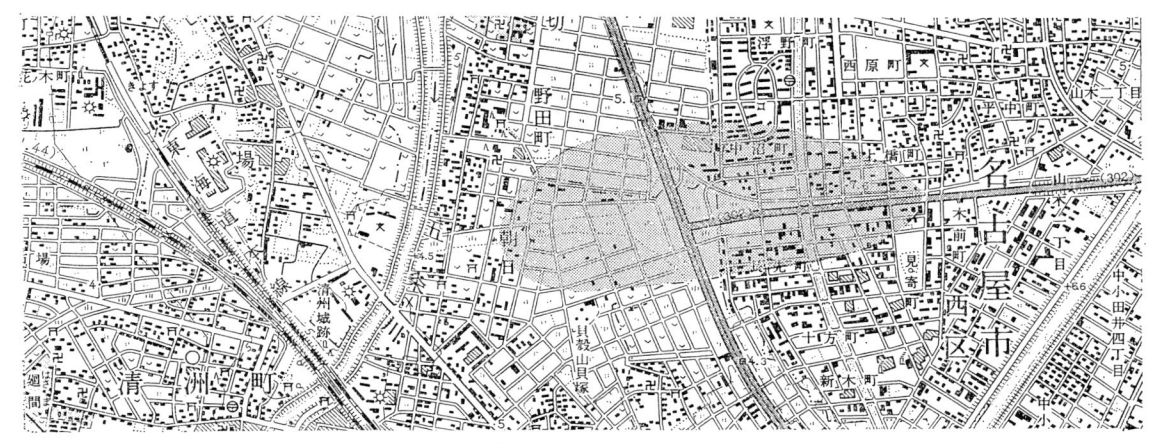

図 1 朝日遺跡位置図（約 2 万 5 千分の 1）

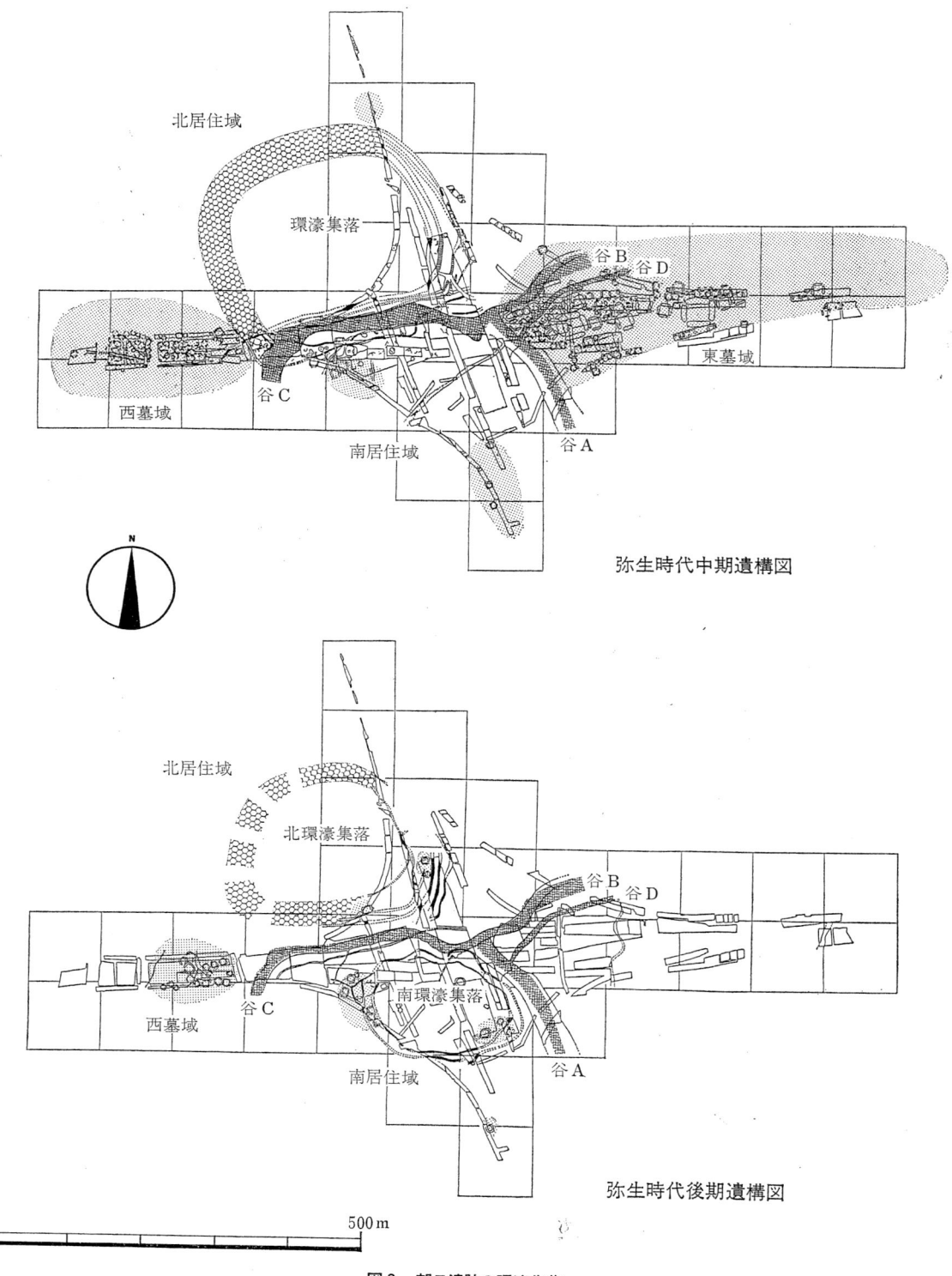

北居住域

環濠集落

谷B 谷D

東墓域

西墓域

谷C

南居住域

谷A

弥生時代中期遺構図

N

北居住域

北環濠集落

谷B 谷D

西墓域

谷C

南環濠集落

南居住域

谷A

弥生時代後期遺構図

0　　　　　　　　　　　　　500 m

図2　朝日遺跡の環濠集落

流であることが判明している。また方形周溝墓も
300 基近く確認されており，集落の変遷と墓域の
変遷がシンクロしてトレースできる貴重な事例と
なっている。

　この第2期には，環濠は北微高地のみに作られ
る。幅 5 m，深さ 1〜1.5 m，断面逆台形を呈す

る溝が 2 ないし 3 条，東西約 350m の隅丸方形および方形に巡らされる。最内の溝から最外の溝まで約 70 m を測る。調査区の関係で環濠の詳細は南側しか分かっていないが，溝は途切れたり屈曲したりして複雑な走りかたをしている。また外側の 2 条の溝は谷地形を越えて南微高地の北斜面にまで及んでおり，これはこの時期谷 C には水流がなく，防禦的な役割を果たしていなかったためだと考えられる。

　また，集落構造からみた第 2 期の朝日遺跡の特徴は，上述した環濠集落の基本形が出現したことと，方形周溝墓を中心とした墓域の設定があげられる。この時期の方形周溝墓は四隅の切れるタイプのもので，初期から大型墓（長径 34m，短径 24m）が築造されている。墓域は東と西の地域に分かれ，東墓域は大（18〜34 m）〜小（10m 以下）規模，西墓域は中（12〜16m）〜小規模の方形周溝墓で構成されるという差がみられる。

　これは第 2 期・第 3 期を通じて言えることであるが，環濠集落が北微高地に設定されている同じ時期に，南微高地にも住居が営なまれている。これは，土器型式の変化に現われない短い期間しか環濠が機能していなかったのか，あるいは環濠内・環濠外という居住空間の差があったと考えるのか，今後検討しなければならない課題といえよう。例えば東海地方では特殊な玉作り遺構の例では，同時期に環濠の内・外の両方に存在している。

3　第 3 期（中期中葉〜後葉）の状況

　朝日遺跡　この時期の朝日遺跡の環濠は，第 2 期の形態を受け継いで北微高地を巡っている。ただ第 2 期よりは若干内側にはいるようで，南側では谷の北肩に沿って溝が走っている。また，最内の溝のように第 2 期の溝を再掘削しているものもある。

　第 3 期の朝日遺跡で最も特徴的なことは，大規模な防禦施設がみられることである。これらはただ単に溝を巡らすだけではなく，溝内に枝を払っていない自然木（最長のものは 2 m を越すものもみられる）を，枝と枝が隙間なく絡まるように立て並べ，土で根固めし，“垣”や“逆茂木”・“柵”状の施設を作るもので，環濠南側の外側の溝 2 条について，約 100m にわたって行なわれている。さらにこの“逆茂木”の内側には幅 5〜7 m，深

さ 1.4 m，断面逆台形を呈する溝，外側には南側に傾けて斜めに打ちこまれた約 200 本の杭群が約 150m にわたってみられる。つまりこの防禦施設は集落の内側からみると，溝・逆茂木A・逆茂木B・杭群の順となっている。

　墓域は，東・西墓域とも規模は前段階の傾向を受け継ぎながら，外に拡張していく。東西両墓域の築造の差についてさらに言えば，東墓域は大型方形周溝墓を中心として，その主軸に合わせるように群をなしてその他のものが作られる傾向があるが，西墓域は東から西へ放射状に作られていく傾向がみられる。

　中期後葉（高蔵期）になると，それまでみられたような集落の構造を変えるような大規模な改変は行なわれなくなる。北・南の微高地上に住居はみられるが，集落の様相が不明瞭となり，環濠も次第に埋没していく。墓域では，中期前葉から続いた四隅を切る形態や墳丘部が重ならずに築造されるという伝統・きまりが行なわれなくなり，既存の方形周溝墓の上に，1〜3 ヵ所しか隅の切れないタイプのものが作られるようになる。

　阿弥陀寺遺跡　愛知県海部郡甚目寺町の標高 1 m の沖積地の微高地に立地する。環濠は基本的に，並行して走る 2 条の溝で構成され，その外側に途切れ部をもつ溝が並走する。この外側の溝については部分的なものであるという可能性も考えられる。また環濠の内側を並行して走る，一時期古い溝があるが，対応する溝がみられないことや，水流の痕跡があることから，環濠とは断定されていない。溝は各々，幅 3m，深さ 1〜1.5m，断面逆台形を成す。集落全体の形状は，三角形状の楕円形または腎臓形を呈する。

　環濠の特徴としては，外側の溝の途切れ部と，方形区画の突出部があげられる。環濠の北側では，外の溝に沿って幅 2 mほどの平坦地があり，それに続いて東西 1.5 m，南北 1.2 m ほどの小規模な三角形の平坦な突出部がみられる。南側では，外側の溝が途切れた地点に，環濠と同様な溝で囲まれた東西 16 m の方形をなす区画がみられた。これらの遺構は，当時の出入形態，とくに防禦的な役割を考えて作られたものとしての好例となろう。

4　第 4 期（後期）の状況

　朝日遺跡　第 3 期の後葉に中期の伝統的な集落

形態を否定した朝日遺跡は，第4期にはいると新たなプランをもった環濠集落に生まれ変わる。そのもっとも顕著なものが，北と南の両微高地に環濠集落が作られるということである。また，谷Cは常時水量のある河道となっている。北微高地の環濠（以下北環濠）は，第3期の溝を再掘削した幅4〜5m，深さ1〜2mのものと，第4期に新たに作られる幅1〜3m，深さ0.5〜1mのものがある。全部で6条確認されているが，東側の外側の3条の溝については，谷の部分で不明瞭となり南側に連続していくことが確認されておらず，水路の可能性も考えられる。また，北環濠の内側の2条の溝の間には，幅5〜9m，高さ0.3〜0.5mの土塁状遺構が検出されている。南微高地の環濠（以下南環濠）は，その全容をみることができるものである。溝は2条並行して走り，外から内へという順序で掘削されている。

規模は，幅1〜3m，深さ1〜2m，断面逆台形，部分的にV字形をなす。環濠の形状は，基本的に楕円形を呈するが，所々で山形に突出して，凸凹した形をしている。また，北西部には溝で仕切られた台形の突出区画がみられる。さらに，出入口の機能をもつと思われる溝の途切れ部があり，内側と外側では途切れる部分がずれている。これらの突出部や突出区画，出入口のずれは，防禦的な意味をもった施設であろうと考えられる。

後期後葉（欠山期）には南環濠の内側の溝に土器の大量廃棄が行なわれ，それとともに環濠集落としての役割は終え，これ以後朝日遺跡は大きく衰退していく。

第4期には，東墓域への造営は行なわれなくなり，主に西墓域に中〜小規模のさまざまな形態の方形周溝墓が作られていく。

阿弥陀寺遺跡　幅1.2〜2m，深さ0.8m，断

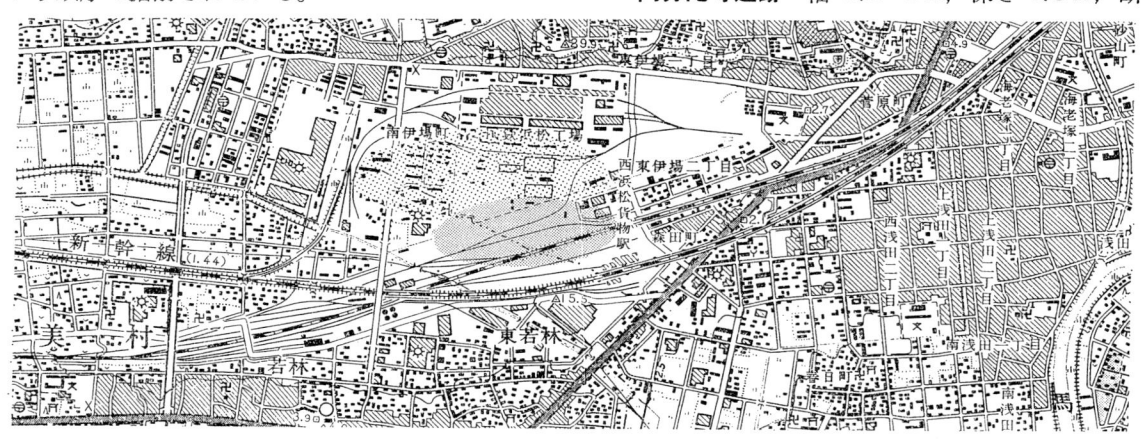

図3　伊場遺跡位置図（北は梶子遺跡）（約2万5千分の1）

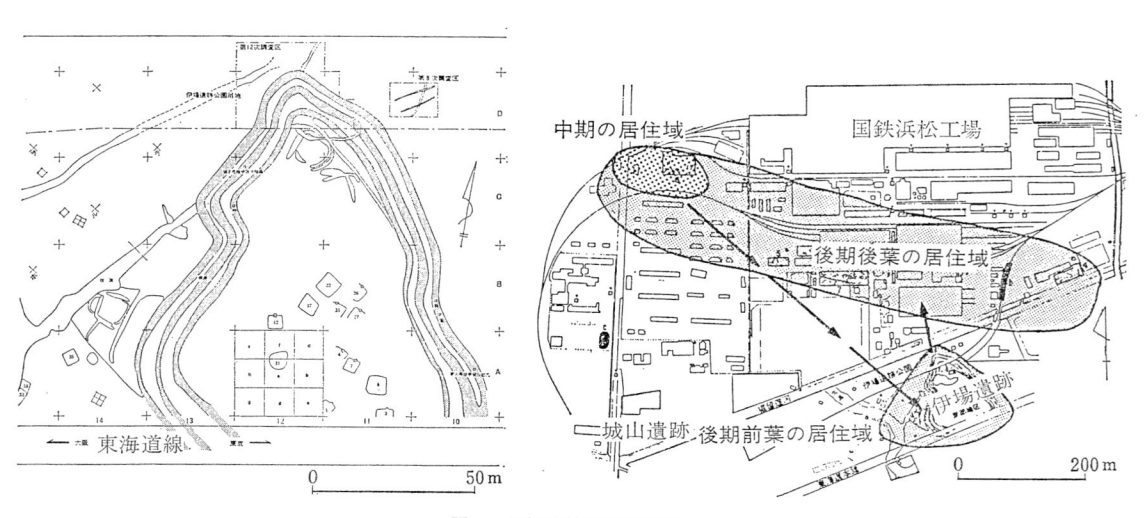

図4　伊場遺跡の環濠集落

面Ｖ字形および逆台形の溝が２条走る。溝はゆるやかに弧を描いて走り鈍角に折れる内側のものと，それに並行するように走り直角に折れて溝北端部が逆刺状になるものがあり，その２条で通路状のものを形成している。

伊場遺跡　静岡県浜松市伊場町の標高　０〜１ｍの海岸に形成された砂州上に立地している。環濠は並行して走る３条の溝からなっており，東西118.5ｍ，南北180ｍの北西から南東に伸びる細長い方形および楕円形をなす。ただし溝の北西側では大きく山形に蛇行する部分をもっている。溝は，内溝が1.8〜2.4ｍ，中・外溝が2.4〜3.5ｍ，深さ１ｍ，断面Ｕ字および逆台形を呈する。このうち中・内溝はほぼ同時に作られ，その後に外溝が加えられたと考えられている。溝と溝の間には高さ約１ｍの掘削土を利用した土塁があるといわれている。

集落は，中期の居住域が環濠の北西に，後期前半（伊場期・山中期）には環濠集落，後期後半（欠山期）には北側一帯の広い居住域という変遷をみせる。まとまった墓域は検出されておらず，方形周溝墓が西および環濠内北端部分に数基存在する程度である。

見晴台遺跡　愛知県名古屋市南区の標高15ｍの台地の南端に立地する。１条の溝が舌状の台地の縁辺部を巡り環濠を形成している。ただし，北側は未調査のため全周するかどうかは未確認である。溝は幅４ｍ，深さ４ｍ，断面Ｖ字形を呈している。

中根山遺跡　愛知県幡豆郡吉良町の標高20〜36ｍの丘陵頂部に立地する。１条の溝が丘陵頂部の居住域を囲むかたちで，斜面に沿って巡らされている。溝は幅１〜３ｍ，深さ0.5〜１ｍ，断面逆台形を呈する。溝が全周するかどうかについては確実なことは言えない。形状はほぼ方形をなし，東西長が約120ｍを測る。また，溝内には柵列と思われるピットが検出されている。

５　まとめ

1. 第１期としてあげた，大谷・永井・高蔵遺跡の環濠は，①台地上を，②同心円状に弧を描くように，③多条の溝が巡るという類似性がみられ，集落構造の方法に何か定型化したものがあった可能性が考えられる。

2. 第２期に属する環濠集落は，現在のところ朝日遺跡のみである。これは横線文が波及してくることによる朝日様式土器群の成立・伝播と関係してくるものと思われ，今後の興味深い問題となろう。

3. 第３期には，朝日・阿弥陀寺遺跡のほか，三重県津市納所遺跡，愛知県名古屋市高蔵遺跡，春日井市勝川遺跡，西尾市岡島遺跡が環濠集落としての可能性がある。この時期，各地域の拠点的集落にはほぼ環濠が巡らされていると考えてよいようである。

4. 第４期には，静岡県西部に環濠集落が出現するのをはじめ，遺跡の数が第３期以上に飛躍的に増大していく。ただ，環濠の規模は縮小する傾向があり，溝の巡り方にも様々のものがあらわれる。例えば，沖積地に溝を巡らす朝日遺跡・伊場遺跡のようなものから，台地縁辺を溝が巡る見晴台遺跡・愛知県名古屋市瑞穂遺跡・安城市本神遺跡・小坂井町欠山遺跡・新城市諏訪遺跡，台地基部を溝が横断する愛知県知多市大廻間遺跡，丘陵頂部を囲んで溝が巡る中根山遺跡などバラエティーに富んでいる。また立地も多様性をみせる。これら第４期の環濠の溝の多くには，欠山期の土器の多量廃棄が行なわれており，山中期掘削→欠山期廃絶という広域的なパターンが認められるようである。

註
1)　愛知考古学談話会1988の石黒立人「伊勢湾沿岸地方の＜囲郭集落＞をめぐる若干の問題」の分類による。

参考文献
　（財）愛知県埋蔵文化財センター『年報　昭和60年度』1986，『年報　昭和61年度』1987，『年報　昭和62年度』1988
　愛知考古学談話会『弥生時代の環濠集落をめぐる諸問題』Ⅰ〜Ⅲ，1988
　石黒立人「弥生社会の成立と解体の理解に向けて―1―伊勢湾沿岸における＜囲郭集落＞の出現と終末」『考古学の広場』3，1986
　石黒立人「弥生時代尾張地方の＜囲郭集落＞について」『年報　昭和60年度』（財）愛知県埋蔵文化財センター，1986
　石黒立人「朝日遺跡の変遷と特質」『埋蔵文化財愛知』No.8，1987
　吉良町教育委員会『中根山遺跡発掘調査報告書』1989
　浜松市教育委員会『伊場遺跡　遺構編』1977
　名古屋市見晴台考古資料館『名古屋の環濠集落』1988

関 東 地 方

早稲田大学校地
埋蔵文化財調査室
■ 松本　完
（まつもと・たもつ）

関東地方の環濠集落は，きわめて限定された時期にしかも短期的に群発するが，環濠のあり方は多様であり，複雑である

1　はじめに

　中世から古代へ，弥生から縄文へ，複合遺跡の多い地方での発掘調査は，しばしば時代を溯って進んでゆく。そうした絶え間のない溯上の経験の中で，厳然として立ち現われる「弥生的なもの」，それこそ環濠の存在であり，環濠集落であろう。

　関東地方の中，とくに東京湾をめぐる一帯は，環濠集落が極めて稠密に分布する地域である。東京，埼玉，千葉，神奈川の1都3県に限っても，環濠あるいはそれに類する施設を有する弥生集落の調査例は，現在80余例を算え[1]，環濠集落の完掘例が殊の外多いことでも有数の地域と言える。しかしながら，環濠の性格付けの問題を好例として，研究史的には，未だ端緒の段階にあると言っても過言ではない。こうした事態は，近年の調査事例の激増にのみ起因するばかりではなく，いわば環濠集落の本来的な性質にも因ることを強調して置く必要があるであろう。環濠それ自体は個々の集落を取り巻く施設ではあるが，それが集落と集落の「間」に築かれたものであり，その意味で集落間の関係に根ざす施設であるとすれば，集落相互の結び付きや地域単位，地方単位の集落，集落群の動静態がより明らかになるまで，多くの問題を不明のままに残さざるを得ない。勿論，問題を将来に託すばかりにもいかないので，ここでは関東地方の調査例のいくつかをあげて，本地方，とくに南関東の環濠集落を中心に，その態様および特色について簡単に記すことにしたい。

2　環濠集落の隆盛期

　関東地方における環濠集落の第1の盛期は，弥生時代中期後半，宮ノ台期にある。溝を伴う集落の初現については予断を許さない状況であるが，関東地方，とくに南関東で，一部の地域を除くほぼ全域にわたって環濠集落が出現，定着し，集落のひとつの形として隆盛する，文字通りの極盛期として，中期後半段階をあげることに異論の余地は

なかろう。東京湾をめぐる一帯では，この段階，河川流域を中心に異例とも言える密度で環濠集落が展開し，盛時を極める。出現，展開過程の細部については未だ不明の点を多々残すが，どうやら東京湾西岸の鶴見川水系や東京湾東岸の村田川，養老川水系などの弥生時代の開発の焦点となった地域では，大規模な集落のほとんどすべてに，ある時点における「環濠集落化」の痕跡がみとめられるようである。

　中期後半段階に続く明確な盛期が，後期段階にあることは確かであるが，それが後期のいつ頃にあるのか議論の岐れるところである。現状で確言できるのは，宮ノ台期の環濠集落のほとんどが，同時期の内に終焉し，後期以降継続して環濠集落が営まれることは極めて稀である，という事実である。上記した鶴見川水系では，宮ノ台期の環濠集落10例，後期の環濠集落4例が確認されているが[2]，中・後期に継続する事例は皆無であり，後期の環濠集落はいずれも中期のそれと立地を異にする。この中・後期の環濠集落の「断絶」という特異な現象が，宮ノ台期から後期にかけての集落群の解体，再編成と大規模集落の衰微，墓制の変化という，3つの社会的な転換を予想させる変化と呼応していることについては，以前簡単に触れたことがあるが[3]，「断絶」と一言で片付けることの出来ない，歴史的，社会的な意味をそこに見出す考えに大きな変更を加える必要は今のところないようである。

3　個別事例の検討

　環濠集落の代表的な完掘例として，東京湾西岸，鶴見川の支流早淵川中流域に位置する神奈川県横浜市大塚遺跡[4]（図1―A）と，東京湾東岸の内奥，「北総」の千葉県佐倉市大崎台遺跡[5]（図1―B）をあげて置こう。大塚遺跡は，中期後半段階の重なり合う新旧2条の濠に囲まれた環濠集落である。同遺跡の北東，隣接した台地上には，同集落の墓域と目される方形周溝墓群，歳勝土遺跡[6]を

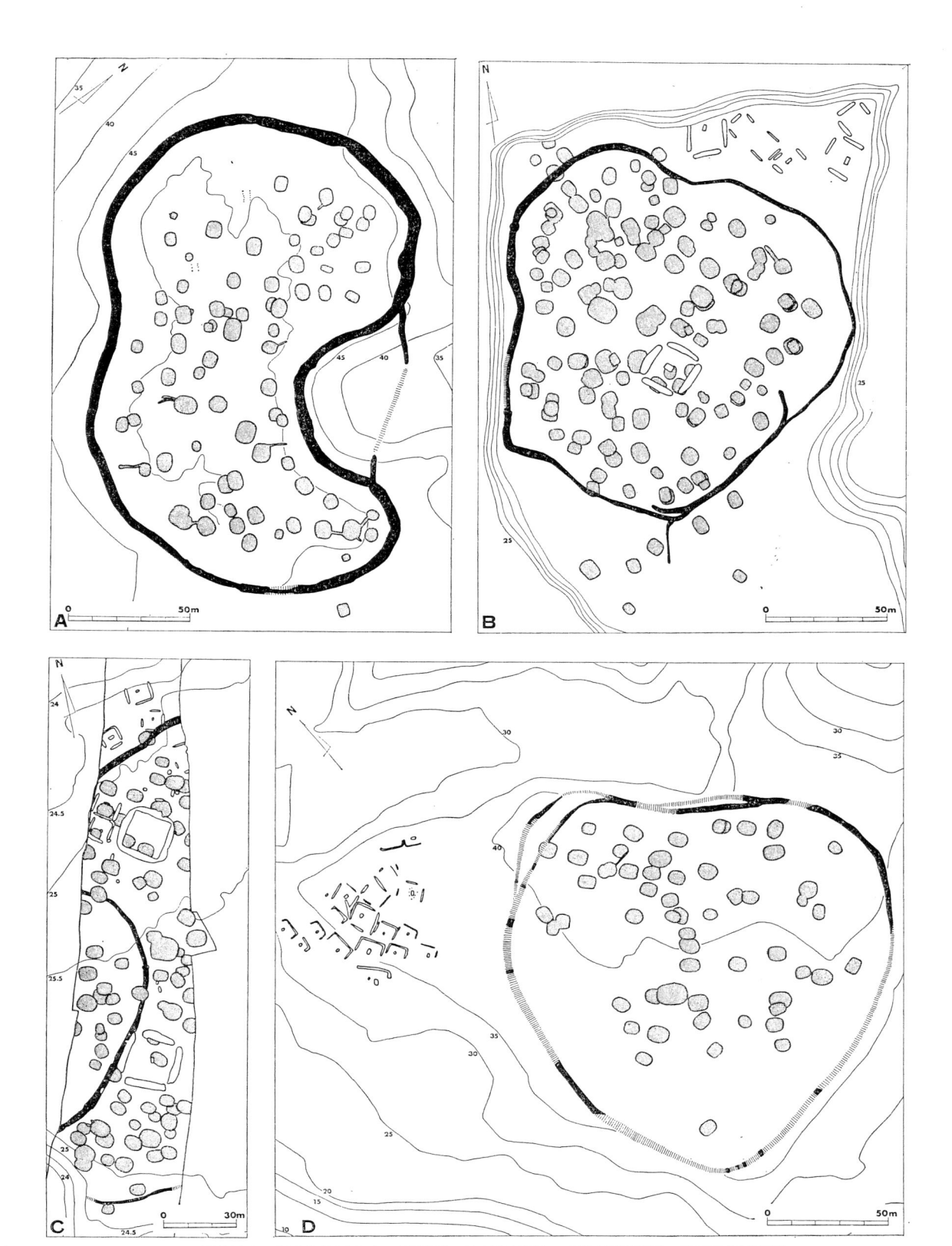

図1　関東地方の環濠集落（1）（A大塚遺跡，B大崎台遺跡，C折本西原遺跡，D朝光寺原遺跡）
註4），5），8），9）文献中の原図に筆者加筆。

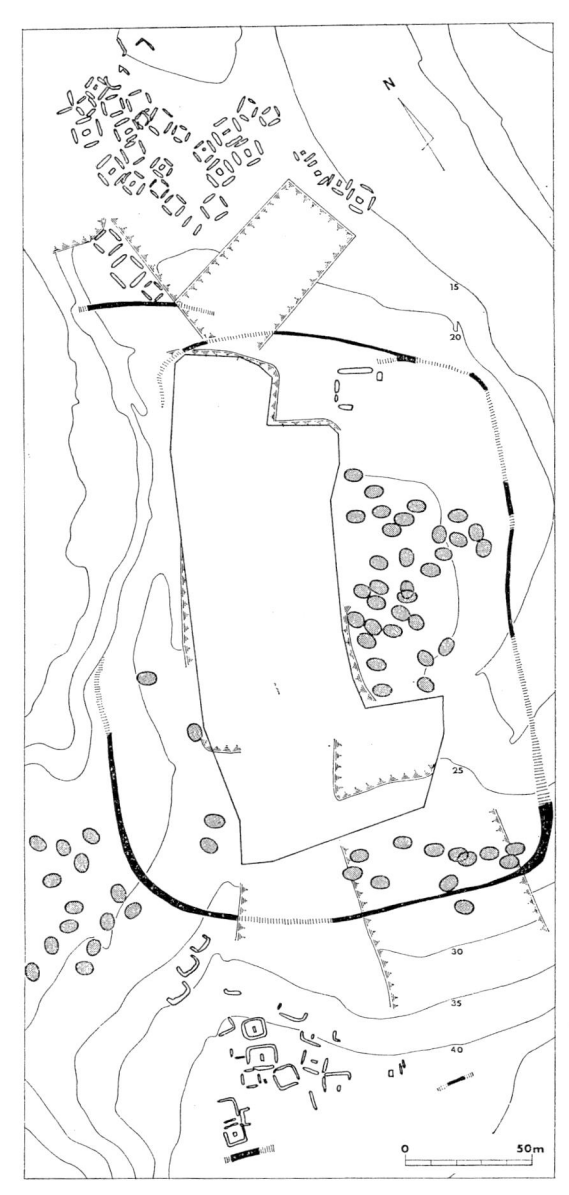

図2　関東地方の環濠集落（2）（権田原遺跡）
ただし住居跡は中期後半のものばかりではない。
註 11）文献中の原図に筆者加筆。

擁し，環濠集落とその墓域との関係がとらえられた例として著名である。大崎台遺跡も同時期の環濠集落である。同程度の規模，宮ノ台期に収まる時期的な近接性は，直接的な比較の対象としての条件を備えているが，ここでは表面的に看取される 2，3 の特徴について指摘してみたい。

　まず，環濠内の集落を鳥瞰することから始めよう。一見して，大崎台遺跡の住居址の密度の高さが目につく。大塚遺跡の場合，調査者によれば，

1 時期 25〜30 軒前後，3 段階程度の変遷過程が想定されており，かなり整然とした住居の配置はそれを裏付ける。濠の外にも「宮ノ台期」の住居址があることは事がそれ程単純ではないことを暗示するが，集落の歴史が環濠集落としてのそれとかなり重なり合う，そうした事例として大塚遺跡の集落をとらえることができようか。一方，大崎台遺跡の場合，環濠と切り合い関係にある住居址があり，環濠構築以前，環濠集落の段階，環濠廃絶以後と，より複雑な変遷過程が推定される。さらに環濠北西端で新旧の環濠，両端の途切れた弧状溝 1 条，走行の判然としない溝 1 条が検出されており，環濠あるいは溝を必要とする状況が最低 4 回にも及んだことが判明している。先に記した「環濠集落化」という観点から，環濠集落の個別的な歴史に以下の 2 種をみとめることが可能であろう。集落がある地域に進出した当初環濠集落が形成された場合を第 1 とすれば，集落が継続して営まれ，その営みのある時点において「環濠集落化」する，そうした環濠構築のあり方を第 2 のあり方とすることができよう。大塚遺跡は，報告書が未刊行の現時点ではどちらにも含め得ないが，大崎台遺跡は後者の例としてよいであろう。前者の例としては，千葉県大廐遺跡[7]や後期の環濠集落のいくつかの例を充てることができる。これはあくまで便宜的な区分であるが，特定地域への進出時に設けられた環濠集落は，そうした地域への環濠集落形成に係わる情報の伝播，人的，物的な移動に主に関与し，後者の例は，環濠の構築に関係する「状況」の，ある時点における発生を示し，両者の区分は，個々の環濠集落の性格付けにひとつの起点を与えることであろう。

　「環濠あるいは溝を必要とする状況」と言ったが，大崎台遺跡で得られた知見はより示唆的である。調査者によれば，環濠北西端における 4 回にわたる溝の開削は，同集落の入口部としての位置的な重要性に関係があるとされ，台地基部へと連なる同部分の地形条件を配慮すれば，無難な推定と言えよう。しかしながら，濠や溝の掘り直し，作り替えが，必ずしも地形や集落における位置的な特質にのみ帰し得ない事例もある。部分的な調査ではあるが，大塚遺跡の南方約 3 km，鶴見川の本流に面する折本西原遺跡[8]では，調査範囲内を弧状に抜ける中期後半段階の環濠に加えて，台地の南北端を劃すかのように走る同段階の条濠が

それぞれ1条ずつ検出されており（図1—C），しかも環濠→南の条濠→北の条濠 の順に，中期後半，宮ノ台期に収まる時間幅の中で順次濠が構築されたことが出土遺物の上から推定されている。様々な解釈の余地を残すが，同集落の 場 合，「環濠あるいは溝を必要とする状況」が少なくとも3回発生し，それぞれの「状況」が必ずしも同じ性格のものではなかった可能性が示唆されよう。より推測をたくましくするなら，集落の南北の外れを画す，時期の異なる2条の条濠の存在は，上記した「状況」がある種の方向性を帯びたものであり，ある時期に限って集落の南方，北方に向けて敢えて条濠を設ける必要が生じた，と考えることができる。

環濠集落全体の設計に対する地形的，地勢的条件の影響はどうであろうか。この問題も本地方では簡単ではない。大塚遺跡の環濠の全体形が，台地平坦面を余すことなく利用すべくして選ばれた形状であることには，まず問題がないであろう。鶴見川の上流谷本川に面する朝光寺原遺跡[9]（図1—D）や大崎台遺跡の環濠も，その種の地形的要因によって選ばれた形態を採用しているとすることができるようである。しかしながら，大塚遺跡の立地する早淵川流域では，大塚遺跡を一望し得る下流対岸の台地上に，走向の異なる3条の濠が大胆に台地を画する中期後半の環濠集落，綱崎山遺跡[10]，綱崎山遺跡からさらに早淵川を下ると南北長約230 m，東西長約100 m のほぼ長方形の環濠が集落を囲繞する，やはり同時期の環濠集落である権田原遺跡[11]（図2）があり，地形に即応した環濠の全体形の選択とは到底言えない事例に遭遇する。全体形の設定が最優先されたためか，権田原遺跡の方形環濠は，谷部を横切り，傾斜面を登る特異なものであり，系譜など問題になるところであろう。

これまで環濠集落の主に外貌について些か触れてみた訳であるが，環濠内の諸施設に見られる特徴としては，どのようなものをあげることが出来ようか。端的に言うなら，本地方の環濠集落を特徴付けるのは，環濠内の住居址以外の施設の単純さ，乏しさに尽きる。前掲した大塚遺跡では，倉庫址と目される「10棟」の柱穴列が確認されており，さらに多くのその種の遺構の存在が推定されているが，多量の物資を長期的に備蓄可能な施設とは言えないようである[12]。現状では，その種の

柱穴列自体一般的ではなく，これまでの事例に即するなら，小規模な土壙が住居址の空隙に数基程度みとめられる以外，これといった特別な施設の痕跡が見られないことが，むしろ常態である。

4　まとめにかえて

環濠集落の調査例の急増が多様な事例の氾濫をもたらし，また，暦年代論の動揺が特定の歴史的事件に対応させることの 出 来 ない「乱」を産出し，濠に取り巻かれた集落についての素朴簡明な印象が揺らぎ始めたことは確かであるにせよ，揺り戻しが単に例外の羅列に終始するのみであるなら，それは停滞と言うべきであろう。

「防禦」という概念を「攻撃に対する抵抗の形をとる，あらゆる行動」[13]とする，ごく一般的な意味で受け取るなら，環濠が正しく「防禦施設」であることに異論は少ないであろ う。「攻撃」が，集落に対する「集団的な攻撃行為」であるかどうかは環濠の形態的特徴のみからでは現在のところ決定できないと言う外ないが，環濠集落が極めて限定された時期にしかも短期的に群発する本地方で，その立地条件をも勘案するなら，「排水施設」，「廃棄施設」などの集落営為に関わる半恒常的，日常的な施設とは考えられないし，また，「防禦」の対象を人間以外のものとすることも到底首肯できないであろう。したがって，現状では，「攻撃」を集落に対する「集団的な攻撃行為」とすることに無理はなく，また，環濠それ自体には，その種の仮定を積極的に否定する痕跡は見あたらないとすることができるように思われ る[14]。「防禦」という機能に他の機能を付け加え る こ と は，何ら「防禦機能」を否定することにはならないし，「防禦機能」に背反する機能が提案されたこともないようである。環濠が上記した「攻撃行為」の備えとなり得るということ，少なくとも，本地方の環濠集落の多くは，「集団的な攻撃行為」に対する備えとするに充分な構造を持っている，ということこそ，多種多様な「機能」の海を漂うことへの当面の救いとなることであろう。争点は，弥生時代のある時期に限って，しかも何故にその種の防禦手段が選択されたのか，また，集落と呼称する，そうした「単位」が何故防禦の対象となったのか，ということに移る。

防禦手段の選択の問題は，集落が「攻撃行為」にさらされる危機に際して，それに対する様々な

反応があり得ることが前提となる。そうした「反応」は，防禦の対象の範囲，攻撃の方法に当然ながら左右される。それが可能であるならば，集落の占地において天然の要害が選ばれようし，移動性が確保されているなら，より安全な地への移住もまた防禦手段のひとつである。敵対する集団をも包括する，より上位の連合関係が成立し得るなら，「調停」などにより攻撃が未然に防止されることもあろう。あるいは，防禦の対象が集落の一部の成員，施設に限られるなら，防禦手段もより限定されたものになるであろう。集落が何故防禦の対象となったのか，という問いは，そこに発生した「集団的な攻撃行為」の規模に係わるだけでなく，防禦の対象の性格付けに深く結び付くはずである。集落が防禦の対象，逆に言うなら，攻撃の対象となるには，集落がある程度明確な「単位」として確立していることが必要である。様々な紐帯が集落を横断する形で絡み合うような社会の場合，集落を「単位」とする「抗争」がそもそも成立する余地がない。また，集落内的な成層化が進み，集落間の序列が定着しているような社会では，集落を越えた防禦手段が講ぜられたり，あるいは攻撃の対象が特定の「階層」に限られるかして，いずれにせよ「抗争」の焦点は集落から遠ざかることであろう。環濠が防禦手段として選ばれ，集落が濠に取り巻かれるとは，いわば極めて特殊な状況であるとしてよいのかもしれない。

　例えば，移動という選択肢が選ばれなかった理由としては，集落の規模や可耕地の問題が大きいのであろうが，総じて環濠集落がかなりの規模の墓域を擁することとも無縁ではなかろう。「守るべき地」という観念がどれ程までに成長していたか定かではないが，そうした面への配慮も無用とは言えない。また，防禦手段の選択ということでは，そうした手段を講ずること自体が，どのようにして伝播，伝承したのか，ということも問題になるであろう。ある地域に環濠集落が造られる。それは，特定の「社会的な緊張状態」に対応するのかもしれないが，環濠集落が形成されることが引き起こす「緊張状態」というものも考えてみる必要があるように思われる。環濠集落そのものが「社会的な緊張状態」を呼び込む働きをもつこと，ある種の社会状況を誘発する機能を有することは忘れる訳にはいかないであろう。

　しかしながら，環濠集落の唐突な出現，急速な波

及に鑑るなら，環濠構築の情報が環濠それ自体を媒介としたものであったとすることもまた出来ないようである。本地方の中・後期の環濠集落に見られる時空に及ぶ「断絶」は，ただ「環濠構築の情報」の伝播や人的流入が数次にわたって起こったとのみ言い切れるかどうか問題である。むしろ，ある種の「緊張状態」の発生から環濠の構築に至る，文字通りの社会的な情報が，時空を越え蓄積，伝承された可能性も否定し得ない。社会的な情報の蓄積，伝承からその管理，操作へ，ことはそれ程単純ではなかろうが，弥生社会が，その誕生の時から環濠構築の情報を内蔵した社会であったことは確かである。

　註
1）　埋蔵文化財研究会・東海埋蔵文化財研究会『弥生時代の環濠集落をめぐる諸問題』1988
2）　註 1）に同じ。井上洋一「宮ノ台期における環濠の機能について（予察）」古代，85，1988
3）　拙稿「南関東地方における中期環濠集落の終焉前後」（註 1）文献所収，発表要旨）
4）　港北ニュータウン埋蔵文化財調査団「大塚遺跡調査概報」調査研究集録，1，1976
5）　佐倉市大崎台Ｂ地区遺跡調査会『大崎台遺跡発掘調査報告 I～III』1985～1987
6）　小宮恒雄・坂本　彰ほか『歳勝土遺跡』1975
7）　三森俊彦・阪田正一ほか『市原市大厩遺跡』1974
8）　石井　寛ほか『折本西原遺跡』1980，岡田威夫・水澤裕子編『折本西原遺跡―I』1988
9）　岡本　勇「朝光寺原Ａ地区遺跡第 1 次発掘調査略報」『横浜市域北部埋蔵文化財調査報告書（昭和42年度）』1968，中村嘉男ほか「朝光寺原Ｃ地区調査概報」『昭和43年度横浜市埋蔵文化財調査報告書』1969
10）　山口隆夫「横浜市綱崎山遺跡の調査」第 5 回神奈川県遺跡調査・研究発表会（発表要旨）1981
11）　鈴木重信「権田原遺跡（ル8・9）の調査・1」港北のむかし，84，1987，鈴木重信・坂上克弘・倉沢和子「権田原遺跡（ル8・9）の調査・2」同上，86，1988
12）　小宮恒雄「神奈川県大塚遺跡」『弥生文化の研究 7 弥生集落』1986
13）　Rowlands, M. J. 'Defence : a factor in the organization of settlements, In Man, Settlement and Urbanism, 1972
14）　環濠の「防禦機能」に対する反証のひとつとして「土塁」の有無についての議論があるが，本地方の場合，竪穴住居址の残存状態から推すに，環濠に伴う地上施設を復元するに足る資料はほとんどないと言ってよい。現状で言えることは，本地方の今残る環濠の多くが，溝幅や深さの点で，本来の姿とは大きく異なる，ということである。

全国環濠集落地名表 ━━━━━━━━━━━ ■ 石 黒 立 人

（財)愛知県埋蔵文化財センター

囲郭集落[注]は，基体となる集落の性格と結界構造によって，次のように区分することができる。なお，環濠貯蔵穴群は除外する。

　Ⅰ類……集落の存続期間は長期で，間欠的に囲郭集落化するもの。

　Ⅱ類……集落の存続期間と囲郭集落化がほぼ同時進行するもの。

　A型……結界施設がほぼ完全に囲繞するもの。

　B型……結界施設は，完全に囲繞することはないが，自然地形などを補完的に利用するもの。

	Ⅰ類	Ⅱ類
A型	ⅠA	ⅡA
B型	ⅠB	ⅡB

上記の組み合わせで左のように4区分する。

　a：所在地　b：結界施設の時期　c：規模・プラン
　d：分類　e：特記事項

福岡県

1　穴江塚田遺跡（あなえつかだ）

　a：嘉穂郡嘉穂町大字上大隈字穴江・塚田　b：古墳前期　c：24×20mの方形　d：ⅡA　e：居館か？

2　比恵遺跡（ひえ）

　a：福岡市博多区博多駅南　b：1号　弥生後期，2号　古墳前期　c：1号　36×30m（方形），2号　一辺70m（方形）　d：ⅡA　e：居館群か？

3　板付遺跡（いたづけ）

　a：福岡市博多区板付　b：弥生前期　c：110×81m（長円形）　d：ⅡA

4　野方中原遺跡（のかたなかばる）

　a：福岡市西区野方字中原　b：A溝　弥生後期，B溝　弥生後期　c：A溝　120×100m（楕円形），B溝　30×25m（方形）　d：A溝　ⅡA，B溝　ⅡA　e：A溝は囲郭集落に対応するが，B溝は居館的である。

5　三国の鼻遺跡（みくにのはな）

　a：小郡市津古字三国　b：弥生後期中頃　c：145×50m（w状のプラン）　d：ⅡB　e：陸橋部があり，通路と考えられている。

6　横隈山遺跡（よこぐまやま）

　a：小郡市大字横隈・三沢　b：第7地点，弥生前期　c：85×60m程度の楕円形　d：ⅡA　e：溝の切れ目が3ヵ所ある。

7　西の迫遺跡（にしのさこ）

　a：朝倉郡杷木町大字池田字西の迫　b：弥生後期後半　c：径50mぐらいか　d：ⅡA？　e：陸橋部と入口施設（門柱）が組み合っている。

佐賀県

8　千塔山遺跡（せんどやま）

　a：三養郡基山町大字宮浦字宿　b：弥生後期後半で2時期　c：1期　長軸77m，短軸60m（ほぼ台形），2期　長軸95m，短軸60m（ほぼ台形）　d：1期はⅡA，2期はⅡBか　e：1期は溝が断面U字形で陸橋部をもつ。2期は断面V字形で陸橋部はない。

9　吉野ケ里遺跡（よしのがり）

　a：神埼郡神埼町，三田川町　b：弥生中期末〜後期　c：150×100m（長楕円形）　d：ⅡA　e：中期に延長1kmの環濠が掘削されているというが，前期から後期にかけていくつか点在するようである。そのうち居住域を伴うのは環濠の造り替えの激しい中央部分であり，突出部も設けられている。

大分県

10　尼ケ城遺跡（あまがじょう）

　a：大分市永興　b：弥生後期終末〜古墳前期　d：ⅡB　e：典型的な丘尾切断

11　小迫辻原遺跡（おざこつじばる）

　a：日田市大字小迫字辻原・経塚　b：古墳前期　c：1号　一辺45mぐらい，2号　一辺35mぐらい　d：ⅡA　e：居館か？　2号には塀の痕跡がある。

山口県

12　岡山遺跡（おかのやま）

　a：熊毛郡熊毛町大字安田字岡山　b：弥生中期　c：長軸100m，短軸50m（ほぼ長楕円形）　d：ⅡA

13　宮ケ久保遺跡（みやがくぼ）

　a：阿武郡阿東町大字徳佐中字宮ケ久保　b：弥生中期中葉，弥生後期終末　c：長軸は100mぐらいか　d：ⅡB

広島県

14　亀山遺跡（かめやま）

　a：深安郡神辺町大字道上字中川　b：弥生前期〜中期初頭　c：SD1　長軸73m，短軸55m（楕円形）SD2　長軸95m，短軸75m（楕円形）SD3　長軸150m，短軸70m（カシューナッツ形）　d：ⅡA　e：住居跡は未検出

15　大宮遺跡（おおみや）

　a：深安郡神辺町大字湯野字兼代　b：弥生前期〜中期

愛媛県

16 姫坂遺跡（ひめさか）

　a：今治市町谷〜高市　b：弥生前期　c：推定で長軸100m，短軸70m（楕円形）　d：ⅡA？

高知県

17 西見当遺跡（にしけんとう）

　a：南国市田村西見当　b：弥生前期　c：140mの馬蹄形　d：ⅡB

香川県

18 中ノ池遺跡（なかのいけ）

　a：丸亀市金倉町994番地　b：弥生前期　e：3条ある溝のうち1番内側にあるＳＤ8105には下場ラインに沿ってピット列があり，柵列の可能性が推定されている。

岡山県

19 百間川沢田遺跡（ひゃっけんがわさわだ）

　a：岡山市沢田　b：弥生前期　c：径100m以上の楕円形　d：ⅡA？

大阪府

20 安満遺跡（あま）

　a：高槻市八丁畷町・高垣町　b：弥生前期〜　c：150×140m（円形）　d：ⅠAか？　e：2重環濠

21 東奈良遺跡（ひがしなら）

　a：茨木市東奈良　b：弥生前期　c：径100m以上　d：ⅡAか？　2重環濠？

22 東山遺跡（ひがしやま）

　a：南河内郡河南町東山52番地外1の2筆　b：弥生中期末〜後期　c：A地区　長軸60m，C地区　長軸40m強　d：ⅡB　e：出土石器は非低地集落的

23 池上遺跡（いけがみ）

　a：和泉市池上町〜泉大津市曽根町　b：弥生中期　c：径400m？　d：ⅠA？　e：2重環濠

24 亀井遺跡（かめい）

　a：八尾市南亀井町　b：弥生中期・後期　e：多重環濠？

25 観音寺山遺跡（かんのんじやま）

　a：和泉市観音寺町　b：弥生後期　d：ⅡB　e：2重環濠？

奈良県

26 唐古・鍵遺跡（からこ・かぎ）

　a：磯城郡田原本町大字唐古および鍵　b：1期　前期末〜中期初頭，2期　中期中葉〜中期末，3期　後期　c：径400mぐらい　d：ⅠA　e：多重環濠

27 多遺跡（おお）

　a：磯城郡田原本町大字多　b：弥生前期　d：ⅡA？

京都府

28 浦明遺跡（うらけ）

　a：熊野郡久美浜町大字大内浦明小字大藪　b：弥生中期初頭〜中葉　c：一辺130m（隅円方形）　d：ⅡA？

29 扇谷遺跡（おおぎだに）

　a：中郡峰山町杉谷・丹波・荒山　b：弥生前期末〜中期初頭　c：長軸240×200m（ほぼ方形）　d：ⅡA　e：2重環濠で山城的

30 途中ケ丘遺跡（とちゅうがおか）

　a：中郡峰山町長岡・新治　b：弥生前期〜後期　c：径200mぐらいの楕円形　d：ⅠA　e：前期と後期は2重環濠？

31 太田遺跡（おおた）

　a：亀岡市蒋田野町字太田　b：弥生前期末〜中期初頭　c：一辺45mの多角形で径100mぐらい　d：ⅡA　e：2重環濠

滋賀県

32 二ノ畦遺跡（にのあぜ）

　a：守山市吉身町，野洲町野洲　b：弥生中期末　c：径150mぐらい　d：ⅡA　e：2重環濠

33 下之郷遺跡（しものごう）

　a：守山市下之郷町　b：弥生中期末　c：径300mぐらい　d：ⅡA　e：3重環濠？

34 服部遺跡（はっとり）

　a：守山市服部町　b：弥生後期　c：径140〜120m　d：ⅡA

三重県

35 大谷遺跡（おおたに）

　a：四日市市生桑町大谷　b：弥生前期　c：径70〜110m　d：ⅡB　e：溝は2条ずつ掘削され外側に拡張される。

36 永井遺跡（ながい）

　a：四日市市尾平町石塚　b：弥生前期　d：ⅡB　e：類型は大谷遺跡と同じで2条ずつ掘削され外側に拡張される。

37 草山遺跡（くさやま）

　a：松阪市久保町草山　b：弥生後期中葉以降　d：ⅡB　e：陸橋部あり。

愛知県

38 朝日遺跡（あさひ）

　a：西春日井郡清洲町・春日町・新川町，名古屋市西区　b：弥生中期初頭〜後期にかけて大きくは4時期ある　c：1期（中期初頭）・2期（中期末）350×300m，3期（後期中葉）・4期（後期末）南環濠は250×160mでもう1つ（北環濠）も同程度の規模かやや大きい　d：ⅠA　e：1期の環濠は1条と2条（一部に逆茂木あり）の部分に分かれる。2期は環濠2条の部分と柵・逆茂木などの部分に分かれる。3期

南環濠は1条と2条の部分があり，突出部を作る。4期も同様。北環濠には3条の部分がある。

39 阿弥陀寺遺跡（あみだじ）
a：海部郡甚目寺町新居屋・石作 b：1期（弥生中期末），2期（後期中葉） c：1期は400×260mの隅円三角形。部分3条で基本は2条 d：ⅠA e：環濠は部分的に複雑化している。通路状の部分あり。

40 高蔵遺跡（たかくら）
a：名古屋市熱田区高蔵町・外土居町・夜寒町・沢上町・五本松町 b：弥生前期 c：径100mぐらいの半円形 d：ⅡB e：溝の掘削と配置方法は大谷・永井両遺跡と同じで，同心円状に拡張される。高蔵貝塚E地点では中期末の大溝が発見されており，その時期にも環濠があるかもしれない。

41 見晴台遺跡（みはらしだい）
a：名古屋市南区見晴町47 b：弥生後期中葉～後半 c：径は200mぐらい d：ⅠA e：環濠は幅4m，深さ4m。

42 大廻間遺跡（おおはざま）
a：知多市新知字上大廻間 b：弥生後期後半 c：丘尾切断 d：ⅡB

43 本神遺跡（ほんじ）
a：安城市古井町本神 b：弥生後期後半

44 中根山遺跡（なかねやま）
a：幡豆郡吉良町大字岡山字中根山 b：弥生後期後半 c：長軸100m以上 d：ⅡA e：初期に環濠が掘削され，以後集落が継続する珍しい例。

静岡県

45 伊場遺跡（いば）
a：浜松市伊場 b：弥生後期 c：長軸は150mぐらいか d：ⅡA e：環濠は3重で，しかも鍵の手の屈曲部や突出部をもつ。

46 土橋遺跡（つちばし）
a：袋井市土橋 b：古墳前期初頭 c：一辺35mぐらい d：ⅡA e：居館か？

47 原新田遺跡（はらしんでん）
a：掛川市上西郷字原新田 b：弥生後期 d：ⅡAか？

石川県

48 杉谷チャノバタケ遺跡（すぎたに）
a：鹿島郡鹿西町金丸杉谷 b：A地区環濠 弥生後期後葉，C地区環濠 中期末 c：A地区 100m×40m d：ⅡA e：C地区環濠にはスロープ状の陸橋部がある。

49 西山遺跡（にしやま）
a：河北郡高松町字瀬戸町・八野 b：弥生後期後葉 c：長軸約100m d：ⅡB e：プランは中世城郭の

ような複雑さを見せる。

50 鉢伏茶臼山遺跡（はちぶせちゃうすやま）
a：河北郡宇ノ気町鉢伏 b：弥生後期後葉 c：長軸約180m d：ⅡB

新潟県

51 斐太遺跡（ひだ）
a：新井市宮内，雪森 b：弥生後期末 d：ⅡB

52 横山遺跡（よこやま）
a：長岡市桂町字横山 b：弥生後期末 c：第2号環濠 径約70m，第1号環濠 延長約100m d：ⅡB

長野県

53 中村B遺跡（なかむら）
a：伊那市西春近 b：弥生後期 c：径60mぐらい d：ⅡB

54 上木戸遺跡（うえきど）
a：塩尻市大字片丘 b：弥生後期末 c：濠は断面V字で深さ2～2.7mと深い。

神奈川県

55 砂田台遺跡（すなだだい）
a：秦野市南矢名165—1 b：弥生中期末 c：延長130m以上 d：ⅡB

56 そとごう遺跡
a：横浜市戸塚区上柏尾町字ソトゴウ b：弥生後期 c：95m×65mの方形 d：ⅡA

57 殿屋敷遺跡群C地区（とのやしき）
a：横浜市港南区下永谷町 b：弥生後期 c：長軸82m，短軸73m d：ⅡA

58 大塚遺跡（おおつか）
a：横浜市港北区中川町 b：弥生中期末 c：長軸200m，幅130m d：ⅡA e：掘り直しあり。

59 大原遺跡（おっぱら）
a：横浜市港北区新吉田町 b：弥生後期前半 c：130m×100m（隅円方形） d：ⅡA

60 権田原遺跡（ごんたっぱら）
a：横浜市港北区新吉田町・南山田町 b：弥生中期末 c：長軸230m，短軸100mの長方形 d：ⅡA e：プランは長方形であるが，環濠の配置は等高線に一致しておらず，プランが自然地形の制約を受けていない珍しい例であろう。墓域は2地点確認されている。

61 朝光寺原遺跡（ちょうこうじばら）
a：横浜市緑区市ケ尾町 b：弥生中期 c：径約170m d：ⅡA e：掘り直しあり。

62 折本西原遺跡（おりもとにしはら）
a：横浜市港北区折本町 b：弥生中期末 c：長軸300mぐらいか d：ⅡA？

東京都

63 下山遺跡（しもやま）

　a：世田谷区瀬田4丁目・5丁目　b：弥生後期　c：長軸80mぐらいの不整円形　d：ⅡB

64 北区赤羽台遺跡（きたくあかばねだい）

　a：北区赤羽台4丁目2番　b：弥生後期末〜古墳前期　c：環濠　長軸175m，短軸130m，方形区画　長軸50m，短軸47m　d：ⅡA　e：囲郭集落と方形区画遺構の組み合わせは福岡県の方中原遺跡に類似している。方形区画遺構は居館か？

埼玉県

65 神明ヶ谷戸遺跡（しんめいがやと）

　a：児玉郡美里町中里525　b：弥生中期末　c：80m×55mの小判形　d：ⅡA

66 木曽良遺跡（きぞら）

　a：岩槻市大字木曽良字屋敷16　b：弥生後期後半　c：長軸70m，短軸50m　d：ⅡA　e：切れ目が2ヵ所ある。

67 馬場北遺跡（ばんばきた）

　a：浦和市大字三室字馬場2865　b：弥生後期　c：90m×70mぐらい　d：ⅡB

群馬県

68 日影平遺跡（ひかげだいら）

　a：沼田市戸鹿野町日影平　b：弥生後期後半　c：長軸110m，短軸85m　d：ⅡA

69 中村遺跡（なかむら）

　a：渋川市中村445〜713　b：弥生中期末　c：径50mぐらいか　d：ⅡA？

70 清里，庚申塚遺跡（きよさと，こうしんづか）

　a：前橋市上青梨子町　b：弥生中期末　c：長軸140m，短軸112m　d：ⅡA

千葉県

71 大崎台B遺跡（おおさきだい）

　a：佐倉市六崎字大崎台　b：弥生中期末　c：径140mで環濠は蛇行するプラン　d：ⅡA

72 高岡大山遺跡（たかおかおおやま）

　a：佐倉市高岡字大山110　b：古墳前期初頭　c：径約60mの不整円形　d：ⅡA　e：陸橋部がある。

73 草刈遺跡F区（くさかり）

　a：市原市草刈字天神台1067　b：弥生中期末　c：長軸約90mの半円形　d：ⅡB

74 大厩遺跡（おおうまや）

　a：市原市大厩地区　b：弥生中期末　c：100m×80mぐらいのほぼ方形　d：ⅡA

75 根田遺跡（ねだ）

　a：市原市根田字代　b：弥生中期末　c：長軸205m，短軸135m　d：ⅡA

76 南総中遺跡（なんそうちゅう）

　a：市原市牛久町字江子田　b：弥生中期末　c：長軸200m　d：ⅡA

77 道庭遺跡（みちにわ）

　a：東金市道庭字家之子　b：弥生中期末　e：伊勢湾地方より西に分布する鳥形容器が出土している。

秋田県

78 地蔵田B遺跡（じぞうだ）

　a：秋田市四つ小屋末戸松本字地蔵田　b：弥生初頭　c：長軸64m，短軸50mの楕円形　d：ⅡA　e：柵囲いの集落跡で囲いの柵は3列検出されている。遠賀川系土器が出土し，その系譜関係と集落形態との関係が興味深い。

宮城県

79 山前遺跡（やまさき）

　a：遠田郡小牛田町北浦字山前，新山前　b：古墳前期初頭　c：長軸220m以上　d：ⅡA　e：濠のプランは方形の突出部を造りながら鍵の手状につづき，複雑な配置を見せる。土器や木器は外来系である。

ま　と　め

1.　弥生前期はⅡ類が多い。また関東地方の事例を含めて出現期はⅡ類と考えてよいであろう。

2.　弥生中期の環濠は近畿地方や伊勢湾地方では2条となる例が目立ち，それ以外では1条が普通であるのは原口正三氏の指摘のとおりである。

　　前者では3条の例もあり，多重化が進行している。

3.　弥生後期も弥生中期と同様の傾向を示す。一部の地域では囲郭集落に近接して方形区画が設定されるようになる。並存するのか先後するのかはっきりしないが，一般集落とは異なる居住形態が初めは一般集落に隣接して成立し，その後分離していく過程がうかがえる。

4.　プランは楕円形，カシューナッツ形，円形，長方形などいろいろであるが，その中で地形的な制約にかからわず≪設計≫の優先されたタイプとして扇谷遺跡・朝日遺跡・権田原遺跡・山前遺跡のあり方は注目される。また，朝日遺跡（後期南環濠）・阿弥陀寺遺跡・伊場遺跡・大崎台B遺跡・山前遺跡のような変化をつけた外郭外縁ラインは，囲郭集落の性格を考慮する上で重要である。

註　環濠集落は中世にもあってまぎらわしい。結界施設は濠だけでなく土塁や柵，およびそれらの複合形態も想定できるので，機能的側面は別にして形式的な意味で私は「囲郭集落」と呼ぶことにしている。

弥生後期の拠点集落——群馬県中高瀬観音山遺跡

鬼 形 芳 夫　(財)群馬県埋蔵文化財調査事業団

1　調査の概略

　群馬県西部に位置する鏑川右岸下流域は県内でも有数な遺跡密集地帯である。右岸下流域には典型的な河岸段丘地形が発達しているためであるが，中流域では鏑川浸食低地面が急峻な山地形に直接移行しており，地形的景観を全く異にしている。

　中高瀬観音山遺跡は，富岡市市街地南方に広がる鏑川中流域から下流域の移行地帯に位置する高瀬丘陵上に所在する。高瀬丘陵は南北約 700m，東西 4 km 弱の細長い独立丘陵状をなすが，西縁は鏑川右岸の山地帯に連なる。丘陵上は浸食が進み，平坦地形の占める割合が乏しいが，本遺跡の位置する丘陵西北部は，鏑川下位段丘面へやや突出する舌状台地地形で比較的平坦地に恵まれた場所である。

　本遺跡は関越自動車道上信越線建設に伴う発掘調査として，群馬県埋蔵文化財調査事業団が平成元年 5 月から 13,000m² を対象にして調査を実施している。現在までの検出遺構は縄文時代前期後半の住居跡3，土坑2，包含層1，弥生時代後期後半の住居跡103，掘立柱建物10，土坑 13，柵列跡，古墳時代中期の住居跡8，同後期の住居跡1，掘立柱建物1，奈良時代の住居跡 3 などであるが，とくに狭い台地上周辺に密集する弥生時代後期後半の住居跡群のあり方が注目に値する。また，高瀬丘陵上では，関越自動車道上信越線建設に伴う発掘調査として上之原遺跡，日影周地遺跡，寺山遺跡，庚申山遺跡の調査を実施しているが，これらからも弥生時代後期に比定できる住居跡群が検出されており，中高瀬観音山遺跡を一大拠点として，その周辺に散在する集落からなる地域社会のあり方が明らかになりつつあるので，弥生時代後期の遺跡の概要と遺跡の性格についての現状を整理しておきたい。

2　検出された遺構

　弥生時代後期後半を中心とした遺構分布は82頁の図のごとくである。台地上の平坦部にとどまらず，台地西縁の斜面上半部へも分布が及んでいる。台地上の住居跡群に重複がはげしく，斜面上の住居跡には住居の形状に即したテラス面を備えている。

　住居跡　全体的に重複がはげしいが，一地区で最大4軒の重複が認められる。住居跡の形状は長方形をなし，南北方向に長軸をもつものが主流をなしている。住居跡の規模は大別して長軸が 10m 余の大型，7 m の中型，

5 m 余の並型，3 m 前後の小型の 4 類型が分類できるが，大型は台地中央に分布地域があり，73号住居跡は長辺11 m，短辺9 mで最大規模である。また，大型なものほど長方形が顕著であるのに対し，小型のものほど方形化の傾向がうかがえる。

　主柱は 4 本で，北側主柱間のやや外寄りに地床炉を配し，南壁下に貯蔵穴と一対の梯子穴状のピットが検出できるのが一般的であるが，大型住居跡には側柱穴が配置され，副炉の併置されるものが多い。主柱は板材を使用したものが多く，いずれも住居長軸に直交させて設置している。小型住居には，主柱や貯蔵穴がない もの が 多い。また，調査が進むにつれて，増築・改築された住居跡例が多くなりつつある。比較的規模の大きい住居跡はほとんどが増改築を経ているようで，対角線上および長軸線方向など，増改築には幾つかの方法があるようである。

　焼失住居跡　弥生時代後期後半に比定できる住居跡の約 3 割が焼失家屋である。大量の炭化材下に土器などの生活用具類を遺さないものが多い。なかでも75号住居跡は残存状態は良く，梁材（長 6 m，径 15cm），破風板，屋根の下地材，壁材と推定できる炭化材を検 出 し て い る。

　柵列　台地両縁辺部に，地形に沿って並ぶピット列が検出されている。ピットの形態や柱間距離にやや不規則さはあるが，ピットの位置や走行から柵列と 考 え て いる。幾つかの検討余地を残すが，現状では西縁辺部北側で 2 列のピット列が確認出来ること，住居分布希薄部に方向の異なるピット列が検出でき，出入口の位置を示唆していると考えられること，斜面部で住居跡と重複するため，柵の存在時期が限定できることが特徴といえる。

　「なまず状」トンネル土坑　他に検出例が無いので，上記のように通称している。住居に付属する形状がなまず状のトンネル土坑で，7 列を検出している。いずれも長さ 4 m 余で，中央部がトンネル状に掘りぬかれて残存しているのも 3 例ある。トンネル部径は50〜80cmで住居との接続部はやや狭くなるが，住居コーナー付近で連結している。用途は貯蔵庫説が多い。

　掘立柱建物　西斜面部で，台地面との比高差 10m の位置にピット群がある。周囲を含めると約60個のピットが検出できたが，うち一地点には計17個のピットが穿たれている。径30cm，深さ1mの規模をなすものが主体であるが，地層関係や出土遺物から弥生時代後期の掘立柱

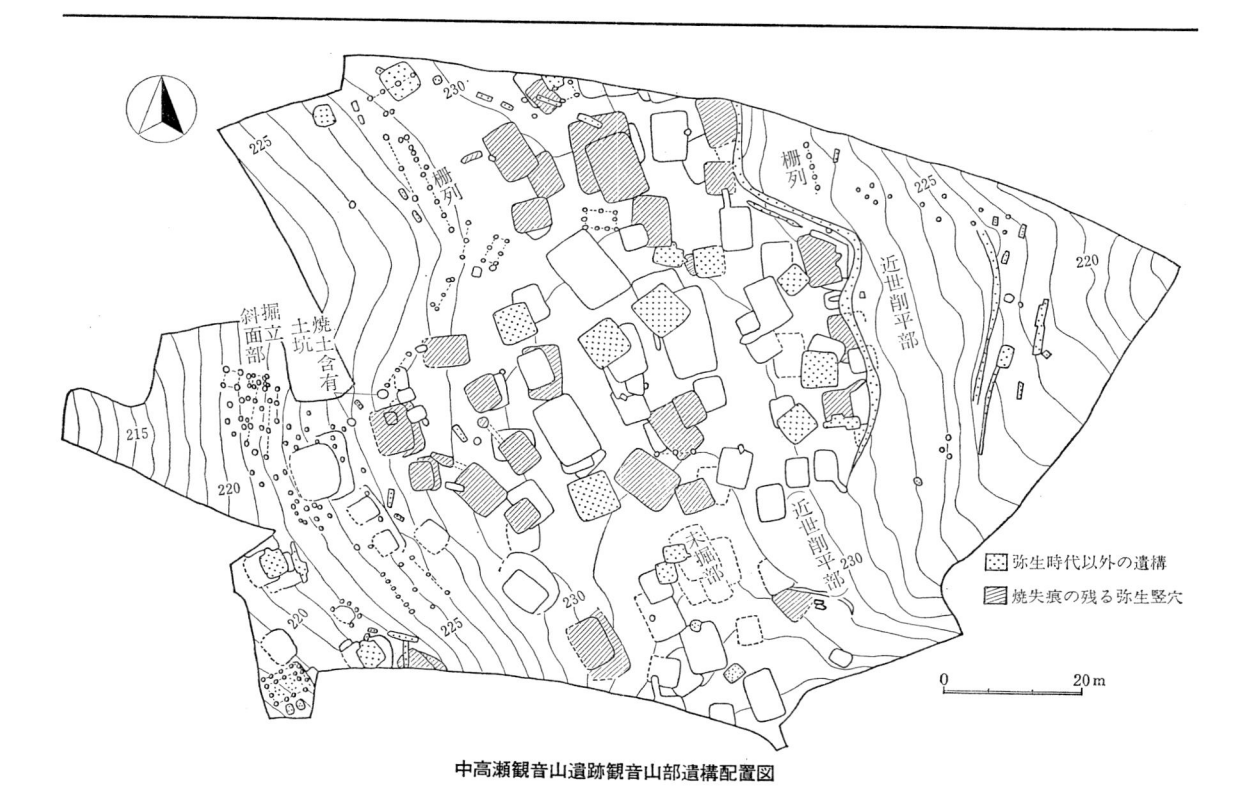

地図中のラベル：230／225／栅列／栅列／225／近世削平部／220／斜掘面立部／土坑焼土含有／215／220／220／225／230／未掘部／近世削平部／230／3／弥生時代以外の遺構／焼失痕の残る弥生竪穴／0　20m

中高瀬観音山遺跡観音山部遺構配置図

遺構と考えられる。1間×1間の建物が数度にわたって建てかえられた跡と理解できるが，建物の性格については類例の出現を待ちたいと思う。台地上では6棟の掘立柱建物跡を検出しているが，これらは倉庫跡と考えている。

土　坑　現在までに11基検出しているが，形態的に円形土坑，隅丸方形状土坑，長方形土坑に分類できる。うち2基の円形土坑は直径1m余で，周壁が焼土化し覆土に焼土，灰，炭化物を多量に含んでいる。

出土遺物　土器類が中心であるが，他に鉄鏃，磨製石鏃，打製石鏃，紡錘車，土製勾玉，ガラス小玉などがある。とくに打製石鏃の多量な出土は注目に値するが，縄文時代石鏃との分類作業を進めていきたい。

3　地域社会とのかかわり

群馬県内の弥生時代から古墳時代への変革期の研究動向は，いわゆる樽式土器から石田川式土器への移行の問題と古墳文化受容のあり方が最大の論争点になっている。古墳文化受容前の地域社会は長野県域を中核とした箱清水式土器と系譜を同じくする樽式土器の分布域であったが，終末期には，樽式文化と吉ヶ谷，赤井戸式文化が相互に交流し併存して存在している。そうしたなかで尾張地方に系譜を求められる石田川式文化が東毛地方を中心とした平野部へ古墳文化とともにもたらされたものと素描されている。古墳文化受容前には，群馬県内の平野部に隣接する台地部と山間部を中心に樽式文化が展開していたが，やがて新しい古墳文化に組み込まれていく。中高瀬観音山遺跡は，こうした弥生時代終末期の地域社会の動向を如実に物語っているといえよう。

現段階における鏑川流域の分布調査によると，該期の遺跡分布は急激に膨張するが，そのあり方からは大きい遺跡地が点在し，その周辺に小さい遺跡地が散在する傾向をうかがうことができる。即ち，中核的な拠点集落と周辺に散在する小規模集落群とが地域社会を構成していたものと考えることができる。現在，事業団で調査中の南蛇井増光寺遺跡や中高瀬観音山遺跡は鏑川中流域の拠点集落ととらえられるが，そのあり方を象徴的に示しているのが，この中高瀬観音山遺跡であると考えている。比高差のある丘陵上の立地，重複する住居群，平坦地のみならず斜面部にも広がる住居群，焼失家屋の占める割合の多さ，住居に付属する特種な土坑，集落を取り囲む栅列跡，掘立柱建物群，土器を中心とした大量な生活用具類の出土など極めて情報量が多い。これらの詳細な分析結果は調査終了後の整理作業にゆだねていきたい。しかし，中高瀬観音山遺跡の研究は，やっと端緒についたばかりであり，大集落を支えた人々の生業の問題や墓域をめぐる問題など，まだまだ資料の増加をまたなければならない状況でもある。さらに周辺遺跡の調査を進め，また，関連諸科学の応援も得て，地域史像の実態をより確実なものにしていきたいと考えている。

前期方墳群の調査——倉吉市向 山古墳群宮ノ峰支群

倉吉市教育委員会向山古墳群調査団

鳥取県のほぼ中央部に位置する倉吉市の向山丘陵において，前期から後期の古墳群が調査されている。古墳群のうち，尾根部分に前・中期の方墳が連続して築造されており注目された。

向山丘陵は，倉吉市街地の北側に位置し，東側と南側の裾近くを天神川とその支流の小鴨川が流れ，北側に平野が広がる半独立した丘陵。標高約 140 m，面積 2.95 km² の中に，山陰の後期古墳を代表する三明寺古墳など，約 400 基の古墳が分布する鳥取県下最大の密集地である。近くには，前期の大型前方後円墳の系列的築造がみられる東郷池が存在する。

1988年，この向山丘陵の北端付近に市当局による開発計画が持ち上がったため，市教育委員会が1989年の2月より発掘調査を実施している。なお，調査は鳥取県教育文化財団と立正大学・奈良大学の応援を得た。

1 調査の概要

調査は，南北方向にのびる丘陵の先端付近，尾根部分を中心とした約 12,000 m² で実施している。これまでに，古墳40基・住居址24棟などが調査されている。これらの遺構は，丘陵の最高所周辺（E地区）に位置する一群と，丘陵先端付近（F地区）に存在する一群とに分けられる。両者の比高差は 20 m を測る。E地区は，古墳31基と住居址10棟などからなり，F地区は古墳9基と住居址14棟からなる。両地区の古墳は，前者が方墳と円墳とからなるのに対し，後者は円墳のみで構成されている。時期も，前者が前期から後期，後者が後期という相違が認められる。以下，E地区の調査について紹介する。なお，E地区の北側約 20 m 離れたところから，戦後2口の銅鐸（小田銅鐸）が出土している。

2 E地区の調査

E地区では丘陵の頂部付近に，他を圧する規模の方墳1基（19号墳）と円墳2基（21号墳・23号墳）が北から南へ連続して築造されている。他の古墳のうち，方墳は尾根部分に，円墳は東斜面に主に営まれている。また，古墳以外に数棟の住居址が点在している。

19号墳は，南北 28 m・東西 24m・高さ 5 m の規模。四方を周溝で画していたと思われるが，東側と南側は隣接する古墳の周溝によって壊されているため不明。主体部は東西方向の竪穴式石室で，すでに盗掘によって大きく破壊されており，西側小口部分しか残存していなかった。石室の規模は，幅 0.8 m。副葬品は，石室床面より鉄鏃が2点出土したのみ。なお，西側周溝内の南隅に大型の土器棺が埋葬されていた。

21号墳は，19号墳の南側に接し，径 30 m・高さ 6 m の規模。明確な周溝はつくられていない。主体部は南北方向の竪穴式石室。盗掘により，石室の上部は破壊されていたが，下部は辛うじて残存していた。長さ 4 m・幅 0.6 m の規模で北側が広い。小口に大型の石を横に置き，側壁は板石を積み上げて構築する。ただし，東側の壁は板石を単に積み上げるのに対し，西側の壁は基底部に斜めに石を立てその上から板石を積み上げるというふうに，異なっている。石室の床面には，10 cm ほどの厚さに粘土を敷く。粘土中央部付近がわずかに凹み，赤色顔料が残存する。棺は割竹形木棺と推定される。粘土床面の下部のうち，壁に接する部分にだけ赤色顔料を塗布した玉石をつめていた。石室内からの出土遺物なし。掘方は隅丸方形を呈し，南北 7.4 m・東西 3.6 m の規模。掘方内の埋土中の一部，床面より 35 cm ほど上に玉石が敷かれていたが，全体におよんでいない。

23号墳は，21号墳の南に接し径 24 m・高さ 3 m の規模。南側半分に周溝が設けられる。主体部は，南北方向の木棺。両小口のみに立石をおく，長さ 3.7 m・幅 0.6 m の長大なものである。棺内の南側に，小型仿製鏡（径6.7 cm）と鉄鏃，北側に棗玉が副葬されていた。

これら大型古墳以外の古墳のうち，方墳は三方ないし四方を溝で長方形気味に区画するものであり，一辺7 m～20 m・高さ1 m～3 m の規模。主体部は，単独のものと複数のものがあるが，墳丘規模の大きなものに複数埋葬がみられる。木棺直葬がほとんどであるが，14号墳に2基の箱式石棺がつくられている。木棺の規模は，25号墳第1主体の長さ 4.7 m・幅 0.9 m を最大として，他は長さ 2 m 内外の規模である。この中で，18 号墳第2主体の木棺の床一面に赤色顔料が残存していた。各主体部の長軸方向は，東西方向がほとんどを占める。副葬品は，13号墳第1主体・14号墳第1主体・18号墳第2主体から小型仿製鏡（径 5.9 cm～7.2 cm）が各1面のほか，数基の主体部に若干の鉄器と玉類が認められた程度である。他の遺物は，周溝内より土師器の壺・甕・高坏・器

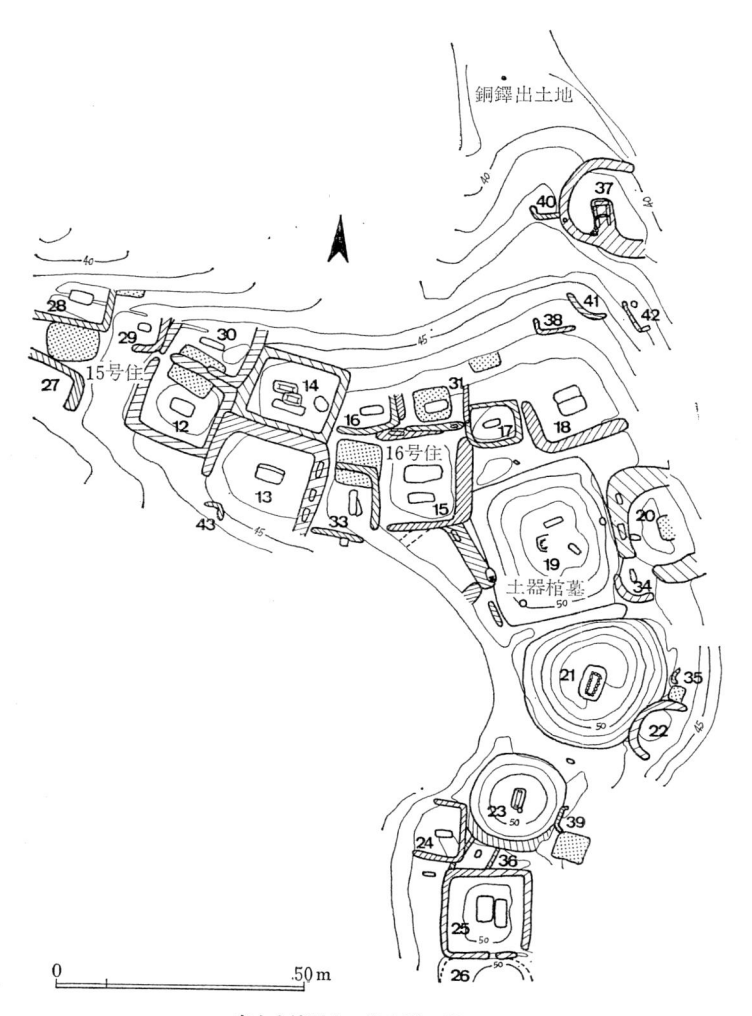

向山古墳群宮ノ峰支群E地区

台などが転落した状態で出土している。

　方墳および大型の古墳は，いずれも地山を削り出しその上に盛土をおこない，墳丘を築造している。

　東斜面の円墳は，35 号墳の径 6 m を最小とし，15 m 〜24 m の規模。いずれも墳丘が削平されていた。したがって，主体部は不明である。ただし，37号墳は掘方や残存する石材から横穴式石室と判明している。遺物は須恵器類が出土しているが，20号墳には壺形埴輪と円筒埴輪が伴う。また，22号墳の周溝底面より，須恵器の鈴台付椀と蓋坏が供献された状態で出土している。

　各古墳の時期関係は，現在遺物整理中であり断定することが出来ないが，おおよそ次のような傾向が窺える。もっとも早く築造された古墳は19号墳と14号墳であり，時期は前期の中頃。そして，尾根部の大型古墳をはじめとする方墳は，前期中頃から中期中頃までの築造であり，東斜面の円墳は後期の築造である。大型の3基は，

19号→21号→23号と変遷し，他の方墳もおおよそ3基一単位の変遷が窺える。

　住居址は，いずれも隅丸方形の平面プランを呈し，一辺7 m を超す大型のものと5 m 前後の小型のものがある。大型の住居址は尾根の稜線上に位置し（15号・16号・22号），小型の住居址は北および東斜面に位置する。これらの住居址は，方墳群とほぼ同時期のものであり，関連が注目される。とくに，大型の15号と16号は古墳に挟まれるように位置し，焼土面がなく，かつ，遺物の出土量が少ないなど生活の臭いが感じられない。また，15号の床面の土坑から完形の壺と器台が出土し，16号の床面には土器棺に使用される大型壺の破片が散在しているなど，特殊な性格をみることができる。

　なお，墳丘の断ち割りを実施しているが，3 基の大型古墳の下部より弥生中期の土壙墓が163 基ほど検出されている。現在調査中であり詳細は述べ得ないが，調査の進展が期待される。

3 ま と め

　宮ノ峰支群E地区の調査では，前期から中期に至る中小規模古墳の実態を明らかにしたといえる。本古墳群の東側に，大型前方後円墳が系列的に築造される東郷池が存在することは前に述べた。この東郷池周辺の大型前方後円墳に対して，本古墳群は規模・内容とも劣る。しかし，大型前方後円墳の諸要素に通じていることは，19号墳と21号墳の竪穴式石室などの存在からいえる。しかし，大型前方後円墳との間に歴然とした差があり，かつ，方墳間に副葬品などをはじめとする差が認められる。この差の評価は今後の報告書で明らかにしていくつもりである。

　向山古墳群は，後期の前方後円墳が数基含まれるものの，ほとんど円墳で構成されるといわれていた。今回の調査を契機に，あらためて見直すと丘陵の北側に方墳が分布することが確認された。とくに，宮ノ峰支群の調査区外に残された15基の古墳はすべて方墳であることを確認した。また，向山古墳群の頂上付近には，径 30 m 級の円墳が数多く存在する。未調査のため断定することはできないが，秀でた古墳が認められない以上，宮ノ峰支群と同様な構成が考えられ興味深い。　　　（真田廣幸）

群馬県中高瀬観音山遺跡

中高瀬観音山遺跡の航空写真

群馬県富岡市の中高瀬観音山遺跡で縄文，弥生，古墳，奈良時代各期の遺構が出土，とくに狭い台地上に密集する弥生時代後期後半の住居跡群のあり方が注目される。重複する住居群，平坦地だけでなく斜面上にも広がる住居群，焼失家屋の占める割合の多さ，集落を取り囲む柵列の存在などが特徴で，鏑川中流域の拠点集落ととらえることができる。

構　成／鬼形芳夫
写真提供／群馬県埋蔵文化財調査事業団

西斜面部の14号住居跡

64号住居跡は最大規模の住居跡

群馬県中高瀬観音山遺跡

西斜面縁辺部柵列跡の遺構

75号住居跡は焼失家屋

遺跡全景（東方より）

前期の方墳群が発見された
倉吉市向山古墳群宮ノ峰支群

構　成／真田廣幸
写真提供／倉吉市教育委員会

鳥取県倉吉市の向山古墳群宮ノ峰支群では，これまでに40基の古墳が調査されている。なかでも尾根頂部付近に30m級の方墳と円墳を中心とした方墳群が展開する。時期は前期中頃から中期中頃のものであり，近くに系列的に築造される大規模前方後円墳との関連が注目されている。

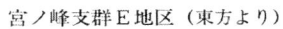

宮ノ峰支群E地区（東方より）

22号墳竪穴式石室（南方より）

15号墳全景（西方より）

15号墳西側周溝遺物出土状況（南より）

倉吉市向山古墳群宮ノ峰支群

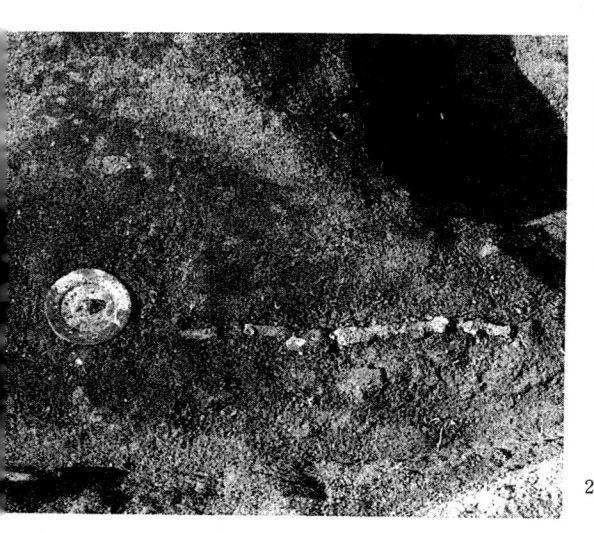

23号墳主体部（南方より）

23号墳主体部遺物出土状況（南より）

連載講座

縄紋時代史

5. 縄紋文化の形成 (2)
―草創期から早期へ―

北海道大学助教授

林 謙作

草創期[1]は，計量年代によれば，12,000 B.P. ごろにはじまり，およそ4,000年ほどつづいた。この前後の資料は，北海道から南九州まで分布している[2]。研究者の意見が対立している問題も一つや二つではない。これらの問題をすべて取りあげ，さまざまな意見をもれなく紹介することはとてもできないことはいうまでもない。問題をしぼって，おもな意見を紹介することにしよう。

1. 土器編年をめぐる問題

1-1. 「土器群」から「型式」へ

まず，これまで主流となってきた意見の代表として，鈴木保彦による編年[3]を取りあげてみよう。施紋原体と施紋技法の違いが，鈴木編年の指標となっている。施紋原体の違いにもとづいて，隆起線紋系・爪形紋系・縄紋系が区別され，隆起

表1　1960年代の草創期土器の編年（註3による）

回転施紋	撚糸紋系土器群	夏島式
		井草式土器・大丸式土器
	回転縄文系土器群	平底縄紋土器
		表裏施紋縄文土器
		羽状縄紋土器
非回転施紋	押圧縄文系土器群	側面圧痕紋土器
		短絡縄条体押圧痕紋土器
		U字形側面圧痕紋土器
		尖端部押圧紋土器
	爪形紋系土器群	爪形紋土器
		「ハ」の字爪形微隆起線紋土器
	隆起線紋系土器群	微隆起線紋土器
		細隆起線紋土器
		隆起線紋土器

線紋系・縄紋系の土器群は施紋技法によって細分されている。とくに縄紋系土器の細分は，押圧・回転の区別が決め手となっている。鈴木編年は，原体と施紋手法のちがいを，徹底して前後関係におきかえている。1960年代には「縄紋草創期においては，（中略）大局的には全国的にほぼ同じ様式の土器が広がって」いるという意見[4]が支配的であった。草創期土器の一様さ・押圧から回転へという二つの前提が，1960年代の編年のささえとなっている。

1986年に埼玉考古学会が主催したシンポジウムで金子直行・宮井英一が発表した編年では，施紋手法・施紋原体の違いよりは，装飾・紋様を構成する原理にもとづいて，変遷をたどろうとしている[5]。口縁部形態，それにともなう口縁部紋様帯の変化も，手掛りのひとつとなっている。宮林遺跡[6]の資料が，金子と宮井の意見の直接の根拠となっている。施紋原体・施紋技法にもとづいて区別した草創期の土器群を，器形の系統，紋様構成や紋様帯の変化にもとづいて型式にまとめなおす作業は，1971年の佐藤達夫論文[7]にはじまる。佐藤は，本ノ木式が「草創期初頭の無縄紋土器群と縄紋ある土器群と密接な関連」をしめすこと，本ノ木式には側面圧痕による全面施紋と，「半転縄紋が同時に存在し，回転縄紋もすでに発生していたと考えられる」ことを指摘した。

1980年代の縄紋草創期編年の新しい動きは，佐藤論文の再評価と切りはなすことはできない。佐々木洋治の，隆起線紋土器の成形・施紋技法の分析と隆起線紋・多縄紋・爪形紋土器の口縁部形態の具体的な説明は佐藤の意見を確かめる手掛かりを提供している[8]。すでにふれたように，大塚達朗は，佐藤論文を正当に評価できなかったところ

に現在の草創期編年の混乱の原因がある，と指摘する。私自身はこの指摘を受け入れようと思う。

施紋原体・施紋技法による区別は，土器そのものの分類の基準としては有効である。山内清男が押圧から回転への変化を示唆し[9]，小林達雄がこれをいちはやく取り入れた理由もここにある[10]。問題は，分類された土器群を編年の単位としての型式に組み換えるときに，草創期土器の一様さ・押圧から回転へというふたつの前提が成り立つのかどうか吟味しなかったところにある。これからの草創期の土器編年の課題は，施紋原体・施紋技法の区分としての土器群を，「型式」として整理しなおすことである，といえるだろう。

「豆粒紋土器」や，多縄紋土器と爪形紋土器の関係にしても，この立場から議論を進めなければ意味がない。豆粒紋と隆起線紋の層序は，調査にかかわった人びとのあいだでも意見の食い違いがある[11]。豆粒紋とハの字爪形紋は，ネガとポジの関係にある関東起源の要素で，隆起線紋土器の古い段階におさまる，という大塚達朗の指摘は型式学的に納得できる[12]。大塚の指摘に対して，いまのところ「豆粒紋土器」の存在を認める立場からの有効な反論はない。「豆粒紋」は，隆起線紋土器I期古段階の型式のひとつの要素なのだろう。

鈴木保彦は，さきに紹介した編年はいまなお有効であり，いくつかの遺跡の「層位的傾向」が矛盾しないこと，爪形・多縄紋の単純遺跡があることを指摘する[13]。しかし，肝心の「爪形文土器から縄文先端押圧文土器，縄文U字形側面圧痕文土器への移行」[14]には，西鹿田のほかには層序の裏付けがなく[15]，紋様の類似にもとづく推論のいろあいが強い。いまのところ，爪形紋土器と多縄紋土器の関係を判断する手段は，型式学的な分析しかない。大新町・鴨平(2)などの爪形紋土器，あるいは馬場野IIのような多縄紋土器の単純遺跡[16]は，これらの土器がちがった型式であることをしめしているだけで，新旧関係にあるのか，共存しているのか判断する材料にはならない。宮林や西谷のような両方の要素のまじりあった例[17]は，どちらかといえば共存説に有利な材料だろう。

1-2. 最古の土器・最古の縄紋土器

上野第一地点第二文化層(上野下層)[18]では，細石刃・細石核，ナイフ形石器などを含む石器群とともに，土器片が24点出土している。富士黒土(FB)層下部の隆起線紋土器をふくむ第一文化層と，ソ

図1 多摩ニュータウンNo.796遺跡の土器
(東京都埋蔵文化財センター提供)

フトローム (L₁S) 層のなかの第二文化層のあいだには，およそ 30cm の無遺物層がはさまっている。上層・下層の遺物分布範囲もかさなっておらず，遺物の沈みこみ・浮上がりが起きている可能性はない。相模野149遺跡では，上野下層とおなじ層準から，少なくとも2個体分の口縁部破片が出土している[19]。口縁部に幅2 cm ほどの粘土紐を貼りつけ，幅のせまい帯状の口縁を作り，帯の上下の縁に篦のような施紋具で刻みをつけている（図3—47）。いま1例の口縁部は，外角にむかって尖り気味となる。口縁端も剥げ落ちているが，口縁帯の下縁にあたる部分に，幅 6 mm ほどのくぼみが走っている。底部は丸底と平底がある。

幅のせまい帯状口縁をもつ土器は，多摩ニュータウン796遺跡 (TNT-796, 図1)，綾瀬市寺尾遺跡などからも出土している[20]。いずれもL₁S から出ている。大塚達朗は，これらの土器は隆起線紋土器のもっとも古い段階と共通し，それ以後の土器の変遷の流れのなかに組みこめないとし，白岩尾掛・武者ケ谷などとともに，小瀬ケ沢の「窩紋土器」と結びつくものと考えている[21]。

窩紋土器とはべつに，無紋という以外に共通の特徴らしいもののない土器がある。この種の土器は，大平山元I・後野A地区のほか，東麓郷・前田耕地・井の頭池A地点の例がある[22]。壬VI層の壬下層式もこの仲間かも知れない[23]。長者久保・神子柴系石器群にともなう例が多い。これらの土器を一つの型式や系統にまとめることはむずかしい。「窩紋土器」との関係も，石器を手掛かりとして推測するほかに方法はない。

佐藤達夫は，ザイサノフカ・羅津などの土器の

90

表2　1980年代の草創期土器の編年（註12, 21, 25, 27にもとづき作成）
＊隆起線紋土器期の細分段階の区切りの中の上下は新旧関係を意味しない
＊続隆起線紋土器期の上段は多縄紋系，中段は爪形紋系，下段は円孔紋系土器

	九州（南部）	九州（北部）	四国近畿北陸	中部	関東	越後	東北（南部）	東北（北部）
先隆起線			古　〈窩紋土器〉		相模野149			
			新　武者ヶ谷 白岩尾掛		寺尾　　小瀬ヶ沢			
隆起線紋土器 I古	泉福寺10層←豆粒紋・ハの字爪形紋			多摩ニュータウンNo.426	南原	日向Ia		
I新	泉福寺7〜9層←粘土紐波状摘み		新国際空港No.12					
	福井3層	上黒岩　狐久保	なすな原					
II	西ノ園 岩土原←粘土紐横摘み 伊敷←粘土紐螺旋捲付け	鳥浜		上野上層 多条化	小瀬ヶ沢 田沢	火箱岩IV（？）		
III	大平	桐山和田	酒呑ジュリンナ 石小屋VIII層	花見山 大谷寺		日向Ib　表館 内面粘土紐貼付け		
IV	堂地西		荷取	橘立	壬	日向Ic		
続隆起起線紋土器 I古	上場（？）泉福寺6層←工具爪形紋 泉福寺6層	鳥浜 曽根	宮林4号住居 宮林4号住居 大谷寺	壬 小瀬ヶ沢 壬	一ノ沢III 大新町	馬場野II 鴨平（2）		
I新	泉福寺5層	石小屋VII層 石小屋VII層	水久保 深見諏訪山（？）		一ノ沢IV			
II古	柏原（？）	仲道A		室谷下層（11〜13層）				
II中	鳥浜	仲道A	橘立	室谷下層（9・10層）				
II新		仲道A	布左余間戸	室谷下層（6〜8層）				

右側欄：貼付口縁帯・隆帯口縁装飾・帯状口縁部紋様帯／上位紋様帯・下位紋様帯・多条隆線・篦引隆線・異方向多段・鋸歯格子目・主紋・地紋／幾何学隆線・斜格子沈線・自縄自捲・格子目紋様退化／刺突・刻目・ハの字爪形紋・表裏縄紋

系統をひき，小瀬ヶ沢周辺に分布がかぎられている土器を「縄紋式最古の土器」とした[24]。窩紋・刺突紋・篦紋の3種類の土器のうち，「土着化」と解釈できる変化は「篦紋土器」の一部だけにしか見られない。日本列島内部で，地域差・年代差をしめす「型式」としてとらえられる土器を縄紋式土器とするなら，縄紋土器といえるのは篦紋土器の一部にすぎない。それ以外は大陸・半島系の土器である。おなじく，大塚達朗の「窩紋土器」も彼自身のいう「縦横連鎖構造」[25]の縦筋がようやく見えはじめたところで，横筋が見えてくるまで縄紋土器かどうか判断はひかえるべきだろう。

この問題は土器が自生か外来かの議論とはかかわりない。かりに西北九州で土器が発明されたとしても，それが広い範囲に伝達され，継承されたことが確認できなければ，日本列島の一角に起き，あえなく挫折した「革命的な出来事」にしかすぎない。広い範囲に分布していても，地域差がまったくとらえられなければ，それも縄紋土器ではない。新発見の土器を，無分別に最古の縄紋土器にとりこんでゆけば，縄紋草創期に縄紋土器ではない土器がまぎれこんでしまう危険がある。

1-3．草創期土器の編年

ここでは，大塚達朗の編年を紹介する（表2）。草創期前半は，先隆起線紋・隆起線紋・続隆起線

紋の3時期にわかれる。隆起線紋土器I期古段階には，前段階とおなじく，口縁部に集中する「上位紋様帯」がめだつ。これが胴部にむかってさがり，幅も広くなる時期をII期とする。II期の資料はまだ少なく，II／III期の区分には問題がある。もっとも古い多縄紋土器のさまざまな口縁部の形は，隆起線紋土器IV期には出揃っており，隆起線紋から多縄紋への変化をスムーズに説明できる[26]。爪形紋・多縄紋土器の紋様の構成原理が一致し，歩調をあわせて変化していることを認めるかどうか，そこで意見はわかれる。草創期よりのちの時期には，紋様帯を構成する要素の借用・交換はしばしば観察されている。草創期の土器だけがこの例外となる理由があるとは思えない。

二本の指で粘土紐や器面をつまむ手法が，関東地方のもっとも古い隆起線紋土器の装飾の特徴である。九州では，粘土帯に指を押しつけ，刻みを入れる手法がもちいられていた。すでに九州と東日本の地域差があらわれている。一方，ハの字爪形紋など，関東系の要素が西北九州に分布している。人口の規模や密度など，早期以後の社会とは違った状況があり，ひろい範囲の交流が必要となったのだろうか。隆起線紋土器IV期になると，東北地方では口縁部内面に粘土紐をはりつける。関東地方の土器にはない特徴である[27]。地域ごとの

特色は，さらに強くなっている。

　続隆起線紋土器Ⅰ期（東日本に爪形紋・多縄紋土器が併存する時期）には，地域差はひきつづき顕著になってゆく。おなじ地域に，爪形紋系・多縄紋系・円孔紋系など，いくつかの型式群が併存する。これは，この時期にとくに目立つ現象で，縄紋土器の型式の本質をあきらかにする手掛りとなるだろう。なお，円孔紋系土器とほかの型式群との関係は，まだ正確にはわからない。

　続隆起線紋土器Ⅱ中・新期の多縄紋土器以外のグループの編年は，ようやく大まかな見通しがつきはじめたばかりである。柏原・二日市などの九州・四国の無紋／条痕土器と，寿能（じゅのう）の条痕土器は無関係とは思えないが，これをむすびつける決めてはまだ見つかっていない[28]。南九州の石坂式・吉田式なども，条痕土器の系統をひくものであろうが，両者のあいだを埋める資料もまだ見つかっていない。

2.　石器の系譜と変遷

2-1.　「渡来石器」の問題

　山内清男は植刃・断面三角形の錐・矢柄研磨器などを「一般の縄紋式には出現しない特殊の石器で，これらが渡来の当初一時一般化し，のち何らかの理由によって絶滅した」[29]と考えた。芹沢長介，鎌木義昌，加藤晋平，稲田孝司らは，異議をとなえたが，かつては岡本東三，最近では栗島義明は，山内説を補強しようとしている[30]。考古資料にもとづいて縄紋文化の系統を議論できる条件はまだ整ってはいない。大陸側の資料は，分布をたどるには密度が低すぎるし，編年の尺度も違っている。できあがった石器だけをとりあげれば，他人の空似の危険は土器の場合よりもはるかに大きくなる。

　問題は海の向こうだけにあるわけではない。「渡来石器」が，窩紋土器はいうまでもなく，古手の隆起線紋土器にともなう，という確実な証拠はなにひとつない。これまで報告された「渡来石器」で，草創期土器の細分型式と確実に対比できる例はない，といってよい。日向洞穴西地点の新資料は，層序と土器型式をとらえることのできるただ一つの例だろう[31]。伴出している土器は，隆線紋土器Ⅲ期である。とすれば，これらの石器は，かりに日本列島の伝統的な石器とは異質のものであるとしても，「土器製作だけが伝来し，そ

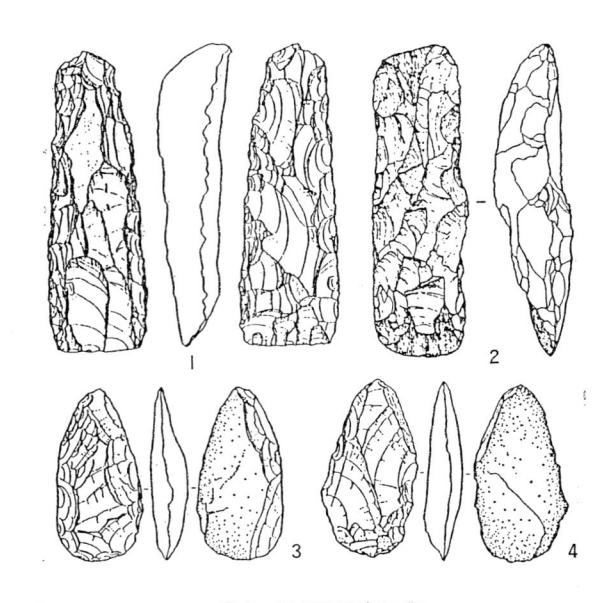

図2　草創期前後の石斧
1：モサンル，2：酒呑ジュリンナ，3・4：上野第1地点

の後内地において形態・紋様の細部が発達した」のちに，渡来してきた可能性が高い。このような出来事もありえないわけではないが，山内が渡来石器の吟味にかけた期待とは一致しない。

2-2.　石斧・細石核・有舌尖頭器

　草創期の局部磨製あるいは打製の石斧や大型の槍先は，長者久保・神子柴系文化の系譜をひいている。山内清男・佐藤達夫，佐藤達夫，森嶋稔，岡本東三，栗島義明らが，この文化について意見を発表している[32]。稲田孝司が指摘しているように[33]，石刃技法の有無にもとづいて，長者久保・神子柴文化とその「残存要素」を区別する必要があるだろう。長者久保・神子柴系の石器群の分布は北海道・本州東北部に集中しており[34]，東北アジアから日本列島に伝わったと考える人が多い。

　長者久保・神子柴系文化の時期には，すでに土器の製作・使用がはじまっていた，と考えるべきだろう。ただしモサンル・長者久保・大森勝山など土器の出土していない遺跡が，東麓郷・大平山（おおだいやま）元Ⅰ・後野（もと）など土器の出土している遺跡より古い，とはいいきれない。土器がともなうかどうか，かなり慎重な判断が必要だろう。

　隆起線紋土器よりも古い土器群のうち，大塚が「窩紋土器」と呼ぶグループに伴う石器群には，石刃技法はほぼ完全に姿を消している。花見山・TNT426など隆起線紋土器にともなう石器群に

も，石刃を素材とした石器は見当たらない。石刃技法をともなう長者久保・神子柴系文化は，窩紋土器より古いのだろう。

　岡本東三も指摘しているように，現在「神子柴系」とよばれている石斧は，形・素材・機能も違う雑多な要素をふくんでいる[35]。モサンル（図2—1）・田沢・酒呑ジュリンナ（図2—2）などで出土している短冊形の横斧は長命型のタイプで，TNT-796で出土している槍先形の薄身のもの，上野第1地点（図2—3・4）の片面に自然面を残す剥片素材のもの（いずれも横斧）のように短命型のタイプもある。きわだった特徴をもつタイプの，年代の確実な資料にもとづいて，各種の石斧の変遷を正確にたどる必要がある。

　細石刃文化が縄紋土器の母胎となる，という判断[36]は，1960年代から1970年代にかけて，うたがう余地がないように思われた。内蒙古ジャライノールで土器が出土したという情報も，この判断を補強するように思われた[37]。そのような情勢のなかで，細石刃技法の変遷や系統に関心が集中し，土器の分析はたちおくれた。1970年代には佐藤達夫，最近では栗島義明・大塚達朗らが土器の細石刃起源説を批判している[38]。

　佐藤は福井洞穴の隆起線紋・爪形紋と，細石核・細石刃（かりに細石器と呼ぶ）を混在と判断したが，福井の層序は泉福寺洞穴であらためて確認された[39]。上野下層の細石器は，本州でも土器と細石器のむすびつきを考慮しなければならぬことを示している。上野下層や長堀北の細石核は，ブランクの調整手法や形が地方化しており，楔形細石核の後半期のものであることは間違いない。

　泉福寺10層の土器は関東地方の隆起線紋I期古段階に平行し，福井洞穴3層にはI期新段階にあたる土器がある[40]。上野下層の細石器は，本州では隆起線紋より古い土器に細石器がともなうことを暗示している。この推測がたしかめられれば，九州では本州より遅くまで細石器が残ることになる。九州に船野型・畦原型など地域性の強い細石核が見られること[41]，石鏃の出現がおくれることはこれとかかわりがあるらしい。

　山内清男は，有舌尖頭器は草創期になって発達するとした[42]。この判断があたっているのかどうか，微妙なところである。関東地方では，有舌尖頭器がまとまって出土している遺跡が，南原・東京国際空港 No.12 など，隆起線紋土器前半の遺跡が多い。花見山では小型で本体の付け根の張りだしがめだつものが多い。関東地方で有舌尖頭器がもっとも発達する時期は，隆起線紋土器の前半期とそれ以前にあるのだろう。

　鈴木道之助は黒川東の例を平行側縁型の祖型とし，東京国際空港 No.12・南原などの類例を指摘している[43]。いずれも本体基部がわずかに張りだしている。隆起線紋土器I期に見られる特徴的な例だろう。小瀬ヶ沢型・柳又型の特徴[44]をあわせもっている点が注目をひく。栗島は有舌尖頭器の北海道起源の証拠と解釈し[45]，鈴木は前田耕地の尖基式の系譜をひくものと考える。

　前田耕地・寺尾の槍先は本ノ木と関係すると見る人が多い。槍先はたしかに似ている。しかし前田耕地の住居址や寺尾の土器は本ノ木式とはまったく違っている。本ノ木の槍先は，別の層から出た本ノ木式にともなうものではない[46]。隆起線紋より古い時期のものだろう。大まかに見れば，本ノ木・前田耕地の石槍は中林に近く，隆起線紋土器以前のものだろう。このように考えれば，多縄紋土器の時期には，槍先は影が薄くなっているはずなのに，いくつかの遺跡に限って石鏃をまったくともなわず多量の槍先がでている，という白石浩之の悩みは消えることになる[47]。また，後野や前田耕地の土器は，隆起線紋土器や窩紋土器よりも古そうだ，と推測できる。

2-3. 草創期の石器

　日向洞穴の新資料には，石鏃・「半月形石器」・石斧などが多量に含まれている。半製品・破損品がきわめて多い。石器の製作址だろう。数は多くないが，小型・薄身で細長い菱形をした槍先が出ている。細部の特徴は小瀬ヶ沢の例と区別できず，石質もほかの槍先や石鏃とは違い，小瀬ヶ沢とおなじである。小瀬ヶ沢から運ばれてきた可能性が高い。日向で作られた石器も，ほかの地域に運ばれたのだろう。

　栗島は，山内清男・佐藤とおなじく[48]，「渡来石器」の出土状態が，デポと推定される場合が多いことを指摘し，石器製造址が多いことと結びつけ，この時期の石器の生産と消費の特徴であることを指摘している[49]。たしかに，いくつかの種類の石器を集中的に製作・保管し，広い範囲で交換するのは，隆起線紋土器前後の特徴的な現象だろう。有舌尖頭器の生産と配布はどのようであったか，興味をひく。

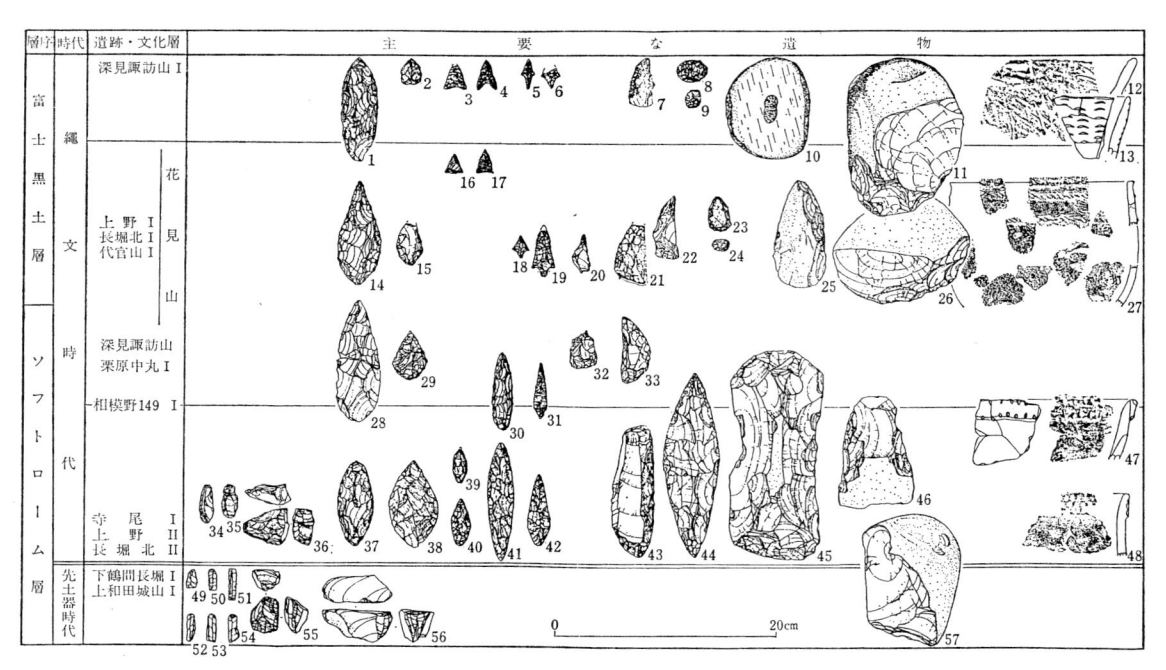

図3　相模野台地における草創期の主要遺物の変遷（註57による）

1〜13・29：深見諏訪山，14・16・17・22・23：横浜市花見山，15・18〜21・24・25・27：上野上層，26：藤沢
市代官山，28・32・33：座間市栗原中丸，30・31・47：相模野第149，34〜37・39：上野下層，38・40〜46・48
：綾瀬市寺尾，49〜51・55：上和田城山，52〜54・56・57：下鶴間長堀

　草創期前半の狩猟具は，ほかの時期にくらべて種類が多い。花見山には，大型・中型の槍先，中型・小型の茎つきの槍先，それに石鏃がある。手槍・投槍・弓矢が使われていたわけである。隆起線紋Ⅰ期古段階の黒川東には石鏃があり，おなじ時期の南原では，有舌尖頭器だけで，石鏃はない[50]。機能の違う狩猟具を使い分けていたため，遺跡によって石器の組合わせが違うのだろう。

　手槍・投槍は新しい時期になると数は少なくなる。しかし，続隆起線紋土器期でも，上草柳第三地点東・仲町第二号土坑のように[51]，多数の石鏃に少数の有舌尖頭器がともなう例は多い。九州でも泉福寺洞穴や二日市洞穴では手槍・弓矢が共存する。若宮遺跡では，表裏縄文土器に少数の有舌尖頭器がともなうらしいが，おなじ静岡県内でも，仲道Ａのように，それよりも早く石鏃に切り替わっている遺跡もある[52]。

3.　草創期から早期へ

　山内清男は，多縄紋土器の消滅・稀縄紋土器の出現を，草創期と早期をわける目安とした[53]。小林達雄は，山内の意見を修正し，「撚糸紋土器」を目安として草創期と早期をわける[54]。山内は，大別の目安は，細別単位の型式とは違って，定義によって変更できるものであるとしていた[55]。したがって，小林達雄が，山内の多縄紋土器の消滅・稀縄紋土器の出現という目安を変更すること自体は不当ではない。しかし，小林の意見にはいくつかの点で問題がある。

　小林は，山内の区分は，押型文土器の系列を途中で断ち切ることになる，と主張する。しかし小林は，それよりも長い歴史をもっている多縄紋土器の系列を断ち切っている。この矛盾は，多縄紋土器の終りごろの型式群を「撚糸紋土器」と呼びかえることで，処理される。「撚糸紋土器」はいまのところ，関東地方を中心とする地域に分布が限られている。大別の目安としては，これよりも広い範囲で分布が確認されている押型文や無紋土器のほうが有効だろう。

　小林は，竪穴住居の普及・貝塚の成立などの現象が撚糸紋土器の出現期と一致することで，彼の草創期／早期の区分の妥当さの証明を締めくくろうとする。この指摘そのものはただしいが，大別区分が妥当かどうかを判断する根拠にはならない。山内の型式大別は，暦年代の代用品（時間の尺度）である。宮下健司は，これが歴史的に無意味

な区分であることを指摘する[56]。しかし，尺度に意味を求めることが，そもそも無理な相談なのだ。小林の提案は，701年には大宝律令が完成するから，日本の古代史を700年刻みで区切るのは有効だ，というようなものだ。草創期と早期だけ，「文化的」に意味をもつ出来事で区切りをつけるのは片手落ちではないだろうか。

図3に相模野台地の石器群の変遷をしめした[57]。狩猟具の種類が少なくなり，磨石類の増加がめだつ。形のととのったスクレイパーも少なくなってゆく[58]。この時期には，貝塚が残され，夏島や花輪台の骨角製漁具は，水産資源の開発が進んでいたことを物語っている。あたらしい環境のなかであたらしい種類の資源を利用する技術が発達し，そこで生まれたあたらしい労働の仕組みは，人口の集中と定住を必要とし，また可能にした。このようにして加栗山や東京天文台のような集落が出現する[59]。隆起線紋土器からひきつづき強くなる土器型式の地域ごとの特色は，このような集落を拠点とする安定した地域社会が，日本列島の各地で生まれようとしていたことを暗示している。関東地方の住民が作りはじめる土偶は，定住性の強い集落を拠点とする，地域社会の人びとの結びつきを，かたちとして現わしたものだ，といえる。

前回に説明した縄紋海進が，これらの変化のひきがねとなっている。しかしその実際のいきさつは，まだあきらかになっていない。また，これらの変化は，関東地方から中部地方太平洋沿岸を中心として進行し，まもなく北は東北地方中部，南は九州南部まで広がったように見える。撚糸紋土器の分布が関東地方を中心とする地域に限られていることは，この見通しの裏付けとなるかもしれない。いまでは沖積面の下に埋もれている低位段丘の上の遺跡がその鍵を握っている。さきに紹介した縄紋人の素姓についての人類学・言語学からの推論が正しいかどうか，それもこれらの遺跡の調査ではじめて確かめることができるだろう。

執筆にあたって，つぎの方々には資料の閲覧と提供・文献の入手でお世話になり，御教示にあずかった。末尾ながらお礼申しあげたい。

相田薫・石井則孝・馬飼野行雄・漆畑稔・大塚達朗・栗島義明・瀬川裕一郎・鈴木保彦・館野孝・村沢正弘

また，大場忠道・貝塚爽平・亀井節夫・中川久

夫・渡辺誠の諸氏には，前回の内容について御教示をうけながら，それを活かせぬ結果になってしまった。おわび申しあげる次第である。

註

1) 筆者は，これまで草創期に否定的な態度をとってきた。ここでは，型式大別という意味に限定する。

2) 野国・渡具地東原など局部磨製石斧をともなう爪形紋土器はアカホヤ火山灰の上層から出土する。沖縄では草創期の資料はまだ確認されていない。

3) 「縄文草創期の土器群とその編年」（『史叢』12・13：41-53，1969）

4) 「縄文草創期の土器群とその編年」p. 49

5) 宮井英一「爪形文土器と押圧縄文土器」（『埼玉考古』24：11-23，1988），金子直行「押圧縄文土器と回転縄文土器」同前・24-33

6) 宮井英一ほか「宮林遺跡」（『埼玉県埋蔵文化財調査事業団報告書』50：20-158，1985）

7) 「縄紋式土器研究の課題―特に草創期前半の編年について」pp. 110-13（『日本歴史』277：107-23，1971）

8) 「山形県における縄文草創期文化の研究Ⅰ」pp. 59-61（『山形県立博物館研究報告』1：47-65，1973），「山形県における縄文草創期文化の研究Ⅱ」pp. 29-39（同前3：25-43，1975）

9) 『日本先史土器の縄紋』p. 64

10) 「無土器文化から縄文文化の確立まで」p. 12（『創立80周年記念若木祭展示目録』6-12，1962）

11) 岡本東三「シンポジウム雑感」p. 144（『埼玉考古』24：143-45），白石浩之「泉福寺洞穴における豆粒紋土器と隆線紋土器の層位的関係について」p. 165，167（同前・165-167）

12) 大塚達朗「隆起線文土器瞥見―関東地方出土当該土器群の型式学的位置」pp. 110-14（『東京大学文学部考古学研究室紀要』1：85-122，1981），「豆粒紋土器研究序説」pp. 50-53（『同前』7：1-59，1989）

13) 「爪形文土器と押圧縄文土器」p. 125（『埼玉考古』24：125-28）

14) 「縄文草創期の土器群とその編年」p. 50

15) 住居の床面から爪形紋，埋土から多縄紋が出た。相沢忠洋・関矢晃「西鹿田遺跡」（『赤城山麓の旧石器』pp. 263，264-68，Figs. 187-90，講談社，1988）

16) 千田和文『大館町遺跡群・大新町遺跡・昭和60年度調査概報』1986，『同前・昭和61年度調査概報』盛岡市教育委員会，1987，青森県教育委員会『鴨平(2)遺跡』1982，工藤利幸『馬場野Ⅱ遺跡』岩手県埋文センター，1987

17) 栗原文蔵・小林達雄「埼玉県西谷遺跡出土の土器群とその編年的位置」（『考古学雑誌』47：122-30，1971）

18) 相田薫ほか「月見野遺跡群上野第一地点」（『大和市文化財調査報告書』21，1986）

19) 鈴木次郎「相模野第149遺跡」（『大和市文化財調査

報告書』34, 1989)

20) 石井則孝・武笠多恵子「多摩ニュータウン No.
796遺跡」(『東京都遺跡調査報告会資料集』1・2,
1989), 白石浩之ほか「寺尾遺跡」(『神奈川県埋蔵文
財調査報告』18, 1980), 栗島義明「隆起線文土器以
前一神子柴文化と隆起線文土器文化の間」pp. 74-76
(『考古学研究』135：69-79, 1988)

21) 「窩紋土器の意義」pp. 2-5 (『利根川』10：1-6,
1989)

22) 杉浦重信『東麓郷1・2遺跡』(『富良野市文化財
調査報告』3, 1987), 三鷹市遺跡調査会『井の頭池
遺跡群A地点調査報告』三鷹市教育委員会, 1980

23) 国学院大学考古学研究室「壬遺跡・1980」(『国学
院大学考古学研究室実習報告』2, 1981)

24) 「縄紋式土器研究の課題」pp. 117-19

25) 「草創期の土器」p. 256 (小林達雄編『縄紋土器
大観』1：34-39, 256-61, 小学館, 1989)

26) 「縄文草創期, 爪形文土器と多縄文土器をめぐる
諸問題」pp. 58-60 (『埼玉考古』24：46-113)

27) 大塚達朗「東北地方に於ける隆起線紋土器の一様
相に就いて一白河市高山遺跡出土隆起線紋土器の再
考」pp. 5-9 (『福島考古』29：1-12, 1988)

28) 山崎純男・小畑弘己『柏原遺跡群I』pp. 11-64,
福岡市教育委員会, 1983, 別府大学付属博物館『大
分県二日市洞穴』1980, 大塚達朗ほか『寿能泥炭層
遺跡調査報告書一人工遺物篇』pp. 17-38, 1984

29) 「縄紋草創期の諸問題」p. 16 (『MUSEUM』224
：4-22, 1969)

30) この問題のいきさつは, 岡本と栗島が「渡来石
器」をみとめる立場から説明している。岡本東三「神
子柴・長者久保文化について」pp. 7-9, 24-26 (『奈
文研学報』35：1-57, 1979), 栗島義明「『渡来石器』
考一本ノ木論争をめぐる諸問題」(『旧石器考古学』32
：11-31, 1986)

31) 高畠町教育委員会『山形県高畠町日向洞窟遺跡西
地区・第一次・第二次調査説明資料』1989

32) くわしくはつぎの文献を参照されたい。岡本東三
・前出, 栗島義明「神子柴文化をめぐる諸問題一先
土器・縄文の画期をめぐる問題(一)」(『研究紀要』4
：1-92, 埼玉県埋蔵文化財調査事業団, 1988)

33) 稲田孝司・前出・p. 87

34) 九州にも「神子柴系石器」は分布しており, 岡本
(前出・22) は多久三年山などに注目している。横
田義章「いわゆる『神子柴系石斧』の資料」(『九州歴
史資料館研究紀要』7：51-58, 1981), 鈴木重治「宮
崎県見立出羽洞穴」(『日本の洞穴遺跡』298-314, 平
凡社, 1967)

35) 岡本・前出・p. 16

36) 主要論文は註38)大塚論文に収録されている。

37) 裴文中「中国の旧石器時代一付中石器時代」p.
346 (『日本の考古学』1：324-350, 河出書房, 1965)

38) 佐藤「縄紋式土器研究の課題」p. 108, 栗島「縄
文土器北上説に対する覚書」(『埼玉考古』24：160-
64), 大塚「"縄文土器の起源"研究に関する原則」
(『考古学と民族誌』pp. 6-36, 六興出版, 1989)

39) 麻生優編著『泉福寺洞穴の発掘記録』pp. 20-100,
築地書館, 1985

40) 「豆粒紋土器研究序説」pp. 50-53 (『東京大学文
学部考古学研究室紀要』7：1-59, 1989)

41) 池畑耕一ほか「加治屋園遺跡」(『鹿児島県埋蔵文
化財発掘調査報告書』14：7-246, 1981)

42) 「縄文草創期の諸問題」p. 12

43) 「新東京国際空港 No. 12遺跡の有舌尖頭器をめ
ぐって」pp. 14-15 (『千葉県文化財センター研究紀
要』10：1-19, 1986)

44) 小林達雄「長野県西筑摩郡開田村柳又遺跡の有舌
尖頭器とその範型」(『信濃』19：269-76, 1967)

45) 「有舌尖頭器の型式変遷とその伝播」p. 65 (『駿台
史学』62：50-82, 1984)

46) 芹沢長介「新潟県中林における有舌尖頭器の研究」
(『東北大学日本文化研究所研究報告』2：1-67, 1966)

47) 白石浩之「縄文時代草創期の石鏃について」pp.
124-25 (『考古学研究』112：104-29, 1982)

48) 「縄紋草創期の諸問題」p. 21

49) 「神子柴系文化をめぐる諸問題」pp. 26-27

50) 黒川東遺跡発掘調査団『黒川東遺跡』高津図書館
友の会郷土史研究会, 1979, 大塚達朗・小川静夫・
田村隆「市原市南原遺跡第二次調査抄報」(『伊知波
良』4：1-19, 1980)

51) 中村喜代重「草創期の出土遺物」(『一般国道246
号(大和・厚木バイパス)地域内遺跡発掘調査報告
書』2：319-36, 1984), 野尻湖人類考古グループ「仲
町遺跡」(『野尻湖遺跡群の旧石器文化』1：22-23,
37-44, 1987)

52) 馬飼野行雄・渡井一信・伊藤昌光「若宮遺跡」(『富
士宮市文化財調査報告書』6, 1983), 漆畑稔ほか
「仲道A遺跡」(『大仁町埋蔵文化財調査報告』9, 1986)

53) 「縄文草創期の諸問題」p. 5

54) 「縄紋土器I・総論」pp. 10-12 (『縄紋文化の研
究』3：3-15, 1982), 「はじめにイメージありき」
pp. 12, 18-19 (『国学院大学考古学資料館紀要』3：3-
23, 1987)

55) 「縄紋土器型式の細別と大別」p. 47

56) 宮下「縄紋文化起源論争史をめぐる諸問題(2)」p.
293 (『信濃』28：283-297, 1976)

57) 村沢正弘「縄文時代」(『大和市史』1986)

58) 早川正一「縄文時代初頭における切削具の衰退に
ついて」(『アカデミア』151：165-195, 1982)

59) 青崎和憲「加栗山遺跡」(『鹿児島県埋蔵文化財調
査報告』13：7-526, 1981), 今村啓爾ほか『東京天
文台構内遺跡』東京天文台, 1989

天 文 学

大空の神秘は現在でも人の心をう
ばう。古代，その大空を解明する
努力がなされ，その成果が科学を
生むとともに迷信の源にもなった

女子美術大学理事長　**滝 口　宏**

（たきぐち・ひろし）

春 耕 秋 収

邪馬台国の話が世上を賑わせているこのごろで
あるが，その元になる中国古典『魏志倭人伝』に
裴松之の注として「その俗，正歳四時を知らず，
但し，春耕秋収を記して年紀となす」とある。古
代中国では，天文暦術は帝王の政治施策の基とし
て発達していたのであるから，それと比べて，倭
人がほとんど知ることのない有様を述べたもので
あろう。しかし，考えようによっては，稲作農耕
を伝えた人たちがいたとすれば，その人々も帝王
のもつほどの天文暦術の知識にははる かに及ば
ず，年紀判別を倭人に与えることができなかった
ともいえよう。

はるか後，渋川春海が貞享の改暦にあたって，
八十八夜，二百十日など立春から数えての日数を
暦に明記したが，これらはすでに実用されていた
のを春海が官暦に記載したもので，入梅などとと
もに日本製の用語である。上述の弥生の段階は兎
も角，日本での長い稲作を主体とする農耕生活で
の知恵は「農事暦」を生み出して，季節風，渡り
鳥を含む鳥獣の生態，山の残雪など自然現象まで
併せた自然暦に分類できる要素が加味され，人の
生活に節目をつけていることは面白い。

それらは民俗学の領域に入るが，かつては，稲
の種まきから刈り入れまでを一年としたこともあ
り，トシという言葉はここから出た，という考察
もある。そうであるとすると，偶然にも，春耕秋
収を記して年紀となす，に一致してしまう。今日
ほどではないが，農家はその土地の地理・気象条
件などを加味して，彼らなりの農事暦を作り，一
年をすごしてきたことが文書・口碑・行事などに
よって知られる。

巨 石 文 化

十和田湖に近い秋田県大湯の環状列石は古く気
付かれ，戦後本格調査の行なわれた遺跡である。
標高 110 m ほどの河岸段丘上にあり，一部 に 日
時計説が唱えられたものである。その遺構は中央
に一石を立て，それを中心に放射状に細長い石を
配置し外周もまた長石で円形に囲ったもので，い
かにも日時計らしい形を呈している。調査の結果
では，この遺跡は縄文後期に属するが墓地か祭祀
遺跡であろうといわれている。日本での環状列石
の考古学的調査は，戦後まもなく，駒井和愛氏が
手がけ，北海道で数基の遺跡を明らかにし，その
後東北各地で同種のものが発見されている。その
多くは縄文後期といわれ，中には内側に墓壙があ
り副葬品の出土したものもあるので，墓地である
ことが明らかなものもある。

環状列石は欧洲のストーン・サークルに類する
ものとして，今日では英名が使われているが，こ
れに似た配石遺構は広く関東から関西にもあり，
列石内側に墓壙のないものも多い。時代は縄文前
期末から中期・後期前半に及ぶが，後期には墓地
と確認されるものがふえている。大場磐雄氏は，
始め祭壇的なもの，後にそれを墓地とした，と考
えた。いずれにせよ，日時計説は大湯の遺構のみ
である。

ところが，英国のストーン・ヘンジについて，
これが天文台の跡であろう，という説が唱えられ
たことがある。確かに不可解な構造物であり，円
周上に巨石を組み合わせ，その外側に大きく56個
の穴を等間隔に掘り，しかもその列中にほぼ東西
南北の位置に各一個の石を据え，さらにこの穴列
の外に離して北東に大石を置いてあるという念の

入った構造である。この56の穴の数は月の運動から解釈でき，その穴と離れた穴とを結ぶ十数条の線は，夏至・冬至における日月出入の方向を示しているなど，と解けるという。

さらに，これを受けて，これらの建造物に一定の企画性があり，83 cm という単位で造られたとする説がある。それによれば，石器時代のブリトン人は天文に通じていたので，精度の高い太陽暦を持ち，その観測のために天文台としてのストーン・ヘンジを作ったのである，という。そして，それらの研究を「考古天文学」とする。しかし天文学者の多くは賛意を表していないし，この分野には興味も感じていない。中山茂氏は，その著『天の科学史』(朝日選書) の中で「考古天文学は，まだ学問か趣味かわからないような状況にあるが，その魅力にとりつかれた人の情熱は，通常の科学研究者のそれを上まわるものがある。巨石時代の天文学とバビロニアの天文学とではあまりにかけ離れており，その間のギャップは当分埋りそうもない。考古天文学は，考古学者に批判，反対されつづけながらも，謎解きゲームとして人を魅了しつづけるであろう」という意味の言葉でしめくくっている。

これに関連して思い出されるのが，エジプトのクフ王の大ピラミッドである。ピラミッドには数数の謎があると古くから言われており，中でも天文との関係がまことに巧みに述べられているので，蛇足とは思うが触れておきたい。まず，その位置についてクフのピラミッドはおおよそ北緯30度にあるので，ピラミッドと地球の中心と北極とを結ぶと正三角形ができる。つまり地球の半径はピラミッドと北極との距離に等しい，というのである。次に，このピラミッドの北の斜面の延長線上に太陽が来たときが春分で，その14日前からピラミッドの影が消え，やがて夏がすぎて秋分14日後から影をつくり北面が輝やく。その影の最長になるのが冬至である，という。

次は内部構造についてであるが，このピラミッドは方形台状で天文観測用に造られ，後に墓になったとする。図1のように，中央にある「王の部

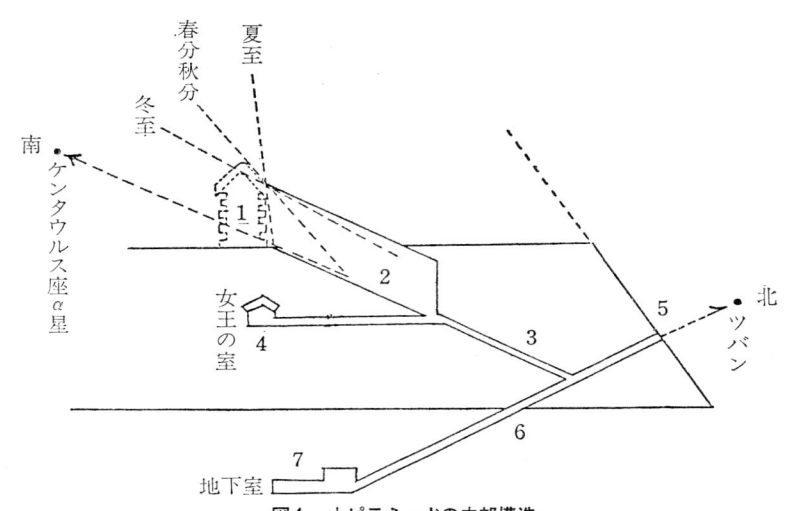

図1 大ピラミッドの内部構造

室」(1)に続く(2)の部分が観測室で，この室の床を延長するとケンタウルス座のα星に向うと同時に天の黄道（見かけ上太陽の通る道）に向っているので，太陽ばかりでなく水金火木土の肉眼5星が観測できる，しかも，夏至の日の正午の太陽を室の最上端で，冬至の日の太陽を室の最奥で観測できるという。また，この室が南に開口しているので正午を知り，諸星の南中する姿を捕えることができる。5・6 の穴は，かなりせまく長いもので，地面との角度は26度半になっていて，当時の北極星であった竜座のα星ツバンが観測できた。このツバンは当時は天の北極から3度半ほど離れていたので，小さな円を描きながら天の北極を一日で一周していた。したがって北極から下に離れたとき26度半となり，この穴から観望できたのだという。

方位の決定

西暦紀元前の遺構についての天文と考古の接触については如上のものをあげることができるが，それらが全く偶然のことであると一蹴することのできないものもある。中で重要な一点は太陽の運動である。低緯度地帯に住む一部の民衆を除いて，太陽は人間にとって重要な天体である。しかし，地球が球体でありしかも自転軸が23度半傾いていることが，地上の各地で見かけ上，太陽の位置を絶えず変化させている。その法則を見いだそうとする。そこに古代天文の発展があった。ことに農耕を始め，またそれが生活の主要な部分を占めるようになると一層の展開をみる。その基本が

太陽の南中であり，これに次いで日出日入と高度であった。そこで温帯域の民衆にとっては東方憧憬，南位決定の念が起こる。前者は，教会の聖壇を東向きに構築すること（Orientation ＝ 方位の決定から転じて方針の決定，新人の環境への適応, 指導となる），後者は古代中国で顕著な南方尊崇（「在北南面」は帝王の定位とする。これはやがて仏教と組み合わされ，わが国古代上代寺院が南面して構築されることになる）。秦の始皇帝の徐福東方派遣の伝説は，東方憧憬と大陸に住する者から見た東方大海の持つ神秘性の組み合わさったものである。

正南の決定は正北の確定につながる。しかも北半球温帯居住者にとって幸運であったのは北極星を定め得たことである。ことに晴天の多い土地であれば夜間は天空にちりばめられる星の観望は夜毎の当然となる。ナイルの定期的氾濫に悩むエジプトで，夜毎の観天から日の昇る直前にシリウスの姿を現わすころが氾濫の予知になると知り，狼星暦を作ったというのは良く知られているところである。この狼星暦も彼らの地球の一年という時の認識が不十分で，一年を365日としたために365日256360の端数が処理できず，やがて実用にはならなくなった（この一年の処理が洋の東西，先進民族での暦の発展になるが，本稿では省略する）。

一方，方位の決定についての知恵も次第に向上した。古代中国での天文暦法の研究は，新城新蔵，飯島忠夫両氏らにより大正・昭和初期大いに進展し，現在の諸家に引き継がれている。中で能田忠亮氏による『東洋天文学史論叢』に『周髀算経』の研究が集録されているのは考古学研究上にも利便を与える。『周髀算経』は中国最古の天文算法の書といわれ，後漢のころに趙君郷によってまとめられたとする。この中に古代中国における方位の決定の法が述べられている。その詳細は同書に譲るが，簡単に言えば「天の北極」を求め，それをもって正南を定めることであり，他民族でも行なわれているある日の日出と日入の方向を記録し，その半ばの太陽の最高点に達した方位を南とする，そのある日が昼夜の時間の相等しいころであれば，最も正しい価である。というのをさらに詳しく算法を用いて決める，ということである。

磁石の発見とその使用について，最近の研究では，中国の場合かなり遡るものともいわれる。「指南車」は黄帝が使ったという伝説もあり，周公の創案ともいわれ，またすでに磁石を知っていてそれによったともいう。指南車は南の方位を得たのち，これを車上の人形の指差す形に固定したものといわれている。ところで，北極星による北の決定と磁石による決定に留意すべき2点をあげておきたい。

磁針偏差・歳差

磁石による磁針偏差については，今日の考古学研究者の誰でも知る処であり，真北を求めた実測に心がけている人も少なくない。古い地図にはなかったが最近の地図にはその発行時の地図で示す区域の偏差量を記載してあるものもある。考古学でこれを問題にしたのは大正のころである。石田茂作氏が古代寺院址の測量図を集成していたとき，多くの図上の建造物址が真北を指さず西偏していることから，この偏差量を取り上げた。磁針偏差は土地により，また同一地でも年により微動している。日本の場合にも地点と測量年毎に異なるが，現在おおよそ西偏6度半ほどであるから真北はそれによって求める。偏差値が古い年代の決定に役立つことはいうまでもない。

次に，星による真北の求め方であるが，現在の北極星がほとんど真北に近いので概定には便である。それでも写真機を北極星に向けて撮れば極く小さな円を描く周極星であることがわかる。約1度弱のひらきで，2102年には0度27分33秒まで近づく。

北極星の移動は，図2に示すように天の北極が2万5千700年強で1周するために生ずるもので，BC 2千年ないし3千年の北極星は竜座の主星ツバンであった。また AD 1万3千年ないし1万4千年の北極星は琴座の主星ヴェガつまり天の川伝説の織女星になる。しかし，いずれも現在の北極星（小熊座の主星）のように天の北極の真近かまで近づくものではない。

この現象は歳差によるものである。それは，地球が赤道部のふくらんだ球体であり，赤道面が地球の軌道面に対して約23度半傾いているので，月と太陽の引力により赤道面が軌道面に近づこうとする。そのために地軸がコマの心棒のように小さい円を描きながら自転するから起こる現象である。これは紀元前2世紀ころのヒッパルコスが恒星観測によって発見したもので，春秋の分点が一年に50秒強ずつ逆行する，つまり太陽が春分点に

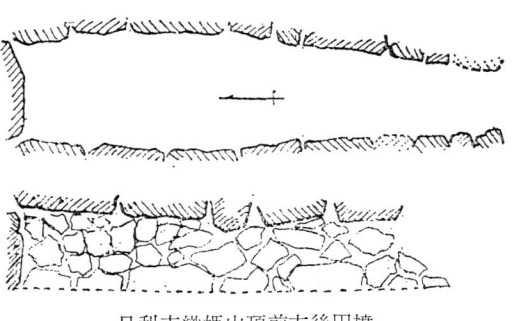

石 室 の 方 位

中国古代歴代王朝によって開発された天文知識が，いつどの程度，日本に入ってきたかについては確たるものは挙げられない。考古学分野としてはやはり高松塚であろうか。石室四壁に四神をおき天井部に星辰を配している。しかし，それらが当時一般化していたとはいえない。そこで，かつて古墳の方位を集めたことがあるので，その一部を例示したい。

古墳の方位については，従来諸家による意見があるので略するが，外形の方位は別にして，内部構造が横穴式石室になった後は，その築造時に当って，何らかの規範のあったものもあろう，とのことで，栃木県足利市周辺における実例を同地の前沢輝政氏とともに調査した。その折の集録の一部が図

図2　北極星の移動

対して同じ位置に戻る時間（太陽年）は太陽が恒星に対して元の位置に戻る時間（恒星年）より短かくなるので歳差と呼んでいる。なお東晋の虞喜はAD 4 世紀始め，単独に冬至点の逆行を発見して歳差の現象を認めている。

3 に示したものである。いずれもかなり正しく南北線上に主軸をおき南に開口する。これらがすべて真北を示しているとすれば興味ある事例になる。この作業の後，同県益子天王塚の調査をした折，たまたま夜間の石室実測となり，石室中心線

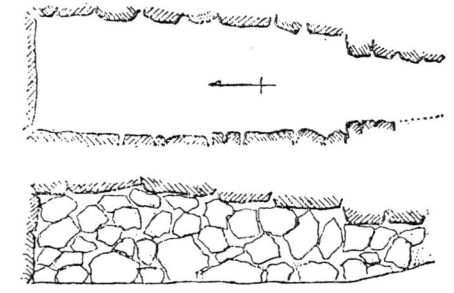

足利市織姫山頂前方後円墳

毛野正善寺前方後円墳

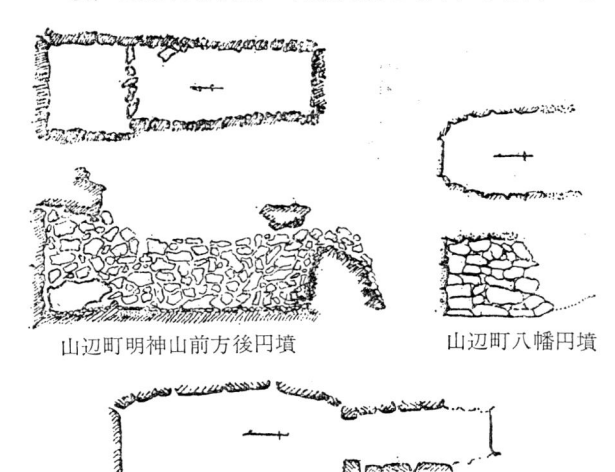

山辺町明神山前方後円墳　　　　山辺町八幡円墳

三和村板倉円墳

図3　栃木県足利市周辺の横穴式石室

上の天空に北極星を観望した。ただし，この塚の羨道は短かいものであったが，中心線は，わずかに東偏していた。玄室を造ったのち羨道部を付置したのであろうか。

　一般に東南から西南にかけて開口する石室は，比較的多いので，偶然に子午線に一致するものもある，と考えれば，天測による決定の例とはならないかも知れないが，こうした例をあげておきたい。寺院址になると，規模はかなり厳密な設計の上で実施されると思うので，地割りの折に方位についても厳しい実測が行なわれたものと思う。そして太陽による南を求める方法よりも多く（大部分）は北極星の利用であったであろう。その場合でも５度以内の狂いの出ることはほとんど気にしていなかったであろう（当時の北極星の観測が，この星の周極星であることを考慮してなかった場合も多かったであろうから）。

　寺院址その他建造物址で，同一構内に構造物の主軸を同じくする群が二つ以上ある場合，通常それを群毎に時間差のある構築とする。例えば，下総国分僧寺址で法起寺式の伽藍中枢部が発掘された。金堂とそのうしろ北西部にある講堂の主軸は磁北から東へ平均10度偏しているが，時日をおいて建てられたと思う塔は東への片寄りがわずかに４度であった。しかも塔を造ると同時に講堂基壇を東西に拡張していたが，その拡張部の南北方位も塔と同じであった。これらは，いずれも建物でなく基壇で計ったのであるから多少のズレはあるかも知れないが，塔基壇築造を含む第２次設計の方がより真北に近い値を示しているのは，方位計測実施がより的確になされたのではなかろうか。

創建時と思われる金堂と講堂（塔は造立しなかったか仮堂程度のものであったろう）の基壇の配置ならびに寸尺には数字上で関連の強い点がいくつか見出されている。新設の塔は，それらの旧規を大体無視していることにも当時の事情を示すものが窺えられて興味深いものがある。

む　す　び

　中国における天文研究には，驚嘆に値するほど高いものがあった。それらの中には西からとり入れたものもあるが，独自と思われるものも少なくない。これは天体現象を掌握することが帝王の必須の要件とされていたからである。この政治体制と晴天の多い観天の機会に恵まれたこと，さらに西からの天文技法の伝来などが然らしめたものであろう。その影響がいつどのような形で，日本に及んだのかについては，日本がわの条件が大きく異なっていたことを考えれば判断にかたくない。中国の古代天文学は，その歩みを西方民族と異にした。それは帝王による「観象授時」の思想に徹したことにある。人事を解明する鍵が自然現象にあると推断し，天体現象を解続する作業を深化させるとともに，日月，木火土金水の五惑星から発した陰陽，五行の説を広め，それが政治をも支配するまでになる。それがやがて迷信を加味させ後世にまで残ったのである。

註
1)　占星台，漏刻関係その他飛鳥地方その他の石造物については省いた。広瀬秀雄氏『日本人の天文観』NHK ブックス 167，斉藤国治氏『飛鳥時代の天文学』河出書房新社をご覧戴きたい。なお，桜井邦朋氏は「考古天文学」という呼称をむしろ「天文考古学」とした方が日本では判りがよい，とされ『天文考古学入門』（講談社現代新書 660）を著わし，「文明の起源と天文学の発生との関係を明らかにしようとする学問」と述べられている。同書にはマヤ・インカの遺跡も掲げ古遺跡を総合している。
2)　暦については『暦の百科事典』暦の会（会長岡田芳朗氏）編に諸家の解説があり要を得ている。
3)　貞観17年11月15日，月食があった。その数日後これに関連すると思われる祭祀が行なわれた小遺跡が千葉県市原市で発掘されており，近く発表されるであろう。
4)　小田稔氏（前宇宙科学研究所長）が屋久杉のような年代の判定できる巨樹の年輪中に含まれるC14によって過去の宇宙線の強度を調査されている。考古学で使うカーボン年代測定の逆をいった形である。これを同氏は「宇宙考古学」と仮にいわれている。

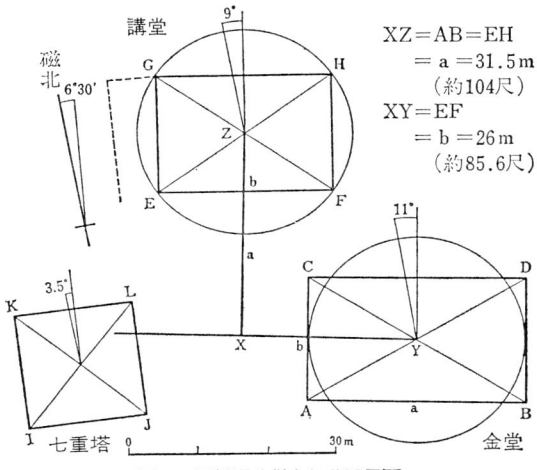

講堂
磁北
6°30′
9°
XZ＝AB＝EH
　＝a＝31.5m
　（約104尺）
XY＝EF
　＝b＝26m
　（約85.6尺）
3.5′
11°
七重塔　　0　　　　30m　　　金堂

図4　下総国分僧寺伽藍配置図

書評

斎藤　忠著

日本考古学研究

全3冊

学生社刊
A5判　314〜596頁
4950円，5850円，9600円
1988年2月〜1990年1月刊

東アジアにおける墓制と日本考古学史をライフワークとして間断なく研究の成果を学界に問うている著者は，一方，日本考古学の状況を取り纒める仕事をも精力的に熟していることで広く知られている。その間に文献目録を作成し，辞典に筆を染め，地域史の監修を厭わず，さらに発掘調査を陣頭指揮しながら，外国の遺跡を視察する超人的な活躍ぶりは目覚しい。

この度，完結した「日本考古学研究」3冊は，著者が学生時代より60余年にわたって関心を持続してきたテーマの総括とも言うべき論文集であり，第1冊『古典と考古学』（1988年2月刊），第2冊『壁画古墳の系譜』（1989年6月刊），第3冊『日本考古学史の展開』（1990年1月刊）より構成され，A5判，総1,257頁を算する浩瀚な著作である。

著者の言によれば「各テーマは，いずれも，私にとって，ながい研究の歩みの中に生まれた結晶であり，手許にある尨大な文献資料をもとにしながら，その編成や内容にもできるだけ苦心し，現在めざましく躍進しつつも，一方，曲り角にも達しているように言われる考古学研究に対する，なんらかの刺戟になることを念願したものであった」。

『古典と考古学』は，日本の古典と考古学との接点を求めたもので，松岡静雄の提唱した"文献考古学"あるいは大場磐雄が主張し続けてきた"古典の考古学的研究"と同系譜上に位置づけることができるが，著者はそれを一歩進めて"日本古典考古学"の提唱にまで高揚する方法を示している。

「風土記」「万葉集」「古語拾遺」「今昔物語」「日本霊異記」中より関連事項を挙例して，考古学的な検討を加える。かかる挙例研究の前提として，先学による先行研究を回顧し，いまも考古学用語として間間使える古典中の語を整理する。とくに勾玉，七子鏡，剣と刀，頭椎大刀などの用語解釈を試みることによって，遺物と古典との接点を求める。そして「日本考古学の研究に日本の古典を活用するという意味で，日本古典考古学」を提唱し，かつ「一つの体系づけ」の必要を強く主張している。

"日本古典考古学"については著者も自ら指摘しているように Classical Archaeology の邦訳としての"古典考古学"との字義理解の問題をも含めて検討することが求められるであろうが，その意図は壮とすることができるであろう。

『壁画古墳の系譜』は，著者往年の東アジア装飾古墳研究の成果を含むもので，前編は日本，後編は高句麗のそれぞれの主題についての所見を録したものである。日本においては，近年に確認された山梨県丸山古墳の竪穴式石室にみられる珠文群，高句麗においては，かつての現地行の資料に加えて1981年よりあくる年にかけての踏査時の感興にもとづく見解について論じている。それは『日本装飾古墳の研究』（1973），『東アジア葬・墓制の研究』（1987年）などの既往の研究の発展としてみることができよう。そこには半ば定説化している図紋解釈についての疑義，図紋の仏教的要素の検討など，意欲的な分析が試みられている。

『日本考古学史の展開』は，著者の独壇場の感を呈している"日本考古学史"についての論文を収めた大冊である。それは『日本考古学史』など一連の学史関係の著作と一体をなすものであるが，「学史をまなんで」と録して学史研究の意義を説き，「明治時代の日本歴史教科書にみられる遺跡・遺物」を書き下ろして歴史教育論に筆を進めていることは，すでに学界に提示された学史論とは一味違った内容となっている。また，著者所蔵の豊富な文献を駆使して説いた「遺跡地名表の沿革について」，古典に対する造詣の深さを垣間みさせる「学術用語の中の廃絶語と伝統語」，さらには"地域考古学"の発達史について論じた地域学史論など，余人の追従を許さぬところである。本冊を得て，また，斎藤学史論が多岐になり，さらに豊かさが倍加したということができるであろう。

このような「日本考古学研究」シリーズ3冊は，既発表の論文に加え，本シリーズに収録することを目的として執筆された多くの論文を含むものであり，著者の停滞ない旺盛な執筆活動の一端が横溢している著作として何人も敬意を表するに吝かではないであろう。

伝聞するところによれば，本シリーズの続編として「日本考古学基礎研究」（仮）が計画されており，すでにその第1冊として収められる『日本考古学用語辞典』の脱稿も間近かであるという。かつて「考古学主要用語略解」（『考古学の研究法』1950年）を書いた著者にしてはじめて可能な単独執筆であろう。期して鶴首させて頂きたいと思う。

以上「日本考古学研究」シリーズ3巻の完結を紹介し，具眼の士の繙読の用に供する次第である。

（坂詰秀一）

書評

関　秀夫著

経塚の諸相と
　　　その展開

雄山閣出版
B5判　926頁
35,000円　1990年1月刊

　本書の著者関秀夫氏は，経塚遺物の一大宝庫である東京国立博物館の考古課有史室長の要職にあり，名実ともに経塚研究の第一人者である。1984年『経塚地名総覧（考古学ライブラリー24）』，1985年『経塚（考古学ライブラリー33）』『経塚遺文』，1988年『経塚　関東とその周辺』と，次々に経塚関係の著書を世に問い，本書はその集大成をなすものである。

　全体は5部によって構成される。第一部初期経塚とその周辺では，研究史の整理を行なうとともに，「経塚」の定義・起源・初期経塚の3つの課題を論ずる。まず「経塚」という用語を再検討し，そのなかに古代の埋経の経塚，中世の納経の経塚，近世の一石経の経塚という，3つの相異なった内容と背景を認める。氏の言う埋経の経塚のみをおもな対象としてきた従来の経塚研究に，新たな視点を導入するとともに，経塚全体を体系的にまとめようとする氏の研究姿勢を強く表現している。本書の構成の骨子をなすのも，この3つの経塚概念である。起源の問題では，石田茂作氏の日本起源説を再評価するとともに，中国起源説・朝鮮半島起源説それぞれについて，根拠となる事例を提示しながら検討する。さらに起源の問題を考えるに当たっては，10世紀末から11世紀の経塚例の検討が不可欠であるとする。

　第二部，古代の「埋経の経塚」では，まず全国の出土遺物・遺構を概観する。そのなかで中心遺物である経巻に注目する。近年における調査の進展が経塚研究の分野にもたらした恩恵の最たるものが，出土経巻の増加である。これまでであれば，開巻不可能とされ，朽ちるにまかされていた出土経巻が，出土後の保存処理によって，開巻・表装されるとともに，巻き方や軸木の様子が詳細に明らかにされるようになった。こうした資料の増加を受けて氏は，経塚出土経巻には朱書が多い点や，巻頭から書写に従って巻き込んでゆく普通と逆の巻き方が多い点を指摘し，通常の写経と異なる書写であった可能性を指摘する。個別的な考察としては，福島県の米山寺，

天王寺，平沢寺出土の陶製外容器と，熊野三山の経塚を取り上げる。これまでも熊野三山の経塚については，本宮出土とされる保安2年銘遺物や，那智の膨大な量の遺物の解釈をめぐって，様々な議論があった。本宮出土品については東京国立博物館所蔵の遺物と別に，やや字配りの異なる別の遺物の存在がはじめて明らかにされた。那智の出土品は，『那智山滝本金経門縁起写』の記載と一致するものとして，大治5年（1130）に沙門行誉によって埋納されたものと考えられてきた。これに対し氏は，縁起に対する文献批判を行ない，出土遺物との性急な対比を戒めている。

　第三部中世の「納経の経塚」では，15世紀を中心に全国的に流行した六十六部回国納経に伴う遺物を取り上げる。従来この時期の納経については，六角形経筒の集成研究や，奈良市中之庄町出土の納経請取状の検討など個別的な研究は行なわれたが，全国的な様相は，氏によって昨年まとめられた「六十六部聖による納経の経塚」（『経塚　関東とその周辺』）においてはじめて明らかにされた。本書は出土経筒例の集成を加えてそれを発展させたもので，文献にみられる回国寺社名と経筒出土地が必ずしも一致しないなどの重要な指摘が行なわれる。

　第四部近世の「一石経の経塚」では，最近の発掘調査によって明らかとなった一石経の経塚の遺跡・遺物を紹介する。調査例の蓄積によって埋納状態・埋納石数・墨書の有無などが定量的に把握できるようになった。氏は一字一石経の埋納を摺仏・柿経・泥塔などと同様に，多数作善という視点からとらえる。多数の結縁者が参加することによって，一人で成就する場合より大きな功徳をえられることに意義があると位置づける。また埋経と異なり，地鎮や雨乞いなどの様々な目的を持つものであったとする。

　第五部は経塚研究の基礎資料として，経塚遺物の地名表・紀年のある経塚遺物一覧表・参考文献がまとめられる。

　氏の研究の根幹には，徹底した基礎資料の収集と整理がある。こうした基礎資料が関連諸分野に与える影響は測り知れないものがあろう。例えば，貿易陶磁や中世陶磁の研究にとって，紀年銘経塚遺物の存在は大きな拠り所となっている。奉納経筒や一字一石経の研究は，中近世の民間信仰の解明に大きな役割を果たすに違いない。しかしそのためには，氏の進めるような経塚自体の体系的な研究が不可欠である。本書の刊行によって，われわれ後進の経塚研究者にとって研究環境が飛躍的に整備されることとなった。それだけにわれわれの研究態度と研究内容がきびしく吟味される状況になったと言わざるをえない。

（杉山　洋）

論文展望

（敬称略　五十音順）　選定委員
石野博信
岩崎卓也
坂詰秀一
永峯光一

高倉洋彰
王莽銭の流入と流通
九州歴史資料館研究論集　14集
p.1〜p.44

日本出土の王莽銭，とりわけ貨泉は弥生時代の年代観形成に重視されている。至極当然のことであるが，一方で，備蓄銭などの中世遺構から出土する貨銭にはあまり関心が払われていない。貨泉の流通に，弥生時代後期と古代末〜中世の，大きく二つの時期があることはほとんど知られていない。ことが年代観の基礎をなすだけに，厳密な資料批判が要求されるのは当然であるが，現実には無きに等しい。

現在，日本各地の32遺跡から52枚の王莽銭が出土している。まずこれらの中で，遺構や共伴遺物から時期を確定できる弥生時代8遺跡12枚，古墳時代2遺跡2枚，古代末〜中世10遺跡20枚について分析した。次いでこれらの時期や分布状況を参考に，京都府函石浜遺跡などを含む年代決定の根拠に乏しい例を検討した。その結果，前例を含めて弥生時代10遺跡15枚，古墳時代3遺跡3例，古代末〜中世14遺跡25枚となる。残りは不明とするしかないが，少なくとも弥生時代とする根拠を欠くことを指摘できる。

王莽銭は確実に王莽〜後漢代，すなわち弥生時代後期に流入し，語は適切でないが流通した。それらの出土は長崎県シゲノダン例を除いて初鋳時よりもかなり遅れている。年代観の形成にあたって，この事を強く意識する必要がある。

一方，中国各地の宋〜明・金代遺跡でも王莽銭の出土例が報告されている。さし銭としての使用であるが，それは中世出土の諸例でも確認されている。王莽銭よりも漢代の半両銭・五銖銭が多いという点も共通している。これらは弥生時代からの流伝ではなく，中世日本の宋・明銭輸入に際して，さし銭に混じって流入したことは明らかである。

王莽銭の流入には弥生時代と古代末〜中世の二度の波がある。半両銭・五銖銭も同様である。このことを念頭において初めて弥生時代出土の銭貨が資料として使用できるのである。　　　　（高倉洋彰）

岸本直文
三角縁神獣鏡製作の工人群
史林　72巻5号
p.1〜p.43

三角縁神獣鏡は，古墳時代前期の首長層の動向をうかがう上で最も有効な考古資料である。神獣像配置の分類をはじめ詳細な研究が小林行雄により進められてきたがなお多様な三角縁神獣鏡を系統的に整理するには及んでいない。そこで本稿では，三角縁神獣鏡の製作過程をあとづけることを目指しこれまで重視されなかった神獣像の表現を取りあげることにした。なぜなら三角縁神獣鏡には多様な表現が認められ，これが製作者の相違を反映していると予想されるからである。こうして神獣像表現を主要な12種に分類した。そして表現を共通する鏡群は，それぞれ特有の文様帯をもち特有の神獣像配置をとることが確認できた。やはり表現の差は製作単位の違いを反映しているとみてよいだろう。次に，表現の退化および文様帯や配置の関連を手掛かりにして，鏡群相互の関係を検討した。その結果，大きく3つの製作者集団にまとめることができ，それぞれ四神

四獣鏡群・二神二獣鏡群・陳氏作鏡群と呼ぶことにした。そして三角縁神獣鏡が当時の中国鏡諸形式のなかから成立したこと，また製作に携わった大きく3派の工人集団のなかで，独特の表現を守りながら，多様な配置がうみだされる経過を説明することができた。また波文帯神獣鏡を「新型式鏡群」として位置づける小林行雄の見解は，神獣像の表現からも妥当であることを明らかにしえた。なお以上の整理に基づいて，仿製三角縁神獣鏡についても神獣像表現の点から見直し，模倣から退化までの変遷を3つの段階に分けて整理している。

以上，小林行雄の研究を基礎としつつ，新たな視点から三角縁神獣鏡を再検討した結果，製作工人の編成および製作過程を明らかにしえた。今後は製作の諸段階を設け三角縁神獣鏡の編年を行ない，古墳での共伴関係を検証することによって，配布の過程を検討していきたい。　　　　（岸本直文）

右島和夫
東国における埴輪樹立の展開とその消滅
古代文化談叢　20集下
p.129〜p.150

本稿は東国における古墳時代後期の埴輪樹立の様相を跡付ける中からその特色を通じてこの地方の該期の歴史動向の一端を解明しようとしたもので，古墳時代の当地方屈指の有力地域であった上野地域を特に取り上げ分析を試みた。

当地域では，人物・動物（特に馬）埴輪の出現する5世紀後半を画期として，埴輪樹立が急速に普及し，6世紀には全国的に見ても最も充実した内容を誇る独自の歩みを示す。5世紀後半の保渡田八

幡塚古墳では，中堤上の区画内に人物・動物埴輪54個体以上を集中的に配置しており，その構成から首長権の継承儀礼の場面を表現するものとの見解もある。また，6世紀前半の小規模古墳である塚廻4号墳や上芝古墳においても同様の構成が窺われ，その普及のほどを知ることができる。6世紀後半に入ると観音山古墳に見られるように石室入口周辺を中心に基壇上に人物・動物埴輪が列状に配置される。円墳の場合でも入口前を中心に列状に認められる。横穴式古墳に地域的な樹立パターンの成立したことを窺わせる。この時期の埴輪樹立は，大半の中小古墳にも認められ，普遍化に近い。

ところが前方後円墳の最終末にあたる6世紀末〜7世紀初を境に，これ以降埴輪樹立は跡かたもなく認められなくなる。前方後円墳の造墓規制に象徴される，大和政権による地域首長の領域支配の否定と密接に結びついて地域独自の儀礼体系として整備されていた埴輪樹立に対しても強い規制が及んだことを物語るものである。

そのことを如実に示すように，7世紀に入ると前橋総社古墳群で前方後円墳に引きつづき大形方墳の愛宕山古墳が築造されたのを除くと，それぞれの地域で前方後円墳の後に直接連なるにふさわしい古墳が全く認められない。大和政権と強く結びついた総社古墳群の勢力を頂点とする上野の地域再編成の動きを読み取ることができる。
（右島和夫）

辰巳和弘
タカドノ考
古代文化 41巻9号
p.1〜p.18

古墳時代の「豪族居館」を認識する最大の要素は，マツリゴト（祭事・政事）の空間——ハレの空間——の存在である。当該空間での，首長による王権祭儀の復元的研究を試みる筆者は，本論文において『日本書紀』にタカドノと

呼称される高床建築が，大王居館におけるハレの空間の中心建物であったという予察のうえに，タカドノでの大王の行為が，古代王権祭儀の実修にほかならないことを考察し，その分析から次のようなタカドノ祭儀の存在を指摘する。

①春先の国見，②秋の鹿鳴聴聞，③ウケヒ寝による神託の授受，④夢あわせ（夢占い），⑤ニイナメ，⑥首長権（王権）継承

これら予祝や豊穣の性格をもつタカドノ祭儀は，大王がその后妃を伴として行なう儀礼であり，多くの場合，同衾が祭式上重要な行為であった。したがってタカドノ内には牀が設けられていた。またその牀は稲魂や託宣を下す神が降臨する「神牀」と認識されていたと考えられる。美園古墳（大阪）出土の，辟邪の盾を四周に線刻した高床式家形埴輪の高床部屋内に設けられた牀状施設の存在は，この埴輪がタカドノであることを語っている。さらに家屋文鏡の蓋をさしかけた高床建築とその周辺の情景は，首長がこもるタカドノに神が雷電とともに降臨するさまを表現したものである。かような考古資料は，タカドノ祭儀が大王のみによって実修される王権祭儀ではないことを示すものである。

弥生中期に盛行する土器絵画には，高床建築と鹿，両手をあげる人物が画材としてしばしば表現され，そこにタカドノ祭儀の遠源を認めることができる。タカドノでの儀礼は，本来は農耕儀礼として民間に実修されていたものが，古墳時代へ移行する過程において，地域首長権の拡大・伸張とともに首長祭儀として昇華され，より政治的性格が付加され，書紀にみる王権祭儀として成立したと考えられる。
（辰巳和弘）

山田邦和
装飾付須恵器の分類と編年
古代文化 41巻8号，9号
p.16〜p.29，p.27〜p.38

装飾付須恵器とは，特殊須恵器

の一種で，「機能または大きさの点で主たる器物があり，それにさらに副次的な器物をとりつけた須恵器」のことである。これは，もっぱら古墳の埋葬儀礼のためにつくられ，使われた製品であった。本稿では，装飾付須恵器研究の基礎作業の一環として，分類と編年の問題をあつかった。

装飾付須恵器には①壺系・②器台系・③蓋系・④異系の4系統があり，また，装飾付須恵器ではないが関連の深い品として⑤脚付連結須恵器がある。①②③は，それぞれ装飾付壺・子持器台・子持蓋に代表される。さらに装飾付壺はⅠ類・Ⅱ-1〜3類・Ⅲ-1〜6類の3種10類，子持器台はⅠ-1〜3類・Ⅱ類の2種4類，といったぐあいに細分することができる。これらを，Ⅰ期・Ⅱ前期・Ⅱ後期・Ⅲ期の順に編年づけることができる。

Ⅰ期（5世紀代）は装飾付須恵器の出現期である。須恵器生産の開始とほとんど同時に，配像筒形器台・子持甕などがあらわれる。

Ⅱ前期（6世紀前半頃）は，定型化と盛行の時期である。装飾付壺と子持器台の両器種を中心として，装飾付須恵器の各器種がいっせいに出現する。

Ⅱ後期（6世紀後半頃）には，装飾付須恵器の器種構成が，かなりの変化をみせる。古来の器種は衰退し，新出の器種が盛行へと向かう。これは，古墳文化が中期的な様相から完全に脱却し，後期的な様相を定着させたことに対応するものであった。また，装飾付須恵器の地域色がめだって出現することも注意せねばならない。

Ⅲ期（7世紀代）は，衰退期である。一部の残影的な製品を除くと，装飾付須恵器は群集墳の衰退とともに姿を消す。逆に，装飾付須恵器を遅くまで作り続けた地域では，群集墳も遅くまで残るとみてよい。古墳のもつ意義が失われるとともに，装飾付須恵器もその役割を終えるのである。
（山田邦和）

●報告書・会誌新刊一覧●

編集部編

◆**考古学の世界** 慶応義塾大学民族学考古学研究室編 新人物往来社刊 1989年6月 Ａ5判 638頁 9,800円

シリア砂漠ドゥアラ洞窟のネアンデルタール人とその生態
　　　　　　………赤沢 威
縄文時代の配石遺構と社会組織の復元………塚原正典
住居址数からみた遺跡の規模
　　　　　　………羽生淳子
江戸における陶磁器流通について
　　　　　　………森本伊知郎
死者と釣り針　……近森 正
先土器時代の土坑………山下秀樹
遺跡における尖頭器類の製作活動について………吉田 幹
東北地方北部の縄文時代早期貝殻文土器について………稲野彰子
縄文時代中期勝坂式・阿玉台式土器成立期における土器群組成比の分析………小林謙一
鴻ノ巣貝塚出土の縄文時代後期初頭の土器群　………稲村晃嗣
岩手県九年橋遺跡出土の円盤状土製品について………藤村東男
亀ヶ岡文化における「異材同形」
　　　　　　………稲野裕介
慶応義塾大学関係の独鈷石について………山岸良二
土師器の口径変化の意味について
　　　　　　………若林勝司
日間賀島北地古墳群出土のサメ釣針………渡辺 誠
十六世紀の漆椀………中井さやか
出土六道銭の枚数と墓の保存状態
　　　　　　………鈴木公雄
韓国南部の新石器文化と北部九州の縄文文化………中山清隆
韓国嶺南地方櫛目文土器前期の土器変遷………広瀬雄一
ポリネシアにおける石器製作の技術………岡嶋 格
マリアナ諸島の gorge と単式釣り針の起源………高山 純
山の上の縄文人………岡本孝之
レバント中石器時代研究の現状と課題………小淵忠秋

ゲシュルとエン・ゲヴ遺跡
　　　　　　………小川英雄
ネアンデルタール人類…高山 博

◆**相馬開発関連遺跡調査報告Ⅰ**
福島県教育委員会刊 1989年3月 Ｂ5判 本文編 1169頁 図版編1199頁

　福島県浜通り北部に位置する相馬地域の遺跡群の調査報告で17遺跡を収録する。大半が古代製鉄関連の遺跡であり、製鉄炉・製鉄用木炭窯などが多数確認された。遺物では梵鐘・獣脚などの鋳型が注目される。考察編では鋳型・鉄滓・製鉄炉・木炭窯などの詳細な検討を行なっており、金属分析など9編の科学分析も載せている。

◆**西川津遺跡発掘調査報告書Ⅴ**
（海崎地区3）島根県教育委員会刊 1989年3月 Ｂ5判 474頁

　島根半島南部を流れ宍道湖に注ぐ朝酌川沿いの遺跡である。昭和60年度調査の報告で、遺跡は弥生前・中期が中心である。遺構は前期の貝層3ヵ所、3基の環状柵列群、中期の溝状遺構、環状柵列群が検出されている。遺物は土器・石器類が主体をなし、貝製品・骨角器なども出土している。とくに中期のゴホウラ貝製の腕輪は、日本出土最北例として注目される。また文様入りの瓢箪製容器、漆塗装身具類は貴重なものである。

◆**山口の古墳** 松井巧著・刊（下松市花岡上地 549）1989年9月 Ｂ6判 106頁 送料共 910 円
　山口県内の古墳100ヵ所を写真入りで説明するガイドブック。

◆**彌勒寺** 大分県立宇佐風土記の丘歴史民俗資料館刊 1989年3月 Ｂ5判 265頁

　宇佐市に所在し、天平十年より明治初年の神仏分離まで続いたわが国最初の神宮寺、宇佐八幡彌勒寺の旧境内の調査報告。すでに薬師寺式伽藍配置であることが確認されていたが、5年間の調査により、四至に関する遺構として大

溝・築地・門跡、講堂跡、金堂跡の基壇の部分が調査されている。遺物としては土師器・須恵器・瓦器・白磁・三彩・緑釉陶器・瓦などが出土しており、軒瓦が集成されている。今回の調査によって当時の街道と占地の関係、文献史料に窺われる2度の大火（延慶2・大永3年）による伽藍配置の変遷が確認されている。

◆**東北文化研究所紀要** 第21号
東北学院大学 1989年8月 Ｂ5判 198頁
中世津軽安東氏関係遺跡の研究
　　　　　　………加藤 孝

◆**立正考古** 第29号 立正大学考古学研究会 1989年7月 Ｂ5判 65頁
岩宿時代の登場………坂詰秀一
千葉県城ノ台北貝塚の日計式押型文土器………吉田 格
先史社会をさぐる………関 俊彦
古墳関連碑文小考………池上 悟
東京都品川区東大井出土の焼塩壺について………近野正幸
谷中墓地にみる本邦博物学の先覚者(1)………白岩賢一郎
出土人骨から見た武蔵・相模地域の横穴墓の様相……梶ヶ山真里
埼玉県熊谷市楊井採集の古瓦について………高橋史朗
大分県小野鶴横穴墓…池邉千太郎

◆**立正史学** 第66号 立正大学史学会 1989年9月 Ａ5判 76頁
伯耆赤碕塔考………池上 悟

◆**古代** 第88号 早稲田大学考古学会 1989年9月 Ａ5判 218頁
樋状剝離を有する尖頭器の編年と変遷………伊藤 健
縄紋草創期研究の序……鈴木政博
東北縄文中・後期編年の諸問題
　　　　　　………柳澤清一
創出期古墳の墳形と規模の規格性について………前沢輝政
奈良盆地東縁の大形前方後円墳出現に関する新知見……田中新史
岸和田市久米田貝吹山古墳採集の

考古学界ニュース

編集部編

─────九州地方

条溝を巡らす弥生後期の集落

熊本県教育委員会が上益城郡嘉島町北甘木のサントリー工場予定地内で調査を進めている二子塚遺跡で、弥生後期後半～終末期の集落跡が発見された。現場は阿蘇外輪山系の台地上の最先端部にあって東、西、南の三方を自然の崖で区切られ、平野部に面した北側には約300mにわたる条溝の跡があり、その内側から竪穴住居跡265軒が発見された。条溝は上幅約4m、深さ約3mのV字溝で、竪穴住居跡から出土した遺物には大量の免田式土器や漢鏡の破片3点のほか鎌、鉇、斧、刀子、鏃などの鉄器100点以上がある。また住居跡から少し離れて鍛冶屋跡と思われる竪穴住居跡もみつかった。このほか縄文早期の集石遺構5基、円墳の溝跡3ヵ所、横穴式石室1基、「吉」と墨書された奈良時代の土器片も発見された。

縄文後期初頭の土偶・岩偶

熊本県本渡市本渡町広瀬の大矢遺跡で本渡市教育委員会による発掘調査が行なわれ、縄文時代後期初頭の土偶と岩偶が1点ずつ出土した。九州では最古に属するものとみられる。土偶は高さ7cm、横8cmの扁平なもので、下半身と右腕、頭がないが、乳房と臍がはっきりしている。南福寺式深鉢の破片と一緒に出土した。また岩偶は抽象的なもので高さ4cm、横3cm。さらにこの土偶の下層から高さ7cmの動物形土偶も出土した。クマ、サル、イヌとも区別はつかないが、口のとがった頭部を有している。そのほか、縄文前期の轟式、同中期の並木式・阿高式、同後期の南福寺式の深鉢破片約3,500点と瀬戸内地方の船元式土器、石鏃・鉇・斧などの石器約500点や黒曜石の原石38点がまって出土した。

土坑から石鏃51点

宇佐市山下の横山遺跡で宇佐市教育委員会による発掘調査が行なわれ、小さな土坑の中から縄文時代早期の石鏃51点がまとまって発見された。土坑は直径約1mの円形で深さは約50cm。石鏃は1cmから4cm大の三角鏃で、安山岩やチャート、頁岩などでつくられている。土坑は狩猟用具の保管場所だった可能性が強い。同遺跡では他の場所から弥生時代中期の住居跡数軒と長さ約50m、深さ1.2mの環壕もみつかった。

弥生前期の高床倉庫

太宰府市教育委員会が発掘調査を進めている同市向佐野の前田遺跡で弥生時代前期中ごろの高床倉庫とみられる建物跡がみつかった。遺構は直径1m前後の柱穴6ヵ所で、4m×6.4mの長方形の建物跡が想定された。深さ約80cmの柱穴には柱の痕跡があり、その太さは推定径約25cmと大きく、また柱穴間隔も広いことから住居より倉庫とみる方が妥当とされた。全国的にみても弥生時代の最古に属する高床倉庫とみられる。また同遺跡では昨年発見された古代官道のそばから10世紀ごろの大宰府政庁官人の墓地群がみつかった。土葬墓4基のうち1基は1.35×0.65mほどの大きさで、青銅製の丸鞆が副葬されていた。下級役人の墓とみられるが、昭和60年ごろ近くの篠振遺跡からは火葬された官人墓もみつかっている。

墳墓地から窯跡

宗像市教育委員会が発掘調査を進めている市内須恵の須恵須賀浦遺跡で、古墳や横穴墓群に隣接して須恵器窯跡が大量に発見された。砂岩質の丘陵上1万m²に広がる同遺跡から発見されたのは直径10～20mほどの円墳13基と須恵器窯跡24基、横穴墓75基で、時期はそれぞれ6世紀初～6世紀後半、6世紀後半、6世紀末～7世紀後半と接近している。遺物は高坏・壺など約1万点の須恵器片と、鉄刀15振、鉄鏃・馬具などの金属器200点、勾玉など装身具100点、それに人骨30体分など。横穴墓1基には平均4～5体が埋葬されており、窯業を営んでいた工人集団が葬られたとみられる。またこうした神聖な場所とほぼ同じ所に登窯が造られていることは、磐井の乱（527～28年）によって九州北部を支配していた磐井氏が衰え、大和朝廷が勢力をのばした表われとの見方もある。

奴国の中核集落

春日市原町3丁目の市役所新庁舎建設予定地で住居や倉庫跡など多数が発見され駿河遺跡と命名された。今回の調査では弥生時代中期後半から後期後半の竪穴式住居跡42棟と掘立柱建物跡60棟前後を検出。高床式倉庫とみられる1間×2間の建物のほか、2間×3間などの大型の掘立柱建物も存在する。主な遺物としては直径7.4cmの仿製鏡や青銅器鋳型4点、石製勾玉、ガラス小玉、鐸形土製品、鉄器多数などがある。規模の大きな建物の存在や鏡などが住居跡からみつかっている点から奴国の中核的な集落と推定される。しかし現場はもと米軍基地であったため破壊が甚しく、大規模な集落であった可能性が強い。

─────中国地方

鬼ノ城の近くから砦跡

古代の山城・鬼ノ城の東約1.7km、総社市奥坂の丘陵地で総社市教育委員会による発掘調査が行なわれ、砦跡、土塁、倉庫跡などが検出された。遺構は鬼ノ城と谷を隔てた東側の標高120～160mの尾根上に点在するもので、2m×5mの建物跡と炉跡2ヵ所、続く尾根上にも5.5m×10m規模の倉庫跡3棟と

炉跡2ヵ所，さらに尾根の鞍部には叩き固められた長さ25mの土塁（高さ1.4m），また砦跡に続く尾根の鞍部でも長さ30mの土塁がみつかった。この土塁東の山頂には周囲を土盛りで囲んだ砦跡があり，内部に建物跡と柵2列が，また土盛り上には約2.3m間隔で柵の柱穴が残っていた。遺物がなく正確な時期は不明だが，倉庫群は鬼ノ城と相前後する8世紀ごろのものとみられ，尾根上に点在していることから鬼ノ城を守る第一次防衛線ではないかとみられている。

――――――――近畿地方

埴輪窯と工房跡　高槻市上土室の新池遺跡で高槻市立埋蔵文化財調査センターによる発掘調査が行なわれ，5世紀中頃から6世紀中頃にかけての埴輪窯18基と工房跡3棟分などが発見された。窯は15〜20°の斜面地に築かれ，いずれも幅1.4m。天井は落ちていたが，全長10m前後，高さは1.5mと推定される。この窯のすぐ北東には5世紀中頃の竪穴式建物跡3棟が南北に並んで出土，さらに東側に5世紀中頃から後半にかけての竪穴住居跡15棟があった。建物跡は一辺10〜12mのもので，それぞれに多くの粘土ピットが検出されたり，埴輪片が出土したことから工房跡と判断されている。5世紀中頃の3基の窯から出土した埴輪片は形状，焼き方などが同遺跡南西1kmの太田茶臼山古墳（現継体陵）のものと酷似，さらに6世紀代の10基の窯の埴輪片は同遺跡東約1.5kmの今城塚古墳出土のものと一致，また昼神車塚古墳から出た狩猟埴輪もここで製作されたと考えられる。このため新池遺跡は『日本書紀』欽明23年条にある「摂津国の三嶋郡の埴廬」にあたるものとみられる。

埋納坑から銅鐸出土　八尾市文化財調査研究会が調査を行なっていた同市春日町1丁目の跡部遺跡で，鰭部を上下にして埋納されたままの状態で銅鐸が発見された。現場は大和川の旧流域で，地下約2.5mの粘土層中。埋納坑は一辺約1.2mの隅丸方形で，深さは約50cmを測った。銅鐸はこの埋納坑のほぼ中央に粘土を敷いた上に置かれており，周辺にも粘土を押しあてていた。埋納坑の上には古墳時代前期初頭の土坑や弥生時代後期末の溝などが築かれており，層位的には弥生時代後期末にはすでに銅鐸が埋納されていたことがわかった。銅鐸は鐸身高32.6cm，鈕高14cm，裾幅31cmの扁平鈕式流水文銅鐸で，弥生時代中期後半の所産と考えられている。

藤原麻呂邸を示す木簡　奈良国立文化財研究所は奈良市二条大路南1丁目の長屋王の邸宅跡北側の二条大路上に掘られた溝状の遺構から出土した5万点にのぼる木簡群の解読を進めているが，先ごろこの中に藤原麻呂（695〜737年）の邸宅で使われた一群が含まれ，麻呂邸が長屋王邸と道路一本隔てた平城宮東院南方遺跡の一角に位置する可能性が強いことがわかった。これまでに木簡約2,200点を解読，年号は天平3（731）〜10年（738）に限られ，ほとんどが天平8年に集中していた。木簡の1つに「中宮職移兵部省 卿宅政所」（天平8年8月2日）とあり，当時兵部卿を務めていたのは藤原麻呂であり，出土状況からみて北側の東院南方遺跡の一角から捨てられたものと推定される。また邸内で働く100人以上に上る人々の名前が特定できたほか，邸内の建物名を列記した木簡や考文銭の最古の記録，漢詩の習書など多くの重要な木簡が発見された。

古市廃寺に巨大な建物跡　奈良市教育委員会が発掘調査を行なった奈良市古市町字高井戸の古市廃寺で巨大な柱穴多数がみつかり，大きな建物が存在したことがわかった。古市廃寺は平城京の東側に位置するが，当時の正式な名前もわかっていない。昭和35年の調査で金堂，塔などが発掘され，四天王寺式の伽藍配置であると推定されたが，今回この伽藍の西側を調査したところ，一辺1.2mの方形の掘立柱の穴が多数みつかり，奈良時代から平安時代初期にかけてL字形に2棟の建物が存在したことが確認された。5回の建て替えが認められ，寺院を含めた敷地は約200m四方と推定される。出土した瓦は約100点あるが，そのほとんどは平城宮式で，またこの寺にだけ使われたとみられる宝相華文の軒丸瓦もみつかった。平城宮の造営に深くかかわった小野氏の氏寺と一体となった邸宅跡である可能性も考えられる。

赤土山古墳に2つの造出し　全長110mの前方後方墳である赤土山古墳（天理市櫟本町）で天理市教育委員会による発掘調査が行なわれ，新たに造出しが発見されたほか，墳丘の裾部に家形埴輪がみつかった。これまで後方部東側に幅22m，長さ16.5mの造出しが確認されていたが，今回の調査で後方部南側にも長さ11m，幅16.5mの造出しがみつかった。その結果，同墳は2つの造出しをもち，全体の形が左右対称とならない特異な構造であることがわかった。これについては地形的な制約をうけたためか，定形化以前の形である，あるいは埋葬儀礼と王位継承儀礼が別々の造出しで行なわれたとも考えられる。さらに後方部の南側斜面から長方形の陪葬墓が発見されたが，これは古墳の築造の数十年後に築かれたと考えられ，その時に円筒埴輪も並べ変えられ

考古学界ニュース

たらしい。一方，家形埴輪は後方部南側の墳丘裾でみつかったが，未調査区があるためその全体像は不明。また墳丘裾の別の場所からは蓋や鎧形などの形象埴輪も出土した。

作山古墳に周辺埋葬 京都府与謝郡加悦町明石の国史跡・作山古墳（4世紀末〜5世紀前半）で加悦町教育委員会による発掘調査が行なわれ，1号，2号墳の周辺から木棺，埴輪など26基が発見された。作山古墳は全長30mの前方後円墳と一辺17mの方墳，全長36mの造出付円墳（1号墳），径28mの円墳（2号墳）の4基からなっている。1号墳の周溝部分から長さ3〜1.5mの木棺6基，埴輪棺6基のほか土壙墓など計15基が出土，さらに2号墳の墳丘外でも木棺6基，埴輪棺5基の計11基が3グループにわかれて発見された。20年と埋葬期間が短期間で形式も多様なことから一族の構成を考えるうえで貴重な資料を提供した。また造出付円墳の造出部の下から一辺約10mの方墳がみつかった。主体部は全長6.4mの巨大な刳抜式割竹形木棺とみられ，仿製の内行花文鏡や勾玉と碧玉製石釧3点が出土した。1号墳を造るにあたって古い古墳を利用した可能性もある。

古墳，平安〜鎌倉期の集落 三重県埋蔵文化財センターが発掘調査を行なった度会郡玉城町岩出字蚊山・左郡・塚名にまたがる蚊山遺跡で古墳時代と平安〜鎌倉時代の大きく2時期にわかれる遺構・遺物が発見された。古墳時代の遺構としては多数の円形や方形の周溝，石室などがみつかり，当時は群集墳が形成されていたとみられる。平安時代末期から鎌倉時代の遺構としては掘立柱建物跡，井戸，溝や方形土壙など墓と考えられる遺構があり，大量の土師器

皿・鍋・山茶碗のほか，青磁・白磁・常滑甕・土錘・フイゴ羽口・釘・刀子・宋銭・四葉硯なども含まれていた。また三足を持つ土師器が二種重なるようにして出土した。時代や用途は不詳だが，いずれも火舎のミニチュアではないかとみられている。なお，蚊山遺跡の近辺では，鎌倉〜室町時代の集落跡や鋳物師にかかわるものかと思われる遺構のみつかった楠ノ木遺跡も調査を終了し，鋭意整理作業が進められている。

――――――――中部地方

石釧や乳文鏡 鯖江市教育委員会が発掘調査を進めていた同市桜町3丁目の長泉寺山南部の長泉寺山古墳群から石釧や乳文鏡が発見された。現場は西山公園広場の西側で，南から7号，8号，9号墳と並んでいる。9号墳は現在，直径20m，高さ3.2mの円形の墳丘が残っているが前方後円墳の可能性もある。出土したのは碧玉製の石釧（外径7.7cm），仿製の乳文鏡（径12.1cm），ガラス小玉各1点と管玉2点で，4世紀後半の築造とみられている。なお7号墳は出土品がなく，8号墳からは土師器が数片出土した。

――――――――関東地方

弥生後期の環濠集落 綾瀬市吉岡の神崎遺跡で綾瀬市史調査会（岡本勇会長）による発掘調査が行なわれ，弥生時代後期前半の環濠集落がほぼ完全な形で発見された。現場は目久尻川西岸の丘陵地帯で，竪穴住居址6軒を深さ1.5〜3m，幅2〜3.5mのV字形溝が楕円状に巡っていた。この溝に囲まれた集落の規模は南北約100m，東西約70mで面積は約7,000m²。環濠と住居跡の間からは南北約20m，東西約5mの範囲で土器捨て場が発見された。高坏38，

壺44，甕43点，計125点の土器がこの場所に投棄されたと推定された。濠や住居址からも土器片が出土したが，これらのほとんどは三河地方の特徴である櫛描文様が施されていた。このほか，銅鏃や鉄製鎌，土玉なども出土した。

永福寺から二階堂跡 昭和58年から鎌倉市教育委員会によって発掘調査が行なわれている鎌倉市二階堂の国指定史跡・永福寺（ようふくじ）跡では先ごろ第7次調査が終了し，同寺の中心伽藍である二階堂は間口19.3m×奥行17.6mの規模であるなど，その全容がほぼ明らかになった。同堂は木製基壇上に34個もの巨大な礎石がすえられ，建物が建てられていた。木製基壇の平面中心軸が正確に90°で測られるなど，高い精度で建てられているのが特徴。また建物の高さはわからないが，当時としては珍しい二階建て造りであると推定されている。同寺は源頼朝が建てた三大寺院の1つで，鎌倉幕府成立の1192年建立。室町時代に焼失，15世紀中頃には廃寺となり，以後再建されることはなかった。

三条塚古墳から鏡などの副葬品 内裏塚古墳群中の1基である富津市下飯野の三条塚古墳（全長122m，後円部径57m，前方部幅72m）では，保存整備事業に先立つ確認調査が君津郡市文化財センターによって進められていたが，一部分を発掘した横穴式石室内から，鏡など多くの副葬品が出土し，内部が未盗掘であることが明らかとなった。同古墳は現存する前方後円墳の中では，内裏塚古墳（全長144m）に次いで千葉県下第2位の規模であり，二重の盾形周溝を含めた兆域全長は192mに達する。内部施設は自然石乱石積の横穴式石室で，前端部分を発掘した結果，乳文鏡1面（径10cm）のほか，直刀・金環・馬具・ガラ

ス，土製塗漆小玉・須恵器高坏などが出土し，人骨片も検出されている。出土須恵器の型式や埴輪を持たない点などから，前方後円墳の最終末段階にあたる6世紀末頃の築造と推定される。

6世紀の帆立貝式古墳　印旛郡市文化財センターが発掘調査を進めていた千葉県印旛郡八街町用草の宮前塚古墳は6世紀半ばの帆立貝式古墳であることがわかった。同墳は全長25m，直径20mで，幅2〜3m，深さ70〜80cmの周溝が巡らされていた。筑波石3枚で蓋をされた長さ1.90mの石棺の中から長さ約70cmの直刀3振，鉄鏃や人の歯，骨3体分がみつかった。また隣接の摩拝塚古墳は主体部が白粘土を切石状にして組み立てた石室であることがわかった。6世紀後半の築造とみられ，石室は長さ2m，幅1.54mで円墳らしい。副葬品としては勾玉などの玉類が比較的豊富で，ほかに馬具も出土した。

古墳前期の豪族居館跡　栃木県塩谷郡氏家町狭間田の四斗蒔（しとまき）遺跡で早稲田大学ほかによる発掘調査が行なわれ，濠で囲まれた方形の遺構を発見，古墳時代前期前半の全国的にも古い豪族居館跡であることがわかった。上幅3m，下幅1m，深さ1.2mの断面逆台形の濠が東西39m，南北41mを方形に囲繞し，南・北辺中央に張り出し部をもつ。濠の内側には柵列を巡らしたとみられる幅20cmの布堀が確認された。布堀の内側で，北に奥まったほぼ中央には一辺7mの隅丸方形の大型竪穴住居跡が1軒発見された。濠や柵列のほか，濠の外側に土塁を築き，物見櫓が建っていたと思われる張り出し部を伴うことから防禦性が強い。また，居館跡の東・西辺中央で布堀が切れ，その西辺では前面の濠底より出入口施設とみ

られる橋脚が見つかった。遺物としては，高坏・壺・器台・甕などの土師器や板材・自然木などが出土している。なお，東に隣接してもう1基方形の遺構があり，2基の遺構が同時期にできたのか，それとも時期差があるのかについては，遺構の切り合い関係や土器型式などから検討中である。

──────────京北地方

正倉遺構と具注暦　米沢市教育委員会が発掘調査を進めている同市中田町の大浦B遺跡で奈良時代の置賜郡衙に関わるとみられる正倉遺構が発見され，併せて同時代の暦を記した漆紙文書が出土した。南北39m，東西46mの杭列で区画された範囲内に16棟の掘立柱式建物跡がみつかり，その多くは8世紀後半ごろのものと推定された。3間×4間，あるいは3間×3間の建物が東西に規則的に並んでいることから，正倉である可能性が高く，置賜郡衙の一部と推定される。一方，土壙からは漆紙文書2点が出土，1点は判読不明だったが，もう1点は赤外線テレビカメラで確認した結果，具注暦の一部であることがわかり，約160の文字が判読された。なお，具注暦の年代については，目下鑑定中である。

縄文中期の配石墓と住居跡　岩手県二戸郡一戸町岩館の御所野遺跡で一戸町教育委員会による発掘調査が行なわれ，縄文時代中期と奈良時代を中心とした大規模な遺跡が発見された。とくに縄文時代中期後半の配石墓群はほぼ楕円形に並び，同時期の竪穴住居跡（100軒以上）によって囲まれていた。配石墓は数十の石が敷き詰められ，立石のものもある。また配石の下には土壙も確認された。住居跡は配石墓群より1段高く，明らかに区画されている。さらに奈

良時代の古墳18基と盛土のない土壙6基も検出したが，中から人の歯や骨片がみつかった。古墳の周溝からは挂甲の小札50枚や鉄鏃，双脚足金具なども出土している。

──────────学界・その他

日本考古学協会第56回総会　5月12日（土），13日（日）の両日，東京都文京区本郷の東京大学本郷キャンパスにおいて開催される。1日目は総会と講演会，2日目は研究発表会と中央食堂において図書交換会が開かれる。

江戸遺跡研究会第3回大会　江戸遺跡研究会（東京都豊島区西池袋2―37―4　豊島区立郷土資料館気付）は「江戸の陶磁器―生産と消費」のテーマで，3月10日，11日の両日，駒沢大学を会場に第3回大会を開催した。

　森　伸一：江戸近郊の出土陶磁器

　鈴木裕子：東京大学御殿下記念館地点出土陶磁器の編年と組成

　成瀬晃司・堀内秀樹：東京大学医学部附属病院地点出土陶磁器の編年と組成

　森本伊知郎：焼継に関する一考察

　長佐古真也：消費地における出土陶磁器研究の視点とその一例

　佐々木達夫：海外の陶磁器

　村上伸之：肥前陶磁器

　白神晃之：堺擂鉢と明石擂鉢

　鈴木重治：京焼

　仲野泰裕：瀬戸美濃

　足立順司：静岡県下の施釉陶磁器

　大川　清・大門直樹・水野順敏・河野一成：益子焼

　神崎宣武：焼物の民俗

日本国宝展　4月10日より東京国立博物館において開催されている（5月27日まで）。考古・絵画・彫刻・書跡・工芸の名品約200点をそろえる。

編集室より

◆環濠集落といえばもはや日本国中だれひとり知らぬものがいない，というほど有名になってしまった。吉野ヶ里遺跡が，邪馬台国かとマスコミが大騒ぎしたからである。邪馬台国の夢は日本人のルーツへの興味と結びつくから，それはたちまち日本国中に伝播していった。老いも若きも，歴史に関心のあるひとびとは，この話に参加したといってよい。しかしほんとうはどうなのか。環濠集落を発生から消滅まで，学問的立場で総合的に分析してみたのが本特集である。いかなる文化形態の中に属するものなのか，実証的に今日のデータの集積が語るものはこれなのである。　（芳賀）

◆本特集はいうまでもなく吉野ヶ里の発掘を契機として誕生した。環濠集落と名づけられるものは，全国で230 以上数えられるそうであるが，その判定はむずかしい。というのは，部分的な発掘では環濠のような大きな遺構はほんの少し顔を出すにすぎないし，集落としての全体が一度におさえられる例は非常に少ないからである。また住居跡が未発見の場合にはどうかという問題もある。しかしカラー口絵に紹介したように朝日遺跡の累々と続く杭列をみていると，防御に腐心した弥生人の姿が彷彿と浮かんでくるのである。（宮島）

本号の編集協力者——原口正三（甲子園短期大学教授）
1930年鹿児島県生まれ，京都大学史学科卒業。『日本原始美術4 —須恵器』「弁天山古墳群の調査」（大阪府文化財調査報告書17）『高槻市史 6 』「濠と土塁」（弥生文化の研究 7 ）などの著書・編集・論文がある。

■本号の表紙■
吉野ヶ里遺跡の内濠全景と復原された建物群

　佐賀県吉野ヶ里遺跡の内濠（後期）は数回掘り直されているが，張り出し部の内側には見張りやぐらや出入口が設けられていた。また内濠の外側には長大な外濠がめぐらされていた。濠からは多量の土器のほか，鉄器・青銅器・玉類などが出土した。画面の外，南側（奥）には中・後期の住居や墓地・環濠があり，北側（手前）にも前・中期や後期の墓地があり，北へのびた外濠の内側に墳丘墓がある。　　　　　　（原口正三）
（写真提供・佐賀県教育委員会）

＜おことわり＞本誌第30号の表紙写真「縄文土偶群像」は安藤洋児氏の撮影によるものです。

▶本誌直接購読のご案内◀

『季刊考古学』は一般書店の店頭で販売しております。なるべくお近くの書店で予約購読なさることをおすすめしますが，とくに手に入りにくいときには当社へ直接お申し込み下さい。その場合，1年分の代金（4冊，送料は当社負担）を郵便振替（東京3-1685）または現金書留にて，住所，氏名および『季刊考古学』第何号より第何号までと明記の上当社営業部まで送金下さい。

季刊 考古学　第31号　　　1990年5月1日発行
ARCHAEOLOGY QUARTERLY

定価 1,860 円
（本体1,806円）

編集人　芳賀章内
発行人　長坂一雄
印刷所　新日本印刷株式会社
発行所　雄山閣出版株式会社
〒102　東京都千代田区富士見 2-6-9
電話 03-262-3231　振替 東京3-1685
◆本誌記事の無断転載は固くおことわりします
ISBN4-639-00953-4　printed in Japan

季刊 考古学 **オンデマンド版** **第 31 号** 1990 年 5 月 1 日 初版発行
ARCHAEOROGY QUARTERLY 2018 年 6 月 10 日 オンデマンド版発行

定価（本体 2,400 円＋税）

編集人 芳賀章内

発行人 宮田哲男

印刷所 石川特殊特急製本株式会社

発行所 株式会社 雄山閣 http://www.yuzankaku.co.jp

〒 102-0071 東京都千代田区富士見 2-6-9

電話 03-3262-3231 FAX 03-3262-6938 振替 00130-5-1685

初期バックナンバー、待望の復刻!!

季刊 考古学 OD　創刊号〜第 50 号〈第一期〉

全 50 冊セット定価（本体 120,000 円＋税）　セット ISBN：978-4-639-10532-9

各巻分売可　各巻定価（本体 2,400 円＋税）

号　数	刊行年	特　集　名	編　　者	ISBN（978-4-639-）
創刊号	1982 年 10 月	縄文人は何を食べたか	渡辺 誠	13001-7
第 2 号	1983 年 1 月	神々と仏を考古学する	坂詰 秀一	13002-4
第 3 号	1983 年 4 月	古墳の謎を解剖する	大塚 初重	13003-1
第 4 号	1983 年 7 月	日本旧石器人の生活と技術	加藤 晋平	13004-8
第 5 号	1983 年 10 月	装身の考古学	町田 章・春成 秀爾	13005-5
第 6 号	1984 年 1 月	邪馬台国を考古学する	西谷 正	13006-2
第 7 号	1984 年 4 月	縄文人のムラとくらし	林 謙作	13007-9
第 8 号	1984 年 7 月	古代日本の鉄を科学する	佐々木 稔	13008-6
第 9 号	1984 年 10 月	墳墓の形態とその思想	坂詰 秀一	13009-3
第 10 号	1985 年 1 月	古墳の編年を総括する	石野 博信	13010-9
第 11 号	1985 年 4 月	動物の骨が語る世界	金子 浩昌	13011-6
第 12 号	1985 年 7 月	縄文時代のものと文化の交流	戸沢 充則	13012-3
第 13 号	1985 年 10 月	江戸時代を掘る	加藤 晋平・古泉 弘	13013-0
第 14 号	1986 年 1 月	弥生人は何を食べたか	甲元 真之	13014-7
第 15 号	1986 年 4 月	日本海をめぐる環境と考古学	安田 喜憲	13015-4
第 16 号	1986 年 7 月	古墳時代の社会と変革	岩崎 卓也	13016-1
第 17 号	1986 年 10 月	縄文土器の編年	小林 達雄	13017-8
第 18 号	1987 年 1 月	考古学と出土文字	坂詰 秀一	13018-5
第 19 号	1987 年 4 月	弥生土器は語る	工楽 善通	13019-2
第 20 号	1987 年 7 月	埴輪をめぐる古墳社会	水野 正好	13020-8
第 21 号	1987 年 10 月	縄文文化の地域性	林 謙作	13021-5
第 22 号	1988 年 1 月	古代の都城—飛鳥から平安京まで	町田 章	13022-2
第 23 号	1988 年 4 月	縄文と弥生を比較する	乙益 重隆	13023-9
第 24 号	1988 年 7 月	土器からよむ古墳社会	中村 浩・望月 幹夫	13024-6
第 25 号	1988 年 10 月	縄文・弥生の漁撈文化	渡辺 誠	13025-3
第 26 号	1989 年 1 月	戦国考古学のイメージ	坂詰 秀一	13026-0
第 27 号	1989 年 4 月	青銅器と弥生社会	西谷 正	13027-7
第 28 号	1989 年 7 月	古墳には何が副葬されたか	泉森 皎	13028-4
第 29 号	1989 年 10 月	旧石器時代の東アジアと日本	加藤 晋平	13029-1
第 30 号	1990 年 1 月	縄文土偶の世界	小林 達雄	13030-7
第 31 号	1990 年 4 月	環濠集落とクニのおこり	原口 正三	13031-4
第 32 号	1990 年 7 月	古代の住居—縄文から古墳へ	宮本 長二郎・工楽 善通	13032-1
第 33 号	1990 年 10 月	古墳時代の日本と中国・朝鮮	岩崎 卓也・中山 清隆	13033-8
第 34 号	1991 年 1 月	古代仏教の考古学	坂詰 秀一・森 郁夫	13034-5
第 35 号	1991 年 4 月	石器と人類の歴史	戸沢 充則	13035-2
第 36 号	1991 年 7 月	古代の豪族居館	小笠原 好彦・阿部 義平	13036-9
第 37 号	1991 年 10 月	稲作農耕と弥生文化	工楽 善通	13037-6
第 38 号	1992 年 1 月	アジアのなかの縄文文化	西谷 正・木村 幾多郎	13038-3
第 39 号	1992 年 4 月	中世を考古学する	坂詰 秀一	13039-0
第 40 号	1992 年 7 月	古墳の形の謎を解く	石野 博信	13040-6
第 41 号	1992 年 10 月	貝塚が語る縄文文化	岡村 道雄	13041-3
第 42 号	1993 年 1 月	須恵器の編年とその時代	中村 浩	13042-0
第 43 号	1993 年 4 月	鏡の語る古代史	高倉 洋彰・車崎 正彦	13043-7
第 44 号	1993 年 7 月	縄文時代の家と集落	小林 達雄	13044-4
第 45 号	1993 年 10 月	横穴式石室の世界	河上 邦彦	13045-1
第 46 号	1994 年 1 月	古代の道と考古学	木下 良・坂詰 秀一	13046-8
第 47 号	1994 年 4 月	先史時代の木工文化	工楽 善通・黒崎 直	13047-5
第 48 号	1994 年 7 月	縄文社会と土器	小林 達雄	13048-2
第 49 号	1994 年 10 月	平安京跡発掘	江谷 寛・坂詰 秀一	13049-9
第 50 号	1995 年 1 月	縄文時代の新展開	渡辺 誠	13050-5

※「季刊 考古学 OD」は初版を底本とし、広告頁のみを除いてその他は原本そのままに復刻しております。初版との内容の差違はございません。

「季刊 考古学　OD」は全国の一般書店にて販売しております。なるべくお近くの書店でご注文なさることをおすすめしますが、とくに手に入りにくいときには当社へ直接お申込みください。

ISBN978-4-639-13031-4　C0321　￥2400E

（株）雄山閣
定価（本体 2400円＋税）